U0154037

遊戲與遊戲以外

南朝文學題材新論

祁立峰 著

政大出版社
Chengchi University Press

本書經國立政治大學出版委員會
人文學門之編輯委員會審查通過

國家圖書館出版品預行編目(CIP)資料

遊戲與遊戲以外：南朝文學題材新論 / 祁立峰著. -- 初版. -- 臺北市：政大出版社出版：政大發行, 2015.06
面； 公分
ISBN 978-986-6475-69-6（平裝）

1. 南朝文學 2.文學評論

820.9035 104009527

遊戲與遊戲以外：南朝文學題材新論

著　　者｜祁立峰

發 行 人　周行一
發 行 所　國立政治大學
出 版 者　政大出版社
執行編輯　林淑禎
地　　址　11605臺北市文山區指南路二段64號
電　　話　886-2-29393091#80625
傳　　真　886-2-29387546
網　　址　http://nccupress.nccu.edu.tw

經　　銷　元照出版公司
地　　址　10047臺北市中正區館前路18號5樓
網　　址　http://www.angle.com.tw
電　　話　886-2-23756688
傳　　真　886-2-23318496
郵撥帳號　19246890
戶　　名　元照出版有限公司

法律顧問　黃旭田律師
電　　話　886-2-23913808

排　　版　弘道實業有限公司
印　　製　祥新印刷股份有限公司
初版一刷　2015年6月
定　　價　280元
I S B N　9789866475696
G P N　1010400839

政府出版品展售處
• 國家書店松江門市：104臺北市松江路209號1樓
電話：886-2-25180207
• 五南文化廣場臺中總店：400臺中市中山路6號
電話：886-4-22260330

尊重著作權・請合法使用
本書如有破損、缺頁或倒裝，請寄回更換

目　錄

自序
換取的時光

我剛到中興大學任教的前幾年，研究室位於一幢四方形、中間有天井的靜謐大樓。除了勾纏若干都市傳說般的怪談外，我的研究室面向天井，有時傍晚下起微雨，意外陷落而滲進天井的雨珠，靜謐地飄落，順著玻璃窗滑落的水痕，像幾個形狀塌縮的象形字。而這本書大多的篇章，就是在那間研究室裡緩慢成形的。

我在不少學者如懺情錄的論文自序中，都曾閱讀且神遊他們的研究室樣貌，或許不過是記憶的再現，但當時我總想，這麼些偉大的著作、深邃的理論或複雜的辯證，就是在這樣溽暑苦寒、朝雲暮雪的研究室，像馬奎斯描述中那純粹手感、以黏土鉛錫捏揉出來的手工小金魚。

我們知道有一天，那些偉大學者的書齋或研究室，終將成為博物館一角的展覽，鋼筆的位置，稿紙的壓痕，藏書和舊式檯燈，都因為被陳列而靜止的一瞬，顯得華麗而虛幻了起來。

在這本討論南朝文學題材的著作中，我借鑒了國內外學者的觀點，如中央研究院的劉苑如教授、臺灣大學的鄭毓瑜教授、東華大學的王文進教授、哈佛大學的田曉菲、Stephen Owen 兩位教授、京都大學的興膳宏教授、亞細亞大學的矢嶋美都子教授……有時我會想像他們的研究室——花蓮的海景，波士頓的細雪，還有鴨川畔的柳樹在河堤迎風搖曳的景象。

那依舊是非常孤獨的景象。

和理工科大規模的團隊、計畫案，或長到難以斷句發音的貴重儀器不同，人文研究就是如此孤獨——深夜的研究室煢煢燈火，一疊疊影印的期刊和論文，電腦屏幕閃滅的游標……像巴塔耶（Georges Bataille）的理論，時間就這麼濫費了，被調換成了一行行的腳註，和論文標題下的細小蟻字。

後來我想——他們也理應是如此吧。隔著玻璃外的海風、雪景或朝露，皓首窮經，當這句成語具象化成了字面的意思，也就沒那麼唯美、那麼浪漫了。那就是真正學者的姿勢，不華麗卻何其蒼茫。

即便六朝是個如此唯美且華麗的時代，有美酒、宴會，還有詩歌。

本書主要探討南朝文學題材，過去被評價為千篇一律的南朝應詔文學，其實也開展出各種體類——遊覽，行旅，招隱，公讌，在這本書中特別聚焦在純粹的語文遊戲、詠物、物色、遊寺、邊塞以及豔體這六個題材，談它們與清談之間的關係，談其中的寓言與非寓言意義，談與互文性、權力以及擬代、操演或文化想像的關聯。新論之「新」意不在出於推翻或否定，而是試著在過去的基礎之中，發掘出那些更隱密或更細膩的意義。

即便回到南朝作者的視野中，那些意義甬道的盡頭，或許仍是毫無意義。

除了學術研究與授課外，我業餘而消遣的時間還用來寫隨筆與小說，這幾年也出版了幾本稱不上入流的作品。對小說學發展稍有理解，就會知道「小說」這個詞在漢語中與「大道」相對，飾小說以干縣令。《文心雕龍・雜文》篇談了三種文體，「七」、「連珠」與「對問」，劉勰以一句話來概括——「文章之支派，暇豫之末造」。即便遊戲只是文學的起源之一，但百無聊賴的暇豫時光，成就文學作品的養分，在無心不經意的轉瞬，它這麼抽長竄漲，進而成了如今的模樣。

這大概也是我選擇了以遊戲與遊戲之外作為本書切入點的原因，如果真實人生是如此聊賴與沉重，那麼閒暇的遊戲相對是如此輕盈；如果現實世界是如此虛構，擬像似幻，那麼遊戲內建的規則、秩序與權力竟顯得栩栩如真。假作真時真亦假，如果一切終若海市蜃樓，如電幻如泡影，擺落論文的點數、作者的序列或績效，大概就剩下純粹地解決問題與書寫本身，成為一切的意義。有盡頭有極限的事太多了，像曹丕著名的說法，「二者必至之常期，未若文章之無窮」。以青春、以時間交換這本書的誕生是非常值得的——至少曹丕這麼說服自己也說服我們。

戲謔和認真本來就是一體兩面，以抵抗無意義人生的文學遊戲，才一反身就成了不朽的經典，同樣是一體兩面。本書是我第二本學術專著，許多研究成果算不上什麼劈空新論，似乎無論怎樣面對光源，總逃不開過去研究者的斐然身影。但我想若站不上巨人的肩膀，何妨躲在他們的陰影之中，捻亮一絲如星光般的火花，貢獻一點點微小的成就。就如那個偏安的小時代，人們以一種較渺小更微型的方式生存著。

要感謝的人太多了，最要感謝就是審查人的寶貴建議與指導，以及再次合作、無限付出的政大出版社林淑禎小姐。我們拋擲出時間的花朵，換取這些意義，於是我彷若看到甬道盡頭的閃閃亮光。

祁立峰

2015年3月 於臺中

導言

以文為戲：遊戲與文學題材

一、「遊戲」的意義：富有深意的行為

在漢語中，「遊」這個字本義是指「旌旗飄動」的狀態。在許慎《說文解字》的界定是：「游，旌旗之流也」，段玉裁注曰：「引申為出遊、嬉遊，俗作遊」[1]、至於「戲」，段注曰：「引申之為戲豫、為戲謔，以兵杖可玩弄也，可相鬥也」。[2]在古典文獻中，「遊戲」多作嬉戲、玩耍之解——如《韓非子》：「管仲之所謂『言室滿室……』，非特謂遊戲飲食之言」[3]；《晉書》：「將吏子弟，優閑家門，若不教之，必至游戲，傷毀風俗矣」。[4]除此之外，「遊」也有遨遊、遊逛之意，如古詩〈青青陵上柏〉：「驅車駕駑馬，遊戲宛與洛」、《抱朴子》：「假令遊戲，或經人間，匿真隱異，外同凡庸」。[5]

而遊戲實則也是人類精神文明中很重要的面向。佛洛伊德（Sigmund Freud）就曾談到幼童「Fort-Da」的遊戲，是一種對於失落

1 〔東漢〕許慎，〔清〕段玉裁注，《說文解字注》（臺北：藝文印書館，1986），頁314。
2 同前註，頁636。
3 陳奇猷校注，《韓非子集釋》（北京：中華書局，1958），頁868。
4 〔唐〕房玄齡，《晉書》（北京：中華書局，1974）卷39，〈王沈傳〉，頁1145。
5 王明校釋，《抱朴子內篇校釋》（北京：中華書局，1985），頁14。

感的匱乏與滿足。遊戲背後所觸及的精神世界、潛意識以及慾望、生存本能等，遠超乎遊戲本身。而六朝時期由於特殊的政治環境、階級與文人活動的方式，許多應制、酬酢、贈答作品，其實都是透過文學集團進行運作。既然是唱和之作，遊戲與娛樂就是它們最主要的目的——尤其是宋齊以下，在文學集團領袖也投身引導寫作的風氣下，許多以同題、同時共作，具有社交意義的作品因而誕生。它們沒有太明顯個人情志或載道的意義，而寫作動機主要乃出於文學遊戲的娛樂性。

事實上，過去的研究者也注意到了六朝時期這些同題共作、應制公讌詩賦的遊戲性，並認為這些作品：「刻意拋棄詩歌的政教、抒情功能，轉向物色之美與輕快情緒」[6]，且發現此體源頭「可追溯至先秦時期對聲色之美的追求與享樂心理」[7]，並有顯著的社交功能：「（六朝文人）以文藝為社交，消遣其日常生活之外的餘暇時間」。[8]當然，若更進一步來說，文學本來就有社會互動功能。顏崑陽將之稱為「詩式社會文化行為」：「在古代知識階層的社會活動場域中，『詩』無所不在，知識份子普遍地將它當作特殊的語言形式，『用』於各種社會互動行為」。[9]而這批作品或體裁為遊戲、含有社會互動功能的作品，在六朝以降仍繼續發展——如藏頭、迴文、打油詩或字謎詩等等，都是典型的以遊戲為體裁、為目的的創作；另外像是應制、次韻、步韻等具有社會行為功能的作品，也成為文人彼此交流、展現情誼的重要紀錄。但是若要說所有文學都出於遊戲，這說法恐怕又太過於化約了。

然而即便文學與遊戲關係如此密切，但過去的評論家面對這些狹義的、完全以遊戲為目的的作品，印象其實不是太好。像胡應麟的評價就

6　沈凡玉，《六朝同題詩歌研究》（臺北：國立臺灣大學中國文學系博士論文，2011），頁397。

7　黃亞卓，《漢魏六朝公讌詩研究》（上海：華東師範大學出版社，2007），頁136。

8　李豐楙，〈嚴肅與遊戲：六朝詩人的兩種精神面向〉，收錄衣若芬等編，《世變與創化——漢唐、唐宋轉換期之文藝現象》（臺北：中研院文哲所籌備處，2000），頁2。

9　顏崑陽，〈用詩，是一種社會文化行為方式——建構「中國詩用學」芻論〉，《淡江中文學報》期18，2008年6月，頁284-285。

頗為典型：

> 詩文不朽大業……而以游戲費日可乎？孔融〈離合〉，鮑照〈建除〉，溫嶠迴文，傅咸集句，亡補於詩而反為詩病。自茲以降摹倣實繁，字謎、人名、鳥獸、花木，六朝才士集中不可勝數。詩道之下流，學人之大戒也。（胡應麟《詩藪》）[10]

從「詩言志」或「文以載道」這樣昭然旗幟觀念來說，以文為戲之作——尤其是狹義的離合、字謎、迴文、聯句等作品，確實沒有太深刻的意涵。不過到了當代，隨著文化思潮的發展，尤其是後現代主義的解構、拼貼、綴補、後設等理論，「遊戲」顯得更重要、也更具有多重隱喻。日本學者福井佳夫曾將六朝遊戲文學分為「諷刺」、「嘲笑」與「社交」三大類型[11]，並從修辭、押韻與即席創作等面向考察六朝遊戲文學的精神與主張，他也注意到六朝的文學遊戲與心理學、哲學、社會學等領域皆有相涉。[12]本書倒不是強加西方思潮理論、或逕以「後現代」或「世紀末」等概念來套用南朝文學，只是單純從遊戲理論來看，我們也足以給這些過去認為「詩道下流」的作品更多正面關注。

若以當代遊戲理論來說：荷蘭歷史文化學者胡伊青加（Johan Huizinga）談遊戲理論的著作《人：遊戲者》，頗受到當代重視。胡伊青加認為漢語的「遊戲」有「玩」、「爭」與「賽」三層意涵，「玩」是輕度入迷的耍弄某物行為；「爭」與技能和較量相關；而「賽」則是為了獲取某一獎品而組織的爭奪。[13]而這種遊戲、較勁與競賽的心態，在貴遊文學集團可謂很常見，如本書第一章所引用的幾個實例：王儉和僚臣的「麗事」、沈約和蕭衍的「言栗」、以及陳暄和後主叔寶「臨之以

10　〔明〕胡應麟，《詩藪》（臺北：廣文書局，1973），頁462。

11　〔日〕福井佳夫，《六朝の遊戲文學》（東京：汲古書院，2007），頁15-17。

12　同前註，頁652。

13　胡伊青加著、成窮譯，《人：遊戲者——對文化中遊戲因素的研究》（貴陽：貴州人民出版社，1998），〈中譯者序〉，頁14。

刃」[14]進行的文學創作。

據胡伊青加的說法，遊戲的定義與「時間」、「空間」和「限定性」有關：遊戲具備一特定時間與場所，以及一封閉性、侷限範圍的秩序。[15]要遊戲順利進行，遊戲者須知曉一前提：就是遊戲雖然在日常生活中進行，卻又不等於真實的生活，它一方面抽離現實，一方面又得依循另外一種秩序。這是遊戲理論中非常重要的關鍵，因為它與遊戲延伸出來的解構、後設、抵抗真實世界的意義都有關。他的書中提到：

> 遊戲不是「日常的」或「真實的」生活，相反，它從「真實的」生活跨入了一種短暫但卻完全主宰的活動領域。每個兒童（遊戲者）都清楚地知道，他「只是在假裝」或者這「只是為了好玩」。[16]

意即當人們發現「遊戲」的邏輯與行為，並不存在於真實世界的時候，此遊戲就再無趣味，而這樣的念頭會被視為遊戲破壞者，但越投入遊戲，越進入到胡伊青加所說遊戲帶來的「緊張、不確定、危急」[17]時，這個遊戲就越顯刺激。在南朝文人行為與文學活動時，我們看到不少這樣的例證。而從這樣的「假裝」與「操作性」，讓遊戲衍生出更多元也更複雜的意向。美國小說學者渥厄（Patricia Waugh）在《後設小說》一書中，討論「後設」這個概念時，就認為後設不僅是文學遊戲的方式之一，更在於它帶來一種「可選擇的現實」。[18]當然，後設不盡然等同

---

14 「麗事」是王儉事、「栗」出於沈約事、而「臨之以刃」則是陳暄事，這些典故後文將再提。

15 胡伊青加，《人：遊戲者》以三點定義「遊戲」：「1. 一切遊戲都是一種自願的活動。遵照命令的遊戲是對遊戲的強制模仿。2. 遊戲不是『日常的』或『真實的』生活。3. 遊戲別於日常的生活，既因為發生的場所，也因為延續的時間，它具有『封閉性』和『限定性』」，頁 10-11。

16 胡伊青加，《人：遊戲者》，頁 10。

17 胡伊青加，《人：遊戲者》，頁 13。

18 渥厄著，錢競、劉雁濱譯，《後設小說：自我意識小說的理論與實踐》（臺北：駱駝出版社，1995），頁 42。

於遊戲，但就筆者所見的幾篇作品，於遊戲同時過渡了後設的技藝；而女性主義者吉爾博（Sandra M. Gilbert）則認為女性得以藉著「遊戲」，逃逸或抵抗了父權體制的世界。[19]

而談到古典文學題材中的遊戲與其意義，高友工即曾將詠物詩與遊戲作連結。他還進一步認為詠物詩的遊戲性乃是律詩的三種起源之一（另外兩種分別為詠懷詩、山水詩）：

> 這一新文類（詠物詩）最不尋常的特色在其寫詩的遊戲態度，每個寫作場合皆被當成遊戲，參與者被要求命題寫作，題目是一般就在眼前卻未必總在眼前的什麼事物。……當詠物詩剛被發明之時，它作為最好的消遣，甚至流行於嚴肅的詩人之中。[20]

高友工說詠懷與詠物一內在一外在，一要詩人對自我及生命忠實表現，另一則全然托付給外在想像的客觀模式。「這誠然是一種遊戲，在此一切都重新開始，而只有玩遊戲者的技巧和想像是能於其中操控的力量」。[21] 詠物的遊戲性或許無庸質疑，後文我們則進一步討論詠物的脈絡與流變。而討論到南朝士人與遊戲的關聯，我們也應注意到除了以文為戲大為流行之外，某些南朝貴族也在身體、在行為上充滿了遊戲的徵狀，像是蕭寶卷、潘妃在後宮「製作」市集、扮演庶民生活的行為。

遊戲如何逃逸現實，扮裝如何獲得娛樂，蕭寶卷、潘妃的行為可以作為本書的一個佐證：

19　這是女性主義者吉爾博（Sandra M. Gilbert）的理論。在其〈鏡與女妖：對女性主義批評的反思〉（收錄張京媛主編，《當代女性主義文學批評》〔北京：北京大學出版社，1992〕）一文中，吉爾博提到女性藉著遊戲，達成「符號的衝動」與「符號的不固定性」，隱遁於父權化所建構的符號秩序與文明（頁286）。換言之，遊戲也就成為抵抗（父權宰制）的方法之一。

20　高友工，〈中國抒情美學〉，收錄《中國抒情傳統的再發現》（臺北：臺大出版中心，2009），頁619。

21　同前註。

（東昏侯蕭寶卷）於苑中立店肆，模大市，日游市中，雜所貨物，與宮人閹豎共為裨販。以潘妃為市令，自為市吏錄事，將鬭者就潘妃罰之。帝小有得失，潘則與杖，乃敕虎賁威儀不得進大荊子……每游走，潘氏乘小輿，宮人皆露褌，著綠絲屩，帝自戎服騎馬從後。又開渠立埭，躬自引船，埭上設店，坐而屠肉。於時百姓歌云：「閱武堂，種楊柳，至尊屠肉，潘妃酤酒。」(《南史・齊廢帝東昏侯本紀》)[22]

而這樣的扮裝、扮俗、藉由扮演另外一種全然差異的身分並獲得快感的模式，即是典型的遊戲行為，雖然學者如鄭毓瑜認為，這樣的行為固然越界，卻也反身建構起特權：「然而當整個屠酤行為是在窮奇極麗的芳樂苑中進行，這些解脫、突破並不是下放為平民文化，反而是建構特權的象徵論述」[23]，但就筆者認為，「帝小有得失，潘則與杖」，這就是在封閉空間的遊戲規則，若不按照規則進行，遊戲立刻失去樂趣。我們可以注意到，這種扮裝與逃逸以抵抗現實世界的遊戲，在南北朝時期還有更多例子：

宋少帝義符居帝王之位……於華林園為列肆，親自酤賣。又開瀆聚土，以象破岡埭，與左右引船唱呼，以為歡樂。(《宋書・少帝紀》)[24]

（鬱林王昭業）取諸寶器以相剖擊破碎之，以為笑樂。……其在內，常裸袒，著紅紫錦繡新衣、錦帽、紅縠褌，雜采袙服。好鬭雞，密買雞至數千價。(《南史・鬱林王紀》)[25]

（幼主高恒）於華林園立貧窮村舍，帝自弊衣為乞食兒； 又

22 〔唐〕李延壽：《南史》(北京：中華書局，1975）卷 5〈東昏侯本紀〉，頁 155。
23 鄭毓瑜，《文本風景》(臺北：麥田出版社，2005)，頁 97。
24 〔梁〕沈約，《宋書》(北京：中華書局，1974）卷 4〈少帝本紀〉，頁 66。
25 〔唐〕李延壽，《南史》卷 5〈鬱林王本紀〉，頁 137。

為窮兒之市，躬自交易。(《北齊書・幼主紀》)[26]

過去史學家面對這些行為，大抵上以行為異常、變態、自虐、以及因物質過度享樂引發的精神耗弱來解釋。[27] 但若細讀其脈絡，其中的暴露、俗語、庶民性的追求，對於跳脫君主身分的渴望，以及在某種暫時狀態下去扮演他者的意圖，其實都能看出筆者所謂的遊戲心態。這不僅是對陶詩的「心遠地自偏」、或《文心雕龍・神思》「形在江海之上，心存魏闕之下」嚮往而已，更是一種身處於世界之中、卻渴望逃逸於世界之外的矛盾心理。

本書的重點並不在探討當代遊戲理論的義界，也不是在討論歷史中遊戲發展與脈絡，重點在於「遊戲」這個概念，本身的「娛樂」、「嬉戲」的行為就有複雜的定義，而從遊戲行為延伸而來的後設、解構、扮裝以及抵抗的意圖，又讓遊戲有了更深刻的寓意。筆者並非以為南朝文學集團的這幾類題材作品，必然有如此當代（或曰「後現代」）的意涵，然而希望從遊戲理論出發，對於這些以文為戲、競賽、或模擬的作品，給予更多關注。

總而言之，本書即以南朝文學幾個重要的題材為範圍，探討這些題材的脈絡、發展及文化意涵，這些題材或為一種語文體裁的遊戲、或是一種空間想像的遊戲，但它們除了遊戲意義之外，還包含更深刻的意涵。過去「南朝」在於文學史中往往受到忽視與邊緣化，筆者希望透過「新論」，一方面進行對這些題材的新解讀，一方面提出解讀南朝文學新觀點。接下來筆者說明本書所討論六個題材之間的連結。

---

26 〔唐〕李百藥，《北齊書》（北京：中華書局，1974）卷8〈幼主高恒本紀〉，頁113。

27 薩孟武就說：「任何娛樂若沒有勞動以為調劑，俄頃之後，就不能引起神經的反應，而致失去滋味。這個時候他們要刺激疲倦的神經，非用新娛樂不可。南北朝君主多昏狂淫亂，大約是神經衰弱所致。」氏著，《中國社會政治史》（臺北：三民書局，1962），頁260。

二、題材的意義：從詞語遊戲到想像遊戲

筆者以「南朝文學題材新論」為本書副標題，以分別討論南朝六個題材，此處說明本書「新論」之處，以及何以選擇此六個題材間的呼應和連結。過去談南朝文學的題材的論者或歸納者，經常觸及關於「辨體」、「分體」以及統計的「數量」課題。換言之，筆者以為過去對於南朝題材的研究傾向於某種「量」的研究，針對題材的類別整理、統攝，且歸納出其特質。如洪順隆《六朝詩論》中談「詠物」題材的發展，即是如此的分析：

> 南朝以後，庭園山水興起，詩人的眼睛漸由廣闊的自然界，把焦點收縮在庭園的某個點上；並且，由於當時的生活環境、生活型態，室內的陳設成為他們吟詠的對象。而且往往出之集體運作，如同詠坐上所見，同詠坐上器物，同詠坐上樂器，就是視覺所及，各詠一物，在時間上、修辭上，爭奇鬥妍。
>
> 六朝詠物不管在題材方面，抑或表現方面，它承漢魏而開拓了前所未有的境界。在表現方法上，直述其事的鋪陳比較少修飾；比喻、襯托式的表現修飾較多。（洪順隆《六朝詩論》）[28]

從「題材」內容、描敘方式、主題、以至於到修辭，這是對於題材研究的全幅觀照。這樣的歸納當然是正確的，但處理的是題材於文學史發展的應然面。本書希望從此基礎上更進一步，來談「題材」之內更多元、複雜的內在意涵。

另外過去談南朝文學題材，經常也談題材與題材之間的承繼、影響與開創關係。如王文進談邊塞與山水的「欣於所遇」；許東海六朝詩賦的山水、田園等題材發展與辭賦特質。[29] 而其中談題材發展，最著名

---

28 洪順隆，《六朝詩論》（臺北：文津出版社，1985），頁 32、51。

29 王文進，《南朝邊塞詩新論》（臺北：里仁書局，2000）中附錄南朝發展出談邊塞

要屬林文月所討論的謝靈運山水詩所歸納的「山水詩公式」（即所謂的「記遊」、「寫景」、「興情」、「悟理」），此公式即來自於過去玄言、遊仙題材的影響。其邏輯簡而言之，是說遊仙詩描寫仙境仙鄉的敘述與構景，取材於真山實水；而玄言詩的體貼悟道，則影響了山水詩的尾聲。而從遊仙、玄言到山水，這樣的題材轉換也因謝靈運這樣山水詩大家的出現而完成：

> 山水不必再做為仙界的替代物，它已回復了本來面目，而山水詩句也就脫離了臣役於遊仙詩的配角地位，作為大自然本身的忠實紀錄，獲得了真正獨立的生命，正式在詩的領域裡登場了。
>
> 隨著遊仙詩的發展，在作為提供仙界的任務之餘，它（山水詩）逐漸發展成熟，又隨著黃老玄言的詠歌之衰微，終於取得獨立的地位，順理成章地替代了遊仙玄言之詩。就文學發展的立場上觀之，這乃是一個自然的發展途徑，只是恰巧在這發展中途上出現了酷愛山水的天才詩人謝靈運。（林文月《山水與古典》）[30]

此論述談的當然就不僅是題材的量變，也觸及到質變的課題，然而除卻「莊老告退，山水方茲」這樣的題材代際，更多的題材是始終存在，且有其發展脈絡。如本書談語文遊戲與文學集團的競爭；如邊塞題材與南朝作家的文化他者與歷史想像；如遊寺題材與佛教傳播與流行；如物色題材與巧構形似的視覺美學……是以本書「新論」之「新」並不僅是時

與山水兩種體類的交互關係，至於許東海，《另一種鄉愁：山水田園詩賦與士人心靈圖景》（臺北：新文豐出版社，2004）中〈田園與樂園〉和〈山水鋪陳與情志轉換〉兩章，分別觸及陶淵明、庾信、鮑照、謝朓詩賦的題材發展與寓意，筆者有所參酌。

30　林文月，《山水與古典》（臺北：東大圖書公司，1996），頁22-23。

間意義的，更是切入面向、論述範圍以及理論視角的「新」。

值得一提的是筆者前作《相似與差異：論南朝文學集團的書寫策略》[31]，其中有「題材的設定」一章，就標題來說同樣在處理題材問題，但此章下分為「題材的演變」、「個體的辨識」、「群體的張力」幾節，主要處理文學集團的同題共作、與作者個別的寫作習性及互文性表現，該書中確實也曾討論了詠物、遊寺與豔情題材，但主要從個體與群體作家的寫作背景、同題共作間的呼應與差異展開論述。在本書中，筆者進一步就《相》討論的題材演變進行深化，探討了詠物題材寓言性與非寓言性的遞變、遊寺題材的權力運作，以及豔情題材傳統與類型，可說在前作「題材設定」的基礎之上，進一步將題材與時代、思潮、作者心態以及文化意涵作了連結。因此，本文主旨不只在談南朝受矚目的主流題材，也不在處理題材的數量變化，亦非處理題材之間的遞變關係，而是從單一題材著手，談此題材的發展與演變，並將重點放在此題材透顯出來的作者心態、認同與文化隱喻，以及此文化與時代環境的複雜關聯。

而本書的六個章節分別討論「語文遊戲」、「詠物」、「物色」、「遊寺」、「邊塞」及「豔情」六個題材，而筆者認為此六個題材可以分為兩大面向，語文遊戲、詠物與物色屬於詞語拼貼的遊戲；而邊塞、遊寺與閨情則為空間想像的遊戲。從語文到場景，層層遞進。

本書第一章針對「語文遊戲題材」進行新論，從最狹義的「文字遊戲題材」出發，此體包含如離合、數名等遊戲之作，另外也納入與之有關連的「語言題材」作品——如蕭綱的〈舌賦〉、陳暄〈應詔語賦〉，從創作過程來說，語言文字是創作時的工具，然而當此工具成為了題材、成為書寫的對象時，作者如何來處理此一「後設」的命題？這是本章所

31　祁立峰：《相似與差異：論南朝文學集團的書寫策略》（臺北：政大出版社，2014）。本書為筆者博士論文《論南朝文學集團詩賦書寫策略之考察》（臺北：國立政治大學中國文學研究所博士論文，2010）修改而成，特此說明。

希望關注的。而從語文遊戲延伸而來的意涵即是清談中的重要談題：「言意之辯」。或許書能否盡言、言能否盡意，在南朝已經不是熱門的課題，但在〈應詔語賦〉觸及「語言」的意義與脈絡時，作者陳暄仍回應了言意之辯的傳統。「語言」成了一種題材、甚至成了一種得以被賦誦、被謳詠的對象物，這帶出了語文遊戲題材背後隱含的時代背景與文化意涵。

本書第二章針對「詠物題材」進行新論，前引高友工即談到詠物詩對唐詩的律化有所影響，而詠物也是南朝文學集團最常見的遊戲題材，用以競賽、宴樂，此章的詠物為與下一章物色區別，聚焦於植物、動物與器物三大類，並於其中各選兩三代表「物」為觀察重心——梧桐、高松、舞馬、禽鳥、蟬、燭、屏風，分別就其歷史的文化意象、脈絡，進行整理，探討在南朝以前以及南朝之時，這些「物」在意象、寓言與隱喻上的遞變和發展。大抵來說，由於巧構形似和雕飾唯美的文風，南朝的「詠物題材」傾向於表層描寫、看起來較無寓意性，然而這並不代表「詠物」成了與現實無涉的活動，在遊戲之外，「詠物」仍然帶有對於現實世界的反射與寄託。

本文第三章針對「物色題材」進行新論。南朝文論頗為注意「物色」對於創作者的啟發，如劉勰「物色之動，心亦搖焉」；鍾嶸「氣之動物，物之感人」都在強調繽紛的物色世界如何感激創作者。而《文選》有「物色」一類，而物色類之下包含了宋玉〈風賦〉、鮑照〈秋興賦〉、謝惠連〈雪賦〉、謝莊〈月賦〉，本文主要聚焦於謝惠連與謝莊這兩篇賦，並注意到它們都運用了「設辭問對」這樣的體裁架構，巧構歷史人物進行問答，模擬前代貴遊的場景，這同樣是廣義的語文遊戲，在賦體的「主客問答」之上翻轉出新意。而值得注意的是這樣的體裁，又成為後代模擬的範本。如果設辭問對本身是文學遊戲，那麼模擬仿作同樣也成為一種致敬的遊戲，只是在遊戲之中，此題材確立了典範性。

從第四章開始，本書從語文本身的遊戲，進入到討論空間想像的遊戲。如第四章想像「寺廟」、第五章想像「邊塞」、第六章想像「閨閣」。本書第四章針對「遊寺詩」此題材進行新論。過去宗教文學研究即頗重視遊寺作品，認為這類作品除了有佛教義理的提出，兼有山水寫景的藝術性，乃南朝宗教文學的重要成就。然後經過筆者的重新梳理，發現南朝的遊寺詩題材可延伸出三個層次的文化意涵：第一個層次意涵在於遊寺題材的「遊覽」意義，對於創作者而言，遊寺最直接的感受即外在物色世界的刺激，於是在遊寺過程中，身體行動、視線與觀看都呼應了「遊」正在進行狀態；而遊覽原本就是遊戲的一部分，因此遊寺題材的第二層意涵即是「遊戲」，不僅是身體或視覺的遊戲，南朝文學集團共作的佛理詩——如〈八關齋〉這類——同時表現了語文遊戲，而歡快的文學遊戲過渡了肅穆的宗教儀式；而從「遊覽」與「遊戲」延伸出來的第三個層次意涵即為「權力」，遊覽、觀看、車駕與身體行動，本身即隱含政治權力；而遊戲所遵守的秩序同樣含有權力機制。本章探討遊寺題材的多重意涵，有出於遊戲的意義，也有遊戲以外的深刻意義。

本書第五章針對「邊塞題材」進行新論。相對於寺廟空間，邊塞空間對南朝作家而言則純粹是一種出於想像的符號與地理空間。過去對於南朝邊塞詩的起源有幾種說法，分別是閻采平的「北朝樂府影響說」、劉漢初的「以文為戲說」、王文進的「歷史想像說」以及田曉菲的「文化他者說」，而這四個論述各有所據，尤其王文進「歷史想像」之說，認為南朝邊塞乃出於對大漢圖騰的嚮往；田曉菲「文化他者」之說則認為邊塞可與〈採蓮曲〉合觀，共構了北方與南方的「剛／柔」形象。但回歸到南朝邊塞詩文本，筆者發現一來邊塞詩集中於幾個作者身上，他們同時也是遊戲題材的大宗寫作者；二來像吳均，除了邊塞詩以外，他其他作品也挪用了邊塞詩的敘事策略，因此，即便邊塞詩可能也隱含多元的文化意象，但其最原始的動機仍是作為一種想像邊關空間的遊戲。

本書第六章針對「豔情詩」進行新論。唐代邊塞詩與閨怨詩組成了有機結構，而這兩類題材都有賴於南朝的建構。「邊塞」與「豔情」成為南朝作者熱衷於想像與模擬的兩種空間。田曉菲曾提到，宮體詩不等同於豔情詩，不過宮體盛行的同時，也造就了豔情此一題材的流行。

豔情詩的寫作動機不盡然出於遊戲，但作者想像閨閣空間、擬代女性的扮裝與語言，仍有十足的遊戲況味。本章主要針對三個作家——蕭綱、徐陵、陳叔寶的豔情詩進行分析，蕭綱開始大量提倡豔情一體；而徐陵有系統將豔情進行經典化；到了陳叔寶，這種豔情題材成了他創作的大宗，他除了豔體之外，連其他與女性無關的題材，都大量挪用了豔情詩的書寫模式。過去認為南朝的宮體或豔情詩淪為情色墮落，認為它是一種沒有深刻意涵與寄託的題材。但這種「輕」正是來自於它逃避了現實生命的沈重，進而選擇了一種輕盈、輕浮的觀看視角，而這樣的策略則恰巧與遊戲非常類似。

論起「南朝文學」，此時期的社會動態、政治黑暗，以及作品唯美雕飾，我們大多已知悉；論起「題材」，從數量的變化，以至於題材與題材間的承繼、遞變關係，同樣是談中古文學的重點。但透過「遊戲」以及遊戲以外的抵抗、寄託這樣的角度，本書所探討的這幾種文學題材論，就顯得饒富深意。論南朝文學的「以文為戲」，這不是什麼有新見的論述，但從量化的角度來說，南朝純粹以文學遊戲作為題材的作品，確實又多於前代——這顯然是一時一代的風氣、外內緣環境變遷使然。[32]

是故，本書希望能從遊戲切入，但卻不僅止於遊戲的探索。從遊戲作為出發點，筆者探討語文遊戲、詠物與物色等題材運用詞彙進行拼貼；談遊寺、邊塞與閨閣艷詩等題材進行的再現與想像。進一步從這些遊戲之作連結到清談中的言意之辯；詠物文學的物質書寫、更談到權力架構、身體觀、文化他者、扮裝與互文性……「遊戲不只是遊戲」這可能是一句俗語，但本書真正要展示的是：無論遊戲的嚴肅或輕浮，表象或深層，在遊戲之中，以及在遊戲之外，勢必都有更複雜的隱喻與指

32　參見本書末之附錄表格可發現，狹義的「語文遊戲」題材，到了南朝確實數量增加，且除了幾個熱衷遊戲題材的作品寫得最多之外，其他作家也以同題、同時方式共作。是故論南朝文學題材，不但應重視狹義遊戲題材，也須注意到創作者如何將遊戲的心態與方法運用在其他題材。

涉。而面對如此多元的符號和寓言，我們要如何來一一解讀、以至於解碼？這也是本書所嘗試的工作。

第一章

「遊戲」題材新論：語文遊戲詩賦與「言意之辯」的關係

我們在理解中所遇到的事物如何使其重點發揮出來，這本身就是一種語言過程，或者說是圍繞著所意指內容而用語言進行的一場遊戲。所以正是語言的遊戲使我們在其中作為學習者——我們何時不是個學習者呢？——而達到對世界的理解。……遊戲者的行為不能被理解為一種主觀性的行為，**因為遊戲就是進行遊戲的東西**，它把遊戲者納入自身之中並從而使自己成為遊戲活動的真正主體。（伽達默爾《真理與方法》）[1]

1 伽達默爾（Hans-Georg Gadamer）著，洪漢鼎譯，《真理與方法》（臺北：時報出版社，1993）卷 1，頁 494。

一、「語文遊戲」作為一種題材

前言的部分提到過去對南朝文學遊戲性的批判，但事實上，「以文為戲」並不侷限於特定時代，然而時至六朝，文人集團於書寫時的遊戲傾向與相關規則又特別顯著。唐翼明曾指出，建安以來文學集團代表一種新型的文學傳播方式[2]；廖國棟也將「遊戲」列入魏晉辭賦的題材之一，論述其正面意義，且以遊戲活動區分出「畋獵」、「宴遊」、「巧藝」和「同題競采」等不同類別。[3] 不過本章所處理的「數名」、「大／細言」和「語言」等題材，因為又不同於宴遊或畋獵，而屬於純粹以語文進行遊戲的題材。由於它們不外乎堆砌、拼貼或操演語文極限、或指涉語言本身，故在此章筆者用「語文遊戲」題材來統稱之。

從文學集團的發展來看，語言文字的即席即時呈現，經常是作家競爭的方式。像在〈大言賦〉敘述中，楚襄王以「雲夢之田」為獎賞，令宋玉、唐勒、景差賦「大小」；漢梁孝王於「忘憂之館」命文士集賦而罰酒賜絹。[4]當然，應制的作品未必是語言本身或炫逞語言，但詠常見之物，即席而成、操筆立就等記載，表現的正是創作速度，而速度又取決於作家的才學與機智。如以下兩則關於南朝時文學競賽的實況：

> 竟陵王子良嘗夜集學士，刻燭為詩，四韻者則刻一寸，以此為率。文琰曰：「頓燒一寸燭，而成四韻詩，何難之有？」乃與令楷、江洪等共打銅鉢立韻，響滅則詩成，皆可觀覽。(《南

---

2 唐翼明，《魏晉文學與玄學》(武漢：長江文藝出版社，2004)，頁 118-134。

3 廖國棟，《建安辭賦之傳承與拓新——以題材及主題為範圍》(臺北：文津出版社，2000)，頁 258-303。

4 〔西漢〕劉歆，《西京雜記》(臺北：臺灣商務印書館，1979)：「梁孝王游於忘憂之館，集諸學士各使為賦。枚乘為〈柳賦〉其辭曰『……』」，頁 16-18，《西京雜記》過去有真偽之辯，同樣地宋玉的〈大言賦〉、〈小言賦〉也有假托之說，但它們都表現出當時文學集團的文學遊戲活動，此處暫且將之視為遊戲之作，而不去討論其成書確切時間。

史・虞羲傳》）[5]

（王）儉嘗集才學之士，累物而麗，謂之「麗事」，麗事自此始也。諸客皆窮，唯廬江何憲為勝，乃賞以五色花簟白團扇。憲坐簟執扇，意氣自得。秣陵令王摛後至，操筆便成，事既煥美，詞復華麗。摛乃命左右抽簟掣扇，登車而去。（楊松玠《談藪》）[6]

關於《談藪》此段，筆者於第二章談詠物題材時會再提及。而通俗文化學者菲斯克（John Fiske）曾探討電玩迷對「時間」的心態，發現在現代電玩遊戲中浪費時間就等於取得更大的快感來源[7]，菲斯克認為這同時也是一種對於「線性時間」的抵抗，而無論時間的受限或刻意浪費，都在增強遊戲的快感與刺激性。像王儉此事還是文士們「操筆便成」，然而更為刺激的遊戲模式則是無須用寫，即時以口說來應對，像沈約與蕭衍曾以言「栗」的典故來爭勝：

約嘗侍宴，會豫州獻栗，徑寸半。帝奇之，問栗事多少，與約各疏所憶，少帝三事。約出謂人曰：「此公護前，不讓即羞死。」帝以其言不遜，欲抵其罪，徐勉固諫乃止。（《南史・沈約傳》）[8]

「栗」是一個很冷門的題材，能夠舉出栗的典故，足見遊戲者的博學強記。不過在這則事件中，沈約除了在遊戲的機智，更展現出取巧的爾虞我詐，若更進一步來說，這種取勝或刻意取敗的行徑，都是遊戲的

5 〔唐〕李延壽，《南史》卷 59，〈虞羲傳〉，頁 1463。

6 〔隋〕楊松玠，《談藪》，引自〔北宋〕李昉：《太平廣記》（北京：中華書局，1961），頁 1278。

7 菲斯克著，楊全強譯，〈電子遊戲的快樂〉，收錄《解讀大眾文化》（南京：南京大學出版社，2001），頁 91。

8 〔唐〕李延壽，《南史》卷 57，〈沈約傳〉，頁 1413。

一部分。Stephen Owen 提到古典時期的這種文學競賽過程中，表現不好的成員「會因詩思遲鈍而相當難堪」。[9]但筆者認為更重要的是，作家發現到文學遊戲的勝負，直接與語文表現、與儷辭能力以及才華的遲速相關，那麼，將語言——無論是各種數字名稱、大小極限，以至於語言本身——作為文本題目，就成了既能獲得快感，又能展現才華的遊戲行為。

本章以陳暄〈應詔語賦〉為主軸，在於這篇賦特別將「語言」突出作為一種文學遊戲的主題。陳暄（？ -607）為陳後主叔寶（533-604）「狎客」，〈應詔語賦〉即應後主詔而作。這篇賦特別之處在於——它將「語言」從載體，進而作為賦題。它一方面沒有研究者所謂「嘲戲」這樣的嘲弄取樂意味，二來沒有擬代扮裝的戲謔性。[10] 過去評論家稱南朝的遊戲之作「只成戲謔，不足為法」。[11] 然而田曉菲論蕭綱時提到：後代批評家不喜歡這一類作品原因在於，「它抵抗了寓言解讀」[12]，然而她說南朝這類最大的特徵就在它抵抗寓言，替文學和人生給出一條「另類道路」。[13] 同樣地，我們可以用此論來理解本章所論的語文遊戲體。南朝誕生了許多「輕」[14]、「非寓言」的作品，這些作品大多「無以載道」，

---

9 Stephen Owen，《初唐詩》(香港：三聯書局，2004)，頁 183。

10 參見沈凡玉，《六朝同題詩歌研究》中提到：「齊梁以後『嘲戲』亦如文字遊戲一般，成為同題共作詩歌中常見的內容」、「同題詩歌經常『從一個角色跳到另一個角色』的自我扮演或指涉他人」，頁 397-399。

11 這是嚴羽對遊戲題材作品的看法，參見郭紹虞校釋，《滄浪詩話校釋》(臺北：東昇出版社，1980)，頁 93。

12 田曉菲，《烽火與流星：蕭梁王朝的文學與文化》(北京：中華書局，2010)，頁 176。

13 同上註，田曉菲此處主要是針對蕭綱的豔情、宮體詩，然而作為南朝這些遊戲之作的通稱亦無不可。此點第六章會再談到。

14 「輕」一方面說的是宮體得到的「輕豔」之評價，但田曉菲用了卡爾維諾（Italo Calvino）《給下一輪太平盛世的啟示錄》書中談的「輕」來解釋蕭綱與宮體：「我們習慣上總覺得一樣東西『有份量』才有價值，但是歸根結底，文學無非是人類用以抵禦卡爾維諾所謂的『人世之沉重，惰性和混濁』的一系列努力，如此而已」，《烽火與流星》，頁 202。此論可參酌卡氏原著，吳潛誠校譯，《給下一輪太

但他們是否等於無意義？一方面筆者希望從遊戲性的角度來解讀作品；另一方面也探索著作品於遊戲以外的文化意涵。

因此，本章主旨正是要回歸戲謔的本質，來探討這類缺乏寄託寓意的遊戲作品，談遊戲本身的意義、也談更隱在的意涵——如〈應詔語賦〉與「言意之辯」的關係。也就是說，筆者試圖從既開創卻又回歸的思路，關注陳暄〈應詔語賦〉以及其他相關的語文遊戲之作。

不過在討論〈應詔語賦〉之前，應注意的是此種「語文遊戲」早有其源流。以語言作為炫逞載體、大量博物以示博學博才的主題，在南朝之前即已出現——像「數名」、「大小」一類。即便它們並非以「語」為題，但其實都與語言文字的拼貼鋪陳頗有關聯，像「郡縣名」改造地名的語言來鋪排對偶、像「大／細言」承繼《世說新語》的「危語」，挑戰語文的極限。因此接下來從「數名詩」、「大／細言詩」談起。

二、「博物」的語文遊戲：從「數名詩」、「大／細言詩」談起

（一）數名詩

數名詩與前述嘲戲、麗事不大相似，此體乃將數目（也包含各種事物和稱名）為主題，鑲嵌進入詩句中，如〈數名詩〉、〈郡縣名詩〉、〈藥名詩〉或〈將軍名詩〉等，此體裁有炫耀博學的心理，也有彼此競賽、遊戲的目的。就其內容和共作與否，數名詩大概集中於兩個場域發生：一是文學集團應詔、共作的文學現場；二則是個別的、特定作家大量寫作。就寫作動機而言，文學集團的共作理當含有競賽、爭勝的文學遊戲意義；而個別作家的寫作，則可能出於其本身對此題材的愛好、或為日後競賽的創作練習。

平盛世的備忘錄》（臺北：時報出版社，1996），頁44-46的論述。

這一類數名詩雖然內含有邊塞、詠物、寫景題材，但基本上仍以拼貼、補綴為宗旨，詞語被拼湊、剪裁、鑲嵌，重組出新意，達到類似「文字蒙太奇」[15]效果。鮑照〈數名詩〉見於《文選》，當屬此體的代表作：

> 一身仕關西，家族滿山東。二年從車駕，齋祭甘泉宮。三朝國慶畢，休沐還舊邦。四牡曜長路，輕蓋若飛鴻。五侯相餞送，高會集新豐。六樂陳廣坐，組帳揚春風。七盤起長袖，庭下列歌鍾。八珍盈彫俎，綺餚紛錯重。九族共瞻遲，賓友仰徽容。十載學無就，善宦一朝通。（鮑照〈數名詩〉）[16]

詩中以「一身仕關西」、「二年從車駕」等數目鑲嵌入詩句，確實有反諷當時士族的意味，但同時鮑照又是此題材的愛好者，我們可以注意到，南朝的這些語文遊戲題材集中於某些作家，表現出這些作家的習性。他們藉著反覆練習以求熟悉規則，進而於困難規則中得到愉悅快感。

「建除」出自《淮南子・天文訓》[17]，而〈建除詩〉此體即以「建、除、滿、平」鑲嵌入詩，基本上就是數名詩的另一種型態，劉漢初曾以鮑照此詩論證「南朝邊塞詩起於遊戲」[18]說，此點我們第五章論

---

15 「文字蒙太奇」這個概念，筆者參酌陳建志，《流行力：台灣時尚文選》（臺北：聯合文學，2007），頁 10 中的說法，陳建志原文指的是當代流行音樂歌詞的文字拼貼，消解原意而組合出新義，而筆者所探討的這類以數數為概念的詩，確實也有重組語言的意義。

16 〔劉宋〕鮑照〈數名詩〉引自逯欽立輯，《先秦漢魏晉南北朝詩》（北京：中華書局，1983），頁 1300。本書的獨立引文的部分，南朝詩則據逯欽立輯本，南朝文則據〔清〕嚴可均輯，《全上古三代秦漢三國六朝文》（北京：中華書局，2001），除非特殊狀況（如與《文選》、《玉臺新詠》、《廣弘明集》或《樂府詩集》對照），即不另作註腳，於引文後註明出處。

17 〔西漢〕劉安，劉文典集解，《淮南子・天文訓》（北京：中華書局，1989）：「寅為建，卯為除，辰為滿，巳為平，主生；午為定，未為執，主陷；申為破，主衡；酉為危，主杓；戌為成，主少德；亥為收，主大德；子為開，主太歲；丑為閉，主太陰」，頁 117。此體詩即以建、除、滿、平等字作為鑲嵌的語文遊戲。

18 劉漢初，〈梁朝邊塞詩小論〉一文收錄香港大學中文系主編，《魏晉南北朝文學論

邊塞詩時會深入說明。此處比對鮑照和范雲的〈建除詩〉：

> 建旗出燉煌，西討屬國羌。除去徒與騎，戰車羅萬箱。滿山又填谷，投鞍合營牆。平原亘千里，旗鼓轉相望。定舍後未休，候騎敕前裝。執戈無暫頓，彎弧不解張。破滅西零國，生虜郅支王。危亂悉平蕩，萬里置關梁。成軍入玉門，士女獻壺漿。收功在一時，歷世荷餘光。開壤襲朱紱，左右佩金章。閉帷草太玄，茲事殆愚狂。（鮑照〈建除詩〉）

> 建國負東海，衣冠成營丘。除道梁淄水，結駟登之罘。滿座咸嘉友，蘋藻絕時羞。平望極聊攝，直視盡姑尤。定交無恆所，同志互相求。執手歡高宴，舉白窮獻酬。破琴豈重賞，臨濠寧再儔。危生一朝露，螻蟻將見謀。成功退不處，為名自此收。收名棄車馬，單步反蝸牛。開渠納秋水，相土播春疇。閉門謝世人，何欲復何求。（范雲〈建除詩〉）

就鮑照此詩來說，內容描敘與邊塞有關，但兩詩對比，鮑照敘述的配印開壤、開疆拓宇；范雲卻勾勒了道家式隱逸場景，如「臨濠」、「螻蟻」、「蝸牛」、「秋水」顯然都用《莊子》典故。天干原本象徵的是計時刻度、是時間推移的象徵，范雲可能刻意讓這些詞彙有所偏移，開展出與鮑照不同面向——對邊關功名、對幅員遼闊疆域和大敘事的解構。「執戈」改成了「執手」、平定「危亂」的雄壯威武，改成了朝露「危生」一旦的齊物豁達，從詞彙與動賓的鑲嵌來說，兩詩各有發揮，未必能定高下，但遲來的作者顯然希望能對於前作有所翻轉與解構，表現出文學遊戲的競爭意識。而對作者來說，這類詩更重要的是要符合遊戲規則，詞彙本身的意義反而沒那麼重要。[19]

集》（臺北：文史哲出版社，1994），頁 78。

19　舉例來說：梁陳之際的作家沈炯從「建除」發展出〈六甲詩〉、〈六府詩〉、〈八音詩〉、〈十二屬詩〉等不同之數名詩，六甲詩「甲拆開眾果，萬物具敷榮。乙飛上而以姓氏、郡縣或抄書為題的詩南朝也大量出現。此體應始於孔融〈離合作郡姓名字詩〉。王夢鷗認為南朝作家以博學博物為榮，因而對類別、典故等知識特別熱衷，也對能夠「一目十行」、「數行俱下」[20]文人特別推崇，這形成了作家的集體心態。當然，編纂類書或典故競賽，或許帶有嚴肅的政治意義，但此行為所帶來的博物知識與記憶，成為文學遊戲的背景因素。像文人所共作的〈抄書詩〉、〈藥名詩〉大概就是這樣誕生的。蕭子良集團曾有「郡縣名詩」共作，此處舉沈約（441-513）〈奉和竟陵王郡縣名詩〉為例：

> 西都富軒冕，南宮溢才彥。高闕連朱雉，方渠漸游殿。廣川肆河濟，長岑繞崤汧。曲梁濟危渚，平皐騁悠晒。清淵皎澄徹。曾山鬱蔥蒨。陽泉濯春藻。陰丘聚寒霰。西華不可留。東光促奔箭。望都遊子懷。臨戎征馬倦。既豫平臺集，復齒南皮宴。一窺長安城，羞言杜陵掾。（沈約〈奉和竟陵王郡縣名詩〉）

「郡縣名」書寫有一特點在於：州名或縣名自有本義，但當之成為縣名時則有所轉義。此體的難度與挑戰在於如何更動、重組郡縣的詞性，使之由名詞成為動詞、或形容詞，進而妥切安排進入詩句的意義之中。在此同時，縣名就「去符號化」而「再符號化」了。且安插的妥切與否也決定此體的優劣，作者得以彼此較勁以區別高下。像沈約的這首詩除了注意將郡縣名鑲嵌入詩以外，還需要強調對仗工整與否，因此詞性和意義皆須兼顧：如「廣川」對「長岑」、「西華」對「東光」。在王融的同題共作中，以「往食曲阜盛，今屬平臺遊」為對，「平」與「曲」的詞性相對，字面來說較工整；然而沈約以「南皮」對「平臺」——「平臺逸響，南皮高韻」[21]，以兩個昔日貴遊活動場所為對，呼應了當下貴遊

危幕，雀乳出空城」，將天干直接嵌入詩句，其中像「庚庚」、「壬蒸」等詞彙，詞不甚能達意，頗為拼湊、澀造。足見語言的意義已經被掏空了，而趨於符號化。

20 王夢鷗，《傳統文學論衡》（臺北：東大圖書公司，1987），頁124。

21 〔梁〕沈約，《宋書》卷61，〈謝靈運傳〉：「綴平臺之逸響，采南皮之高韻，遺風

文學活動的現在進行式。

　　而這一類詩歌，除了因應詔同題而寫作之外，同時也出現集中於特定作者的現象，像鮑照、王融、王儉、沈約、庾肩吾和蕭繹（508-554）所作占此體大部分。其中最值得一提乃是蕭繹，他有〈宮殿名詩〉、〈縣名詩〉、〈姓名詩〉、〈將軍名詩〉、〈屋名詩〉……等十餘首以物種名為題的詩，舉〈針穴名詩〉、〈將軍名詩〉來看：

> 金推五百里，日晚唱歸來。車轉承光殿，步上通天臺。釵臨曲池影，扇拂玉堂梅。先取中庭入，罷逐步廊廻。下關那早閉，入迎已復開。（蕭繹〈針穴名詩〉）

> 虎旅皆成陣，龍騎盡能踊。鳴鞭俱破虜，決勝往長榆。細柳浮輕暗，大樹繞棲烏。樓船寫退鷁，檣烏狎飛鳧。度河還自許，偏與功名俱。（蕭繹〈將軍名詩〉）

將軍名非指將軍本名而是稱號，如「龍騎」、「破虜」、「大樹」等，此詩照說應作邊塞主題，但又因特殊稱號牽制——如大樹將軍馮異、樓船將軍楊樸等，造出如「大樹繞棲烏」或「樓船寫退鷁」，成了以邊塞開頭，中段寫景、結尾說理的架構；像「針穴名」得就「通天」、「曲池」等穴位鋪排。從「承光」、「通天」、「下關」、「入迎」發現蕭繹除了將穴位鑲嵌入詩外，也很重視詞面本身的對偶經營，這都顯示出作家對文學遊戲規則的遵守，以及對語意美感的堅持。上述作品或許還只是出於博物心理，展現作者的語文技藝，然而接下來的「大言」、「細言」，旨在利用所知的語言詞彙以建構「極限」，將遊戲的主題不僅是「物」，也可以是語言所能展現的極致。

餘烈，事極江右」，頁 2219。顯然沈約將編書的記憶與書寫習性挪用進了遊戲詩作中。

（二）大言與細言詩

本章注意到另一純以遊戲為目的主題即「大小言」，像蕭統集團共作的〈大言〉、〈細言〉，此體上承宋玉〈大言賦〉、〈小言賦〉、以及《世說新語》載桓玄（369-404）、顧愷之（344-405）「共作了語」之事[22]，還有東晉傅咸的〈小語賦〉之類。此題材在言「極大」與「極小」，除詞語鋪張炫逞外，朱曉海認為宋玉大小言賦頗有「託寓」和「因勢利導」[23]的功能，且與道家思唯有所關聯。[24]但過去文論對蕭統與其文學集團的〈大言〉、〈細言〉共作，將之視為「此祖宋玉而無謂，蓋以文為戲耳」。[25]當然在謝榛的脈絡中，「以文為戲」或許等同於掏空意義的純粹娛樂。然不應忽略的是：像蕭統創作此詩時，他僅十一、二歲，這種少年的遊戲或許還有創作練習的文學意義、建構世界觀的教育啟蒙意義。[26]但在本章脈絡中，筆者更重視「大小」此主題與博物和語言的關係。

《世說・排調》關於「了語」、「危語」競賽，顯然是一種以言語進行即時應對的競賽遊戲，《世說》中不乏這類即席表現語言機鋒的事件，像謝道韞的「未若柳絮因風起」[27]、或陸機回應王濟的「千里蓴

---

22 〔清〕余嘉錫針對〈排調〉此段即作箋證曰：「古文苑有宋玉〈大言賦〉、〈小言賦〉，為楚襄王、唐勒、景差、宋玉共造，如聯句之體……了語、危語，意蓋仿此」，余嘉錫箋疏，《世說新語箋疏》（北京：中華書局，1983），頁 822。

23 朱曉海，《習賦椎輪記》（臺北：台灣學生書局，1999），頁 59。

24 朱曉海，《習賦椎輪記》，頁 59。

25 〔明〕謝榛，《四溟詩話》，收錄丁福保輯，《歷代詩話續編》（北京：中華書局，1983），頁 1163。

26 田曉菲，《烽火與流星》：「蕭統還是孩子的時候，曾命數位下屬就二題（「大言」、「細言」）為詩……王錫在 512 年被任名為東宮官屬，沈約於 513 年去世，因此這一事件想必發生在 512-513 年之間」，頁 227。

27 〔清〕余嘉錫，《世說新語箋疏》：「謝太傅寒雪日內集，與兒女講論文義。俄而雪驟，公欣然曰：『白雪紛紛何所似？』兄子胡兒曰：『撒鹽空中差可擬。』兄女曰：『未若柳絮因風起。』公大笑樂」，頁 130。

羹，未下鹽豉」[28]，但顧愷之和殷仲堪的競賽更明確觸及到語言的極限概念。「言」能否盡「意」或許是更哲學性的論題，但誰能言說出一最極致的描敘，即此次遊戲競賽的主軸：

> 桓南郡與殷荊州語次，因共作了語。顧愷之曰：「火燒平原無遺燎。」桓曰：「白布纏棺豎旒旐。」殷曰：「投魚深淵放飛鳥。」次復作危語。桓曰：「矛頭淅米劍頭炊。」殷曰：「百歲老翁攀枯枝。」顧曰：「井上轆轤臥嬰兒。」殷有一參軍在坐，云：「盲人騎瞎馬，夜半臨深池。」殷曰：「咄咄逼人！」（《世說新語・排調》）[29]

參軍的「盲人騎瞎馬，夜半臨深池」，得殷「咄咄逼人」評價，因「仲堪眇目故也」。關於「咄咄逼人」，余錫嘉說是「驚歎之意」[30]，參軍之所以獲勝除了將「盲人瞎馬」、「夜半深池」這兩個極危險的意象疊加以外，極致的語言還構成了真實世界的能指。但讓人意外的是，受到譏嘲的殷仲堪並非勃然而怒，而是用了這個摻雜褒貶的「咄咄逼人」，身體的殘缺遭到指涉或許羞恥，但不能掩蓋參軍於這場語文競賽中技高一籌的事實。這其實是 Stephen Owen「難堪」的反面例證：語文競賽的落敗者頗為羞赧，但勝利者則贏得旁人的讚賞，甚至無視於秩序或道德規範了。這顯示出遊戲者深切投入、且遵守著遊戲內部的秩序規則。而真實世界的道德、善惡、或所謂的諷喻性，恐怕在遊戲時被放置到第二順位。

從這樣遊戲化的思維來看〈大言〉、〈細言〉，也無須執著於諷喻或

---

28 〔清〕余嘉錫，《世說新語箋疏》：「陸機詣王武子，武子前置數斛羊酪，指以示陸曰：『卿江東何以敵此？』陸云：『有千里蓴羹，但未下鹽豉耳！』」，頁 88。

29 〔清〕余嘉錫箋疏，《世說新語箋疏》，頁 821-822。

30 嘉錫案：「咄咄」，驚歎之辭。「咄咄逼人」亦晉人口頭常語。《法書要錄》卷二宋羊欣采古來能書人名曰：「王脩善隸、行，與義之善，殆窮其妙，子敬每省修書云：『咄咄逼人。』」又卷 10 王右軍與司空郗公書曰：「獻之，字子敬，少有清譽，善隸書，咄咄逼人」，頁 822。

托寓的比重。對蕭統及集團而言，此體已然進入文類發展的「摹本出現」[31]階段，它與道家思想關聯不大，諷諫、勢導的動機也不太明顯，主要來自於語言耍弄的遊戲快感與競爭意圖。傅咸〈小語賦〉就已有往遊戲化的傾向，而〈細言〉共作則更重視作家相互指涉以爭勝的跡象，如下：

> 坐臥鄰空塵，憑附蟭螟翼。越咫尺而三秋，度毫釐而九息。（蕭統〈細言〉）

> 冥冥藹藹，離朱不辨其實。步蝸角而三伏，經針孔而千日。（王錫〈細言應令〉）

> 開館尺棰餘，築榭微塵裏。蝸角列州縣，毫端建朝市。（沈約〈細言應令〉）

> 汎舟毛滴海，為政蝸牛國。逍遙輕塵上，指辰問南北。（殷鈞〈細言應令〉）

在共作中，作家明顯地展現了避複求新以爭勝的意圖。像王錫「步蝸角而三伏，經針孔而千日」，這比之蕭統「越咫尺而三秋，度毫釐而九息」，可以說是變本加厲、更為誇張。在這場以微小為題的語文競賽中，實際距離不斷縮小，感覺距離卻不斷加寬拉大，於此競賽爭勝，以獲文學遊戲的快感。王錫「蝸角」是對蕭統「咫尺」的具體化，而沈約因著「蝸角」的「意象」，延伸到《莊子‧則陽》的蝸角國。[32]在沈約的意象建構中，蝸角上何止觸、蠻二國，還可以「列州縣」、「建朝市」。

---

31 陶東風將文類發展分為三階段：「文類複合體聚集」、「摹本的大量出現」、「創造性轉化」，參見氏著，《文體演變及其文化意味》（昆明：雲南人民出版社，1994），頁 81-85。

32 〔清〕郭慶藩集釋，《莊子集釋》（北京：中華書局，1987）卷 8〈則陽〉：「有國於蝸之左角者曰觸氏，有國於蝸之右角者曰蠻氏，時相與爭地而戰，伏尸數萬，逐北旬有五日而後反」，頁 891-892。

至於殷鈞的〈細言〉中所描述的「『小』人」一方面繼續前文本（〈小語賦〉）的「泛舟」行動，一方面將其他共作中的蝸角吸納再製，並翻轉了《莊子》原典。這種對前作的濃縮與歸納，展現了作者追求競賽的超越，這是深切投入遊戲者才得以運用的技術。

從上述作品來說，數名詩這類作品，展現了作家博學博物的特徵，而成為一種遊戲體裁，或為了遊戲而進行的創作練習；至於大小言這樣的主題，則展現出作家藉著耍弄搬演語言，表現機智反應與語言極限運用的才能，以達到彼此競賽、遊戲的意義。這一方面是南朝文學遊戲化的展演，另一方面與本章主軸〈應詔語賦〉關係密切。辭賦的特徵乃「體物寫志」，但用來承載意義的「語言」能否作為賦題的對象被體察呢？如果「語言」本身可以作為「物」、作為「詠」的對象，這當然比論語言的大小極限更為困難而新奇。關於「詠物題材」容第二章獨立論述，此處就陳暄〈應詔語賦〉新創的遊戲特質進行說明。

三、「語言」的自我指涉：陳暄其人與〈應詔語賦〉的遊戲性

（一）語言與論辯：以「語」作為題材

以「語言論談」作為文學書寫主題，稍早時尚有蕭綱的〈舌賦〉。賦中設計了「奚茲先生」和「何斯逸士」兩個角色相互問答，「奚茲」、「何斯」乃論辯常用語，這兩位以論辯用語為名的先生，以「語言論辯」為主題進而進行論辯，這種將語言具體化的書寫，呈現此賦「自我指涉」的特質。[33] 今存〈舌賦〉的前半段看似讚揚「論辯」，但後半段卻

---

33 「自我指涉」本來是哲學概念，指自我參照、自省進程。在藝術創作中指的是被創作之物與創作形式相互指涉，被視為含有遊戲之作的趣味。關於「自我指涉」的定義，此處參酌 Andrew Brook, "Kant, self-awareness and self-reference," in Andrew Brook and Richard C. DeVidi (eds.), *Self-reference and Self-awareness*, Philadelphia, PA: John Benjamins Publishing Co., 2001, pp. 12-15; Sydney S. Shoemaker, "Self-Reference and Self-Awareness," in *The Journal of Philosophy* Vol. 65, No. 19, 1968；

又提出修正，將逞口舌能事的策士分為「妙說」和「讒諛」兩類型，從逞辭的適度與過度來拿捏，曲終奏雅，望能「粉虞卿之白璧，碎漢王之玉斗」[34]，進而達到「浮偽可息，淳風不朽」的效果。〈舌賦〉在清代陳元龍所編纂的《歷代賦彙》中，歸入「人事」，與其他賦詠人體器官的辭賦歸為一類——包括祖台之〈荀子耳賦〉、左思〈白髮賦〉和浩虛舟的〈陶母截髮賦〉[35]，但事實上「舌」所陳述的對象與器官毫無關聯，而是以「舌」寄寓言語之本身。

至於要談陳暄〈應詔語賦〉，或許應先注意到陳暄與陳叔寶文學集團的關係。陳暄和孔範、王瑳等為陳叔寶的「狎客」，本傳說他「性嗜酒，無節操」[36]，甚至提到他驚險刺激的創作過程：

> 後主之在東宮，引為學士。及即位，遷通直散騎常侍，與義陽王叔達、尚書孔範……等恒入禁中，陪侍游宴，謂為狎客。暄素通脫，以俳優自居，文章諧謬，語言不節，後主甚親昵而輕侮之。嘗倒縣于梁，臨之以刃，命使作賦，仍限以晷刻。暄援筆即成，不以為病，而留弄轉甚。(《陳書・陳暄傳》)[37]

以及 Raymond M. Smullyan, *Diagonalization and Self-reference*, New York: Oxford University Press, 1994, pp. 5-11 其中談到主體、認知與自我指涉的關聯，而在哲學論述時，「自我指涉」也會和康德哲學的「自我感知」(self-awareness)，或精神分析的「自我鑑識」(self-identification)、「自我意識」(self- consciousness) 有關。由於此處討論主軸並非哲學議題，故於此處說明之。

34 虞卿說趙武成王，王贈白璧一雙，事見〔西漢〕司馬遷，《史記》卷 76，〈虞卿列傳〉(北京：中華書局，1959)：「虞卿者，游說之士也。躡蹻檐簦，說趙孝成王。一見，賜黃金百鎰，白璧一雙；再見，為趙上卿，故號為虞卿」，頁 2370；劉邦以白璧贈項羽，以玉斗贈范增，事見〔西漢〕司馬遷，《史記》卷 12，〈項羽本紀〉：「項王則受璧，置之座上，亞父受玉斗，置之地，拔劍撞而破之」，頁 314-315。

35 〔清〕陳元龍編，吉川幸次郎解說：《御定歷代賦彙》(京都：中文出版社，1971)，頁 1137。

36 〔唐〕李延壽，《南史》卷 61，〈陳暄傳〉，頁 1502。

37 〔唐〕李延壽，《南史》卷 61，〈陳暄傳〉，頁 1503。《南史》後段還認為，此次行為間接導致陳暄的死亡。

對於陳暄而言，文學創作變成了一種刺激瀕死的行為，在瘋狂失序的邊緣，將「文窮而後工」發揮到極致。王瑤認為南朝文學愈到梁陳愈「墮落與病態」[38]；薩孟武認為南北朝貴族陷入極端的享樂主義，也造就了他們的精神變異。[39] 陳暄另有四首樂府擬作，如〈長安道〉「將軍夜夜返，弦歌著曙喧」看得出與陳叔寶同題樂府「當壚晚留客，夜夜苦紅粧」有共作的關係，而這樣限制嚴格、恪守遊戲秩序的共作，成了陳暄僅存的作品。或許〈應詔語賦〉也同樣誕生於這樣嚴格規範和帶有刺激與危險的遊戲之中。

只是更特別的是，〈應詔語賦〉是文學遊戲的產物，但更將「語」直接作為召喚典故的載體，那麼這篇賦同時就有了對「語言」的自我指涉意義。從結構來看，〈應詔語賦〉可分為三部分：1. 在說明語言發展的歷史，以及語言和書寫、和文字的對應關係；2. 舉歷代以論辯、以語言口舌逞能的縱橫家、策士，類似〈舌賦〉，這是賦的核心，藉著典故的拼貼逼近語言概念；3. 由歷史典故回到當前場景，說明語言是人類文明的維繫工具，也是人類溝通交流、抒發情懷最直接的載體，賦末以七言的方式呈現，有些類似賦末繫詩或繫歌的體式。其第一、二部分如下：

> 覈生民之要技，實語言以為前。樞機誠為急務，筆札乃是次焉。擬金人於右階，稱石人於左邊。鄭僑戎服而無媿，張儀舌存而理痊。唯諾唯辯，何者是與？故知於時言言，於時語語。若乃遼城嶮峻，齊陳交加。燕將恐懼，漢帝咄嗟。魯連纔吐數句，酈子直御單車。息十重之縈帶，賢百萬之諠譁。（陳暄

---

38 王瑤，〈隸事・聲律・宮體〉，收錄氏著，《中古文學史論》（臺北：長安出版社，1982），頁 226。

39 相關論述見薩孟武，《中國社會政治史》，薩孟武總結這些現象，提到「……任何娛樂若沒有勞動以為調劑，俄傾之後，就不能引起神經的反應，而失去滋味。這時候他們要刺激疲勞的神經，非用新娛樂不可。南北朝君主多昏荒淫亂，大約是神經衰弱所致」，頁 260-261。

〈應詔語賦〉)[40]

「實語言以為前」、「筆札乃是次焉」此兩句饒富意義。這篇賦乃以文字為載體，應詔而成應無疑問，但賦開頭指出：「語言」誕生於在「筆札」之前，而「筆札」如果又反過來呼應了這篇賦乃以文字寫成，那麼這篇談「語」的作品同樣具前述「自我指涉」意義。語言是這篇賦的創作內容，書寫是創作載體，即便「樞機為急務」，但此賦仍須透過「筆札」來呈現，若語言為第一序、書寫是第二序，作者卻得透過書寫來指涉語言。此處的「語」變成了一個詠物的對象，被歌詠、被言說、被鋪衍，透過典故拼貼以逼近其意。

在賦的第二部分進行語言鋪衍時也頗為巧妙，語言是縱橫家、策士的才華能力，他們搬弄三寸不爛之舌以談辯，展示話語力量，但在作者的典故中，鄭僑「戎服將事」[41]，張儀「吾舌尚存」[42]，這些論談者成了鋪陳語言的客體，成了證明語言力量的存在。而像魯連、酈食其[43]的典故，也成為展示語言關鍵的歷史佐證。語言在此也不僅只是載體，更具備了主體性，具有影響真實世界的力量。

此處可以注意到，陳暄賦「語」與傅咸、蕭統等作家從「大／小」來逼近語言極限的策略，顯然有別。「語」成了召喚典故、隸事為工的主體，從語言學的角度來說，這是從能指過渡到所指，展現了語言的任意性；而如果從自我指涉的角度，語言文字作為載體要如何呈顯自我本身？這牽扯到了一個「後設」的可能性。或許用現代術語來歸結古

---

40 〔陳〕陳暄的〈應詔語賦〉，引自〔清〕嚴可均，《全上古三代秦漢三國六朝文》，頁 3490-2，以下所引亦出於此。

41 〔清〕阮元校刊，《十三經注疏：左傳》(臺北：藝文印書館，2003 再版)〈襄公二十五年〉：「鄭子產獻捷于晉，戎服將事，晉人問陳之罪」，頁 622-1。

42 〔西漢〕司馬遷，《史記》卷 70，〈張儀列傳〉，「張儀謂其妻曰：『視吾舌尚在不？』其妻笑曰：『舌在也。』儀曰：『足矣』」，頁 2279。

43 魯連之事參見《史記》卷 83，〈魯仲連列傳〉，頁 2459-2469；酈食其之事則參見《史記》卷 97，〈酈生列傳〉，頁 2704-2706。

典文學的傾向未免不夠準確，但對陳暄而言，「語言」被他視為純粹的「物」，一如以「梅」或「栗」這樣的詠物主題，他以語言進行典故遊戲。只是在這樣的隸事、體物與炫逞博學的過程中，語言完成了它的自我指涉性。

（二）〈應詔語賦〉的遊戲性

〈應詔語賦〉的第三部分進一步談語言運用的場域空間，除了展現不同句式之外，也將數目鑲嵌進入賦句中，呈現了文字表面的遊戲性。而賦末詩化句的部分，對於「語言」的拙樸與炫逞提出了一個開放式的結語：

> 至於蘭臺靜祕，華燭高明。徐斟桂醑，緩奏秦聲。二三朋好，數四才英。既說前賢之往行，重覩生死之交情。扼腕抵掌，攘袂盱衡，當斯時也，何者為榮。欲同吃如鄧士載，欲作辯似婁君卿。為守為相竝如此，少意少事不成名。（陳暄〈應詔語賦〉）

「二三朋好，數四才英」含有一數字的拼貼趣味，和前一段的「十重」、「百萬」亦可相對，頗見形式與構句的遊戲性。「扼腕抵掌」、「攘袂盱衡」，肢體、動作都需要仰賴語言以表達，語言於是成了主體，成了記載某一個靈光之當下必要的載體。可以想像的是：此敘述中包含了作者身處貴遊活動的現場寫真，與前面談的沈約〈郡縣名詩〉類似。就像本章開頭引用的伽達默爾之說：遊戲者也成為了這次遊戲的真正主體，成了遊戲的一部分。

賦末總結了全賦，有抒發己志的意味，陳暄運用了兩個典故：一是鄧艾，一是婁護。鄧艾以「期期艾艾」口吃著稱，婁護以「婁君卿之唇舌」[44]見於經傳，他們或辯或訥，言與不言，廣義來說都是一種「語言」的對比與呈顯。這麼說來，擅長或不擅長語言，到底孰優孰劣？顯然陳暄在賦末，統整了前面一連串對語言的鋪排、陳述與展演，進行了某種解構與反思。他舉的這兩個極端的例證：口吃木訥如鄧艾，辯才無礙似婁護，他們雖對語言掌握能力有別，卻能「為守」、「為相」，功在社稷，看似存在矛盾的關係，卻恰巧因其「正／反」的辯證性，反而共構成一和諧結論。語言能力的「辯」與「訥」，成了殊途同歸的兩種語言展示。

從〈應詔語賦〉的最末一段與四句七言句來看，其實頗具遊戲成分，從表面句式的數目呼應、「鄧艾／婁護」的正反辯證與對偶，到「桂酳」、「秦聲」這類與當前貴遊宴樂場景的內在連結，再加上陳暄的狎客身分與應詔創作的形式，即便《賦彙》將此賦歸入「諷喻」，但〈應詔語賦〉應該就如南朝其他典故競賽或前面提到博物、大小言之類的體裁，以遊戲為最主要的書寫目的。而他對這種文學遊戲理當不陌生，今存另外一篇〈食梅賦〉也是同樣架構與策略的賦作。不過相對來說，「梅」比起「語言」有了具體的物質面向，書寫時較為容易：

> 魏無林而止渴，范留信而前嘗。賜一時之名果，遂懷核而矜莊。昔詠酸棗之臺，今食酸味之梅。眼同曹瞞之見樹，形異韋誕之聞雷。胃既咽而思鴆杖，悶欲死而想仙杯。非投壺而天笑，想王孫而客咍。（陳暄〈食梅賦〉）

就此賦來說，陳暄旨不在「詠梅」，而是將「食梅」相關典故進行串連，包括范任啾梅、望梅止渴等故實，或許這也是某次集團文學的競賽題目，從「以文為戲」的角度：這類辭賦確實掏空了意義，而缺乏托寓和隱喻，但博物、遊戲成為了南朝作家熱衷、執著，甚至與死亡如此接

---

44 〔北宋〕李昉，《太平御覽》（臺北：臺灣商務印書館，1975），「谷子雲之筆札，婁君卿之脣舌」，頁 2257-2。

近的極限遊戲，他們不僅身為遊戲者，更表述出遊戲理論最深刻的面向——作家藉著文學書寫，選擇了可操作、封閉而具有意義的另外一種現實[45] ——誠如田曉菲說的南朝文學「輕」的價值。

筆者希望能將原本寄託了「諷喻」意義的〈應詔語賦〉，回歸其遊戲的本質，而這也並非貶低其價值。筆者進而認為也就是這樣不具其他目的的遊戲性，讓〈應詔語賦〉得以回應並解構了魏晉時期重要的談題——即「言意之辯」。

四、清談的延續或解構：〈應詔語賦〉與「言意之辯」的關聯

「清談」於魏晉時期盛行，對文人而言清談或有自我標榜、理勝詞勝的競爭意識，但其中探論了關鍵哲理，不能遽將之理解成為遊戲。關於「清談」的定義，林麗真說：「『清談』是魏晉時代廣行於社會名士的一種風尚，也是時人研討學術文化及宇宙人生問題的基本方式」。[46] 唐翼明認為：「所謂『魏晉清談』，指的是魏晉時代的貴族知識份子，以探討人生、社會、宇宙的哲理為主要內容，講究修辭與技巧的談說論辯進行的一種學術社交活動」。[47]

在清談的諸談題當中，「言意之辯」無疑是一個歷史悠長的關鍵題目，此辯源自《周易・繫辭傳》和《莊子》。《世說》稱包含「言意之辯」在內的三論「宛轉關生」[48]，足見其重要性與影響。此談題魏晉屢屢論之[49]，如荀粲、嵇康、王弼、歐陽建、張韓[50] 等。「言」與「意」

45　胡伊青加，《人：遊戲者》：「（遊戲特徵在於）它的封閉性、限定性。遊戲是在某一時空限制內演完的，它包含著自己的過程與意義」，頁 10。

46　林麗真，《魏晉清談主題之研究》（臺北：花木蘭出版社，2008），頁 1。

47　唐翼明，《魏晉清談》（臺北：東大圖書公司，1992），頁 42-43。

48　〔清〕余嘉錫箋疏：《世說新語箋疏》：「舊云：王丞相過江左，止道聲無哀樂、養生、言盡意，三理而已。然宛轉關生，無所不入」，頁 211。

49　林麗真，《魏晉清談主題之研究》，頁 57。

50　林麗真疑此作〈不用舌論〉的「張韓」即為「張翰」，下文仍依《藝文類聚》以

的辯證乃一複雜課題，二十世紀的重要語言學者索緒爾（Ferdinand de Saussure）將語言符號分為「能指」（signifier）與「所指」（signified），指出其「任意性」：「能指和所指的聯繫是任意的，或者……可以更簡單地說：語言符號是任意的」。[51] 大概可以說，「言／意」已不僅是語言學問題，還承載了哲學概念。這個論辯的核心在於：「意」是最終所要表述的對象，但大多數的時候得以「言」——作為媒介和符號來表達。但言能否表意呢？論辯本身是否需要被檢視呢？這些充滿自我反身意義的論題，在「言意之辯」中都被提出了。其中與「言」概念相似，用以作為載體之物如「舌」或「蓍龜」，也成為談辯者討論的對象，如下引張韓、庾闡兩論：

> 論者以為心氣相驅，因舌而言，卷舌翕氣，安得暢理。余以留意於言，不如留意於不言。徒知無舌之通心，未盡有舌之必通心也。……留侯不得已而掉三寸，亦反初服而効神仙。靈龜啟兆於有識，前却可通於千年。鸚鵡猩猩，鼓弄於籠羅。財無一介之存，普天地之與人物，亦何屑於有言哉？（張韓〈不用舌論〉）[52]

> 物生而後有象，象而後有數，有數而後吉凶存焉，非神明之所存。龜者啟兆之質，非靈照之所生。何以明之？夫求物于闇室，夜鑒者得之，無夜鑒之朗，又以火得之，得之功同也。致功之迹異也。不可見目因火鑒，便謂火為目；神憑蓍通，又謂蓍為神也……且殊方之卜，或責象草木，或取類瓦石，而吉凶之應，不異蓍龜。此為神通之主。自有妙會，不由形器，尋理

「張韓」稱之，見氏著：《魏晉清談主題之研究》，頁 62。

51 索緒爾著，高名凱譯，《普通語言學教程》（北京：商務印書館，1980），頁 102。

52 〔東晉〕張韓，〈不用舌論〉，收錄〔唐〕歐陽詢：《藝文類聚》（上海：上海古籍出版社，1999），頁 318。

之器，或因他方，不繫蓍龜。（庾闡〈蓍龜論〉）[53]

因為對語言的質疑，也同時質疑到了發聲器官或示吉凶之媒介，張韓將「舌」的動作與發音方式，如「卷」、「翕」之類，視為阻礙「暢理」的媒介，言以「舌」發，就像「意」以「言」載，舌不直接等同於談辯，反而成為暢理的妨礙，而〈蓍龜論〉的「（龜者）非靈照之所生」也是同樣的概念，「殊方之卜，或責象草木，或取類瓦石」，都是質疑、解構關於「意義」與「載體」之間的因果、聯繫，從而將語言、載體推演至第二序列。

而前文所談蕭綱〈舌賦〉、陳暄〈應詔語賦〉多少與此論有些關聯，但到了南朝，作家似乎已不去認同或否定「語言」或「舌」的功能性。以〈舌賦〉開頭來說：「三寸著名」或「微言傳乎往記，妙說表乎丹青」，都明確地指出論辯策士名垂青史靠的就是「舌」、靠著的就是語言，而非「舌」背後所聯繫的「通心」、「暢理」或「表意」等哲學論證。這些太過抽象的「通心」、「暢理」，難以實證，不如真實世界或社會脈絡的積極位置——意即是這些以「言語」、以「舌」逞詞論辯者的名垂青史。

至於〈應詔語賦〉開頭的「覈生民之要技，實語言以為前」，一方面擱置了「語言」所衍生的爭議，二方面也試圖統整與回應此一談題，「言」的「在前」或「在後」代表了更重要意義，即背後的「盡意」與「不盡意」，而這正是過去言意之辯的核心論題。從更廣泛的思想背景脈絡來說，筆者認為〈應詔語賦〉與「言盡意」、「言不盡意」兩論是有所聯繫的。二論核心的概念如下：

誠以理得於心，非言不暢。物定於彼，非言不辯。言不暢志，則無以相接；名不辯物，則鑒識不顯。（歐陽建〈言盡意論〉）[54]

---

53 〔東晉〕庾闡，〈蓍龜論〉，收錄〔唐〕歐陽詢：《藝文類聚》，頁 1286。

54 〔西晉〕歐陽建，〈言盡意論〉可見於〔清〕余嘉錫箋疏：《世說新語箋疏》（頁

> 今稱立象以盡意，此非通於意外者也；繫辭焉以盡言，此非言乎繫表者也。斯則象外之意，繫表之言，固蘊而不出矣。（何劭〈荀粲傳〉）[55]

言、非言是「言意之辯」的核心，然而陳暄距離兩晉已經將近兩百年了，言意之辯或許並不是他最關注的論題，只是既要賦「語言」，仍然得回頭處理到語言所帶來的意義與效果等議題。但〈應詔語賦〉以「語」為主題，是否就贊同「言盡意」的論點呢？實則也不盡然。賦中的「扼腕抵掌，攘袂盱衡，當斯時也，何者為榮？」也表現出：當宴樂方酣，文人確實需要仰賴語言作為載體，進行抒發，這是〈言盡意論〉「理得於心，非言不暢」的進一步落實。然而論述到了結論，陳暄提到鄧艾和婁護運用語言的兩種面向：「吃」與「辯」，似乎又回到了「言」的正反兩面：有「言不暢志」者，有「蘊而不出」[56] 者。更往後衍申來看這個課題：陳暄此處的意思是說，鄧艾和婁護對語言掌握有差異，卻殊途同歸，得到了類似的效果，而此即是「言」和「非言」經過辯證而得到同一性之後的效果。

或許不能說〈應詔語賦〉必然是對「言意之辯」這個談題刻意延續、或深入闡發，但它延續了清談的談題、對言意之辯有所整理與回應。在玄學發展到了尾聲的時代，在遊戲時應詔而作的小賦，仍然處於整體時代背景與思潮涵蓋之下，既受此兩論的影響，且折衷兩論作了詮釋、甚至作了某種程度的融合與解構。過去研究者曾討論過「清談」是

211）以及〔唐〕歐陽詢，《藝文類聚》（頁 348），以《藝文類聚》所引為全。

55 〔西晉〕何劭，〈荀粲傳〉，收錄〔清〕嚴可均，《全上古三代秦漢三國六朝文》，頁 1557-1。除此之外像盧諶，〈與司空劉琨書〉也曾提到：「易曰：『書不盡言，言不盡意』。然則書非盡言之器，言非盡意之具矣。況言有不得至于盡意，書有不得至于盡言邪」，頁 1658-2，見此論於兩晉甚為流行。

56 〔魏〕荀粲，〈言不盡意論〉的主軸在於：「斯則象外之意，繫表之言，固蘊而不出矣」，見〔西晉〕何劭，〈荀粲傳〉，收錄〔清〕嚴可均，《全上古三代秦漢三國六朝文》，頁 1557-1。

如何影響了南朝藻飾繁複的文學風格[57]，但回頭來說在議題層面上，南朝文學也對於談題有所回應。

總體來說，南朝的遊戲之作既然誕生於此時期，應當也不能自外於時代背景與思潮趨向，而同時我們除了正視此類遊戲小賦的遊戲性，探索語文遊戲題材背後複雜的意義外，仍能於此窺探到時代思潮與哲理辯證的痕跡。更重要的是，「語言學」在當代成為了重要的課題，維根斯坦（Ludwig Josef Johann Wittgenstein）、索緒爾等語言學家注意到語言作為哲學知識論的方法，更有二十世紀「語言學轉向」（the linguistic turn）之說，語言學對當代影響頗為深遠。[58]或許〈應詔語賦〉僅是遊戲小賦，僅是隨機地挑戰將抽象的「語言」作為詠物的實驗，然而在此創作行為背後，牽扯了更多複雜的議題、背景與思維體系。這也是南朝的這些看似「輕」、看似意義薄弱的作品給予當代學術研究的積極意義。

五、小結：以遊戲為目的

根據以上所論，本章歸納出三點作為小結：

（一）本章以陳暄〈應詔語賦〉為論述主軸，兼及南朝其他語文遊戲作品，可以發現像數名詩、大細言、以及本章所未探討的「賦得」、

57　王瑤談到「清談」所影響的六朝文學部分，說：「文論的興起與發展，詠懷詠史、玄言山水的詩體；析理井然的論說，雋語天成的書札，都莫不深深受到當時這種玄學思想（清談）的影響」，《中古文學史論》，頁40；王夢鷗認為：「（清談的）擴大應用，則成奇偶相生，正反一意的的駢儷文體」，《傳統文學論衡》，頁101；日本學者岡村繁也有類似看法：「六朝文學由於頻繁使用對句和典故追求的病態美偏向，『清談』現象於這方面也產生頗大影響」，《漢魏六朝的思想與文學》（上海：上海古籍出版社，2002），頁72-73。

58　諸如後結構主義、解構主義等論述，都基於此而來，如傅柯（Michel Foucault），《詞與物：人文科學考古學》（*Les mots et les choses: une archéologie des sciences humaines*）、德希達（Jacques Derrida），《書寫與差異》（*L'écriture et la différence*）等重要著作。

「嘲戲」這類作品，它們或多或少運用了詞彙、典故、概念的鑲嵌、拼貼、疊架等文學技巧。[59] 這一方面展現作家的博物博學；二方面在翻轉、新變同題作品中，作家們得以相互較勁，遵循遊戲的規則以達到遊戲的娛樂與快感——如鮑照和范雲的數名詩，字面看來與邊塞或玄言題材有關，卻又剝離了其意義；而蕭統的大、細言也不若宋玉〈大言賦〉與《老》、《莊》相涉，具有因勢利導的諷喻功能，反而是純粹「大」、「細」意象的炫逞與博識表演，運用文采、詞彙競賽，達到純粹之遊戲目的。

（二）「自我指涉」指的是對自我生成意義的探索，即便陳暄〈應詔語賦〉也屬遊戲之作，但他刻意選擇一困難而抽象的主題：「語言」——作為賦的對象。對一無實體對象的「詠物」，這是出於因難見巧的創作心態。從陳暄和後主叔寶的互動中可以看出這也可能符合陳暄性格。就如同〈舌賦〉般，論辯的對象是語言，節度語言和炫逞詞藻就成為兩個相反的面向，〈舌賦〉或〈應詔語賦〉特別之處就在於如何透過辯證，將「正」（炫逞語言）與「反」（搬弄唇舌）合而為一。〈應詔語賦〉賦末，表述了語言的正反殊途歸一的特性：「欲同吃如鄧士載，欲作辯似婁君卿」，無論逞辯或言訥，都屬於語言的表現方式。這樣藉著文辭炫逞來定義、解釋「語」的作品，表現出〈應詔語賦〉的自我指涉性。

（三）蕭綱〈舌賦〉將舌替代為論辯者主體，顯然與張韓的〈不用舌論〉有些關聯，而陳暄的〈應詔語賦〉開頭以至於最末結語，都可以看出對歐陽建、何劭的「言盡意」、「言不盡意」兩論有所回應與統合。雖然〈舌賦〉、〈應詔語賦〉這類作品可能是即席遊戲之作，沒什麼複雜辯證，然而「言／不言」、「盡意／不盡意」得到了同一性。王夢鷗曾提

59 日本學者斯波六郎就曾探討「賦得」此體的源流與發展，發現「賦得」有「賦某得某」以及「賦得某某」兩種類別，而賦得某某又包含詩句或人物，見氏著：《六朝文學への思索》（東京：創文社，2002），頁 483-486。

到：「清談」本身即有分勝負、作為貴族娛樂節目的意義、是魏晉文體演變的現象之一[60]，並說此風「遠承戰國稷下辯風，近取魏世正始的論題，到了轉成貴遊的娛樂節目，談辯不但講『理』，同時亦且尚『辭』，往往是『理勝』、『辭勝』」。[61]進一步來說，〈應詔語賦〉透過遊戲形式，卻仍回應清談的「言意之辯」，在遊戲之外，觸及了更深刻的文化意涵，卻也不妨礙它出於遊戲的動機。

筆者希望透過本章對南朝語文遊戲題材——主要是〈應詔語賦〉的探討，修正過去對南朝遊戲之作「只成戲謔，不足為法」的評價。王夢鷗曾說：「以寫作為遊戲，正屬貴遊文學的本領……乃不能不以另一副手眼來辨識了」[62]，蔡英俊說王夢鷗雖肯定了南朝文學「對於語言與想像的創造活動有絕大推進的功能」，但仍用「勾當」一詞去形容文人的用事性質。[63]我們過去認為遊戲之作之所以缺乏意義在於它的「輕」，如果評價作品優劣在於它是否夠「重」[64]，而這種沈重又來自於卡爾維諾所說的嚴肅沈重之人生[65]，但事實上輕或看似無意義的遊戲之作，同樣有其意義。這些作品以遊戲為動機、為目的，在遊戲氛圍之中完成，卻不經意透露出遊戲之外的文化意涵，而這也是本書論述的核心。

（本章原載於《東華人文學報》第23期，頁29-56，題名「論南朝語文遊戲題材與言意之辯的關係——以陳暄〈應詔語賦〉為主的考察」，後經部分修改）

60　王夢鷗，《傳統文學論衡》，頁101。

61　王夢鷗，《古典文學論探索》（臺北：正中書局，1984），頁128。

62　王夢鷗，《古典文學論探索》，頁134。

63　王夢鷗的說法參見《傳統文學論衡》，頁116；而蔡英俊針對之所作論辯見氏著，〈「擬古」與「用事」：試論六朝文學現象中「經驗」的借代與解釋〉，收錄《文學、文化與世變》（臺北：中研院文哲所，2002），頁96。

64　不可否認地，南朝宮體以及其他文學經常得到「輕」的評價，這是來自於許多批評家認為作品需要具備「重量」。

65　卡爾維諾之說，在本章前文的註14已經提及。

第二章

「詠物」題材新論：詠物詩賦的文化脈絡流變

（王）儉嘗集才學之士，累物而麗，謂之「麗事」，麗事自此始也。諸客皆窮，唯盧江何憲為勝，乃賞以五色花簟白團扇。憲坐簟執扇，意氣自得。秣陵令王摛後至，操筆便成，事既煥美，詞復華麗。摛乃命左右抽簟掣扇，登車而去。儉笑曰：「所謂大力負之而趨」。（楊松玠《談藪》）[1]

梁侍中東海徐摛，散騎常侍超之子也。博學多才，好為新變，不拘舊體。常體一人病癰曰：「朱血夜流，黃膿晝瀉。斜看紫肺，正視紅肝」。……摛子陵、通直散騎常侍。聘魏。魏主客魏收曰：「今日之熱，當猶徐常侍來。」徐陵答曰：「昔王肅至此，為魏始制禮儀。今我來聘，使卿復知寒暑」。（楊松玠《談藪》）[2]

---

1 〔隋〕楊松玠，《談藪》，引自〔北宋〕李昉，《太平廣記》，頁 1278。
2 〔隋〕楊松玠，《談藪》，頁 1909。

一、「詠物」作為一種真實力量

前一章我們討論狹義的語文遊戲題材，然而南朝的「詠物題材」蔚為大宗，且如導言提到的高友工，即認為「詠物」是六朝文學典型的遊戲題材。論及六朝文學與文論中的「物」，必然會牽涉背後相關的「體物」、「感物」、「詠物」等複雜問題，而對創作者而言，「體物／感物」背後包含主動與被動的複雜脈絡；而「詠物」又與「引喻」、「譬類」、「連類」等概念相涉相關[3]，而背後更複雜的心物二元論、現象學、抒情與描寫等論題，更是盤根錯節。

呂正惠認為「感物」若放在抒情傳統的脈絡中，是一種主觀的表達情感方式[4]；鄭毓瑜則宏觀地從思想、文學、小傳統與文化研究的角度，探討「感物連類」的古典時期，「物」—「情」—「我」之間的思維圖式。[5]她提到：「從『類物』與『應類』的角度來看，世界的組成並非以『物』或標誌『物』的『字（詞）』為先，而是有一個根本關聯性、相似性的平臺」。[6]

筆者對鄭毓瑜此說並無疑義，但筆者以為即便「文辭」、「語言」或「物」可能作為聯繫「相似性的平臺」的載體，但時至南朝，創作者開

---

3 呂正惠認為「感物」若放在抒情傳統的脈絡中，是一種主觀的表達情感方式（呂正惠：〈物色論與緣情說——中國抒情美學在六朝的開展〉，收入中國古典文學研究會編，《文心雕龍綜論》（臺北：台灣學生書局，1988，頁 285-311）；而鄭毓瑜則提到：「文學書寫中的『引喻』、『譬類』或『應感』，其實涵括於一個共識性的世界觀、宇宙觀，『時—事』、『物—我』之間必然存在於早經認可熟悉、同時更是時時處於『類應』以『穿通』的互聯狀態」（鄭毓瑜：〈類與物——古典詩文的「物」背景〉，《清華學報》卷 41 期 1，2011 年 3 月，頁 18）。

4 呂正惠，〈物色論與緣情說——中國抒情美學在六朝的開展〉，收入中國古典文學研究會編，《文心雕龍綜論》，頁 285-311。

5 「感物」一詞與節氣變化哀感固然相關，但鄭毓瑜提到從班彪〈王命論〉「是以王武感物而折契」或班固〈幽通賦〉「精通靈而感物兮」這樣的詞語用法，指的是對神奇幽微事物的感應，「感物」的意義指涉範圍大的多，請參酌鄭毓瑜，《引譬連類：文學研究的關鍵詞》（臺北：聯經出版社，2012），頁 190。

6 鄭毓瑜，〈類與物——古典詩文的「物」背景〉，頁 17。

始極重視「將物運用言辭來呈現」這種藝術能力的本身，就如本章開頭所徵引的《談藪》中兩則文獻。王儉（452-489）一事表現了南朝作家透過「華麗言辭」來進行「詠物」的重視。不斷將「物」與「物」堆垛與延伸，典故的疊床架屋，形成了相儷而生的「麗事」。

值得注意的是第一則文獻最後，王儉對徐摛的評論：「所謂大力負之而趨」。詠物的能力、藻飾語言的能力，成為了一種現實世界裡「真實的力量」。且更重要的是照王儉的描敘：這個「力量」並非是一種後天鍛鍊的，如身體和肌肉的力量，更接近一種大自然的天性，「負之而趨」，這種詠物的力量猶如磁力，讓文學競賽的獎賞自然地往而趨之。

至於第二則以徐摛和徐陵父子為主角，徐氏父子是蕭綱文學集團的重要成員，尤其在「宮體」的製作上，徐摛、徐陵扮演了很關鍵的角色。關於這點，本書於第六章談豔情題材的部分會進一步討論。若我們將這兩則事蹟一起閱讀，也就是徐陵告訴魏收的意思——「體物」、「詠物」的能力，讓我們認識了世界。於是我們大概可以說，「詠物」成了一種具體的、真實的力量，對於南朝作家而言，世界固然不是僅是由「言辭」組成，但言辭敘述的能力建構了世界觀。

因此，本章將「詠物」和與之概念密切相關的「體物」、「感物」作一區隔，「體物」、「感物」可能有主被動之區別，與語言、感應或觀看有關，但本章將「詠物」與「題材」聯繫在一起，將之視為一種「書寫」的主題和素材，並進一步以「物」為綱目，選擇幾樣在南朝有代表性、有一定作品數量的「詠物」詩賦，探討此物於南朝以及南朝前的文化脈絡發展，最終希望能探討南朝「詠物題材」與過去差異和遞變。因此，筆者於此先針對「詠物」的義界與評述進行探討。

胡應麟（1551-1602）《詩藪・內篇》說「詠物起於六朝，唐人延之」[7]，洪順隆以為此說不確切，認為「詠物」主題漢代即有，但逮至六

7 〔明〕胡應麟，《詩藪》，頁 118。

朝，詠物題材才開始大規模被創作。[8]而清代文論對詠物大概有以下評論：

> 詠物詩不必太貼切，當在切與不切之間。（查為仁〈蓮波詩話〉）[9]

> 詠物之作，須如禪家所謂「不黏不脫，不即不離」方是上乘之作。（王漁洋《帶經堂詩話》）[10]

> 詠物須有寄託，無寄託而詠物，試帖體也。（施補華《峴傭說詩》）[11]

> 問：詠物如何始佳？答：未易言佳，先勿涉呆。一呆典故，二呆寄託，三呆刻畫，呆襯托。……題中之精蘊佳，題外之遠致尤佳。自性靈中出佳，從追琢中來亦佳。（況周頤〈蕙風詞話〉）[12]

前兩則談的是「詠物」的技巧與所詠之物，須「不即不離」，在「切似」與「不切似」之間。陳昌明說六朝詠物將「物」的名稱、歷史環境、用途特性以及作者之情四者交互使用，「詠物詩其實是圍繞著『物』去選擇其觀賞角度的」。[13]相對來說，施補華和況周頤的意見更值得我們注意。施說的「有寄託」是一個大論述，這論述形成原因複雜，但它造成南朝詠物題材受到批評的原因；況周頤所謂的「呆寄託」應是與「詠物須有寄託」相關，「寄託」和「典故」、「刻畫」一樣，都有滯

8 洪順隆，《六朝詩論》，頁 3。
9 引自〔清〕丁福保編，《清詩話》（上海：上海古籍出版社，1978），頁 473。
10 引自〔清〕丁福保編，《清詩話》，頁 791。
11 引自〔清〕丁福保編，《清詩話》，頁 987。
12 〔清〕況周頤，《蕙風詞話》（上海：上海古籍出版社，2009），頁 151。
13 陳昌明，《沉迷與超越：六朝文學之感官辯證》（臺北：里仁書局，2005），頁 265。

於呆板的可能性。那麼如何切題又含有題目之外的意境，就成為最好的詠物典範。

在諸多詩文論之中，俞琰（1257-1327）對於「詠物」的界定與論述值得我們注意：

> 詩感於物，而其體物者不可以不工，狀物者不可以不切，於是有「詠物」一體，以窮物之情，盡物之態，而詩學之要，莫先於詠物矣。古之詠物者，其見於經則灼灼寫桃花之鮮……此詠物之祖也，而其體猶未全，至六朝而始以一物命題。[14]

俞琰對詠物起源的界定和後來的胡應麟類似，但他明確提到詠物的兩個定義：「窮物之情」、「盡物之態」，於是「物色」與「情感」在此得以交融。「體物」要「工」，「狀物」要「切」，這造就了文辭的雕飾，如果我們從題材影響風格的角度來說，「詠物題材」對南朝文學的意義又更加重要。

近代談以「詠物」為切入點論述六朝詩賦者，我們可以注意到洪順隆和廖國棟兩位學者的研究成果。廖國棟談「詠物賦」，他首先面對的難題在於「體物」本是辭賦的文類特性之一。因此他說他的詠物賦定義是「以吟詠物之個體為主旨之賦，謂之詠物賦。此類篇賦乃作者有感於物，而力求『體物』、『狀物』而作者」。[15] 這個定義顯然據俞琰而來，廖國棟並將詠物賦分為「天象、地理、植物、動物、器物、建築、飲食」[16] 這幾類，因洪順隆「詠物詩」的探討在前，可能受其影響。

導言的部分筆者徵引過洪順隆對詠物的觀點，而他將南朝詠物詩分為七個主要題材，並進行統計、歸納這些題材彼此增減、消長的原因。洪順隆針對此結果發現：「由題材來看，時代愈後，所詠對象愈多愈

---

14 〔清〕俞琰編，《歷代詠物詩選》（臺北：廣文書局，1979），頁 1-2。

15 廖國棟，《魏晉詠物賦研究》（臺北：文史哲出版社，1990），頁 13。

16 廖國棟，《魏晉詠物賦研究》，頁 13。

細，由整體而趨向個別，由個別走向局部」。[17] 他認為這樣的發展，是來自於「物質生活的進步，與精神活動的提昇」，以及創作者「觀察力深刻尖銳化所帶來的結果」[18]，此說不無道理，只是筆者認為單從種類來區分詠物題材，或以數量來統計詠物詩賦，這只能探討「**量變**」的問題。而筆者希望針對詠物題材詩賦進行細讀，並進行文學史／文化史的歸納與探溯，如此方能進一步來觀察「詠物題材」的「**質變**」。或許南朝這批出於遊戲的詠物詩賦，對爾後批評家而言，不過是「流於光景」或「體工而味淺」，但筆者認為——若從文化脈絡與流變來看，它們實有值得重視之處。

二、從「群體」到「類體」

前述洪順隆將詠物詩分為「天象」、「地理」、「鳥獸」、「草木」、「蟲魚」、「器物」、「建築」七大類，但根據筆者歸納南朝各種題材的詩賦來說，「建築」類、尤其是以建築為題的詩，已經非常稀少了。劉義恭、劉駿都有〈華林清暑殿賦〉，依據殘篇看應屬大賦架構，此外寫空間建築、園林場所的詩賦，又與贈答、遊覽、公讌以至於佛教等其他題材結合，純粹就歌詠宮廷建築的作品幾乎消失。而天象地理又與節令、物色等題材結合在一起，天象、地理、物色所詠「物」既屬自然抽象物，它們與動植物、器物這類具功能性、物質性的「物」不盡相同。在本書的下一章，即將針對《文選》中的「物色賦」進行探討，故此處聚焦於最具物質性的動物、植物和器物三個詠物之下的小題材，作為切入點。

筆者注意到「詠物題材」的另外一個原因，在於六朝獨特的文學現場，亦即「文學集團」的出現。Cynthia Chennault 談詠物的歷史發展與內在結構時，她提到：南齊詠物詩的新口味，在於有實用價值的微型裝

---

17 洪順隆，《六朝詩論》，頁 34。

18 洪順隆，《六朝詩論》，頁 34。

飾物——如樂器、食器或化妝品，而不再僅是自然實物[19]，但我們發現到：這種共詠物的約立，其實與文學集團的運作有密切關係。Stephen Owen 在談中國古典詩中的意象與其流變時，談到所謂「類體」的概念，如《莊子》中的「骷髏」、如杜牧詩中的「折戟」，Stephen Owen 認為從這些作為「換喻物」的斷片、類體，可以由此發掘出「類體」與「個體」之間的關聯：

> 對骷髏的關照不僅僅是我們想到死亡，骷髏的無名無姓也使我們感到痛苦。「個體」消失在「類體」之中；我們想要深入進去，發掘出個體來，但是，類體與個體之間的關係仍然是個難以解決的問題。……作為死亡提醒物的骷髏是「換喻物」（它代表它所屬的那類事務的類性或概念）……這個斷片所屬的世界，本身是而且幫助形成了一條連接過去與現在的鈕帶。[20]

但當這個論題放到南朝文學之中的時候，我們就必須參酌「群體」亦即「文學集團」於此間的作用，這也就是本章談的「詠物題材」詩賦，主要聚焦於文學集團的同題共作之原因。假若我們過去談的南朝文學，是一系列從「群體」到「個體」[21]再細談到「類體」，接著從對個別「類體」的詠物，反身作為「文學集團」與個別作者代表作[22]的進程（如圖 1）；但事實上，文學集團運作時是先約定了某種共詠物，群體才進行集體創作，那麼此進程則應該是逆推而成才說得通（如圖 2）。

---

19 Cynthia Chennault, "Odes on Objects and Patronage in the Early Qi." in Paul W. Kroll and David R. (eds.), *Studies in Early Medieval Chinese Literature and Cultural History: in Honor of Richard B. Mather and Donald Holzman*, Provo, Utah: T'ang Studies Society, 2003, p. 332.

20 宇文所安（Stephen Owen）著，鄭學勤譯，《追憶：中國古典文學中的往事再現》（臺北：聯經出版社，2006），頁 94。

21 一如文學史的「劉宋詩人與鮑照」、「謝朓與齊代詩人」等分章。

22 如張率〈舞馬賦應詔〉，如蕭子良集團的「梧桐賦」共作。

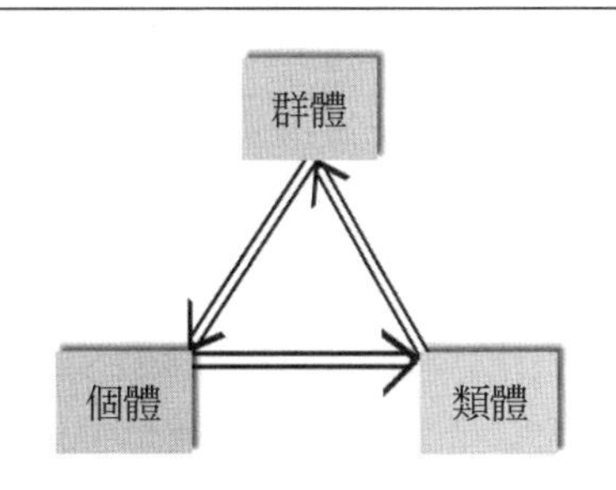 	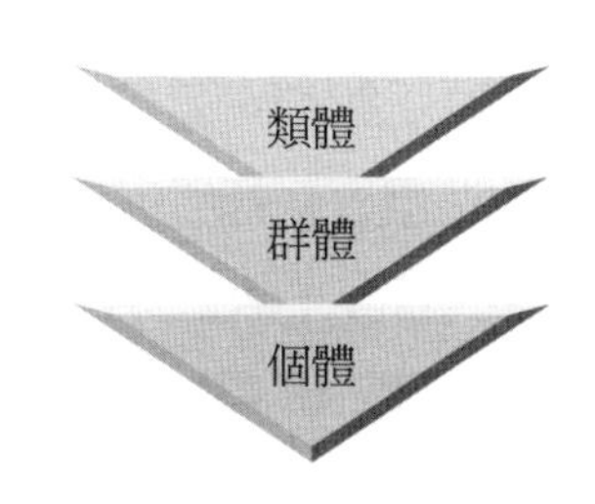
圖 1：過去先從時代（群體）的差異來談南朝文學，進而談經典作家（個體）的特徵，再由經典作家去談其個別題材的作品（類體）	**圖 2**：但從南朝文學集團運作來說，以遊戲為主的「題材共詠」會先設定題材，因此類體影響了群體的選擇，群體的選擇又關係了個別作家的創作，才是正確的創作順序

那麼，我們再回過頭來看王瑤談南朝文學流變時的一段說法，就會發現此說可能適用作家自主進行創作的氛圍，或從「詩體」發展來觀看的文學史，而忽略了集團文學、同題而作、同物共酬的文學現場：

> 這政治地位實在就是他（六朝）文人地位的重要因素。這樣，所有當時詩文的作者們既都侷限於上層士大夫的群中，因此我們讀他們的作品時，就常有一種特殊的感覺，即時代的差異，多於作者個性的差異。[23]

這正是「圖 1」公式進行的模式，值得注意的是在個別作者的詠物類體創作，又反身建構了「典律作家」的代表作位置，如〈雪賦〉之於謝惠連；〈舞鶴賦〉之於鮑照。這也就是「圖 1」的三角關係狀態。故依據筆者的看法，論南朝文學不得不注意文學集團，而論文學集團又得留意其共詠作品，此時「詠物題材」就扮演關鍵的意義。但我們注意到「物」又不是總是保有既定的意象，典故隸事又處於一動態建構與發展

23　王瑤，《中古文學史論》，頁 42。

之中。這也就是筆者談文化脈絡與其流變的原因。

從上述討論我們可以發現，一方面，「詠物」對於南朝作家而言不僅是單純的遊戲，更隱含了田曉菲所謂的「抵抗寓言解讀」[24]，隱含了建構世界觀的意義，故值得我們注意；而另一方面，將「詠物」獨立視為單一作家的單一作品，我們就難以看出「類體」與「個體」以至於「群體」之間的選擇、建構與流變的過程。因此，本章關注「詠物題材」的文化脈絡以及其意象遞變，並將之與文學集團結合。「詠物」的動機或許出於文學集團的遊戲，但在遊戲之外，「詠物」更有可能是南朝作家認知這個世界的方法，無論是出於主觀的、或過度寫實的[25] ——像前述王儉與徐陵之說。本章接下來就植物、動物、器物三類，分別就「梧桐」、「松」、「禽鳥」、「馬」、「蟬」、「燭」、「屏風」等七類所詠之「物」為綱目，逐一探討這些詠物題材的文學意象與文化符號脈絡的流變。

三、政治與道德的寓象：詠「梧桐」

梧桐是雙生葉植物綱，梧桐科，屬於落葉喬木。葉呈掌狀，原產地於中國。《尚書‧禹貢》稱「嶧陽孤桐」[26]，《禮記》曰「季春之月，桐始華」。「桐」歷來描寫與敘述繁多，像《莊子》中的鴛鶵自南海出發，牠「非梧桐不止，非竹實不食」；像周成王「援梧葉以翦珪」以封弟叔虞；還有枚乘〈七發〉的「龍門之桐」。從南朝的詩賦來說，梧桐大概就與這幾個「鳳棲梧」、「成王封地」、「龍門之桐為琴」等意象典故，結合在一起。

值得一提的是，六朝文化脈絡中的「梧桐」，除了有孤高貞潔的意

---

24 田曉菲，《烽火與流星》，頁 185。

25 在畫派中有「超級寫實主義」（super realism）一派，指將肉眼無法察覺之物之紋理等等，皆呈現出來。於是這樣的寫實就有了超現實的意味。

26〔清〕阮元，《十三經注疏：尚書》（臺北：藝文印書館，2003 再版），頁 82-1。

象之外，有些與志怪仙靈相關的書寫，這讓桐樹與其他植物有所不同。劉敬叔《異苑》中，有一則關於張華提到以桐木為魚形，以扣響石鼓的故事；而祖台之《志怪》則有一則騫保遇桐郎的故事：

> 吳郡臨平岸崩，出一石鼓，打之無聲。以問（張）華。華曰：「可取蜀中桐材，刻作魚形，扣之則鳴矣。」即從華言，聲聞數十里。（劉敬叔《異苑》）[27]

> 騫保至壇丘，上北樓宿，暮鼓二中，有人著黃練單衣白帢，將人持炬火上樓。保懼，藏壁中。須臾，有三婢上帳，使迎一女子上，與白帢人入帳中宿。未明，白帢人輒先去。如此四五宿。後向晨，白帢人纔去，保因入帳中，問侍女子：「向去者誰？」答曰：「桐郎，道東廟樹是。」至暮鼓二中，桐郎復來，保乃斫取之，縛著樓柱。明日視之，形如人長，三尺餘。檻送詣丞相，渡江未半，風浪起；桐郎得投入水，風波乃息。（祖台之《志怪》）[28]

前者的桐木為魚形之槌，得以擊響出土之遠古石鼓；後者騫保所遇的「黃練單衣白帢」之人，即是道東廟前梧桐所變化以成。且桐郎不僅修煉成精，還捨身投江以平息風波。另外《高僧傳》、《秦記》都有關於桐的誌異雜說[29]，於北宋陳翥《桐譜》中有相關記載。對於南朝創作者而言，過去前文本所經營出的典故是一條線索，文化脈絡下的植物形象是另外一條線索，這兩條線索經緯交錯，進而構成「梧桐」意象的文化屬性。

談南朝文學集團所共做的「詠梧桐題材」之前，我們可以先舉枚乘

---

27 〔北宋〕李昉，《太平御覽》，頁 383-1。

28 魯迅，《古小說鉤沈》（香港：新藝出版社，1967），頁 205。

29 〔北宋〕陳翥，《桐譜》，引自〔明〕陶宗儀，《說郛》（上海涵芬樓排本），頁 18-19。

（？-140BC）〈七發〉和張協（？-307）〈七命〉這兩篇「七體」文本，對於南朝作者而言，「七體」是他們非常熟悉的文學典律：

> 龍門之桐，高百尺而無枝。中鬱結之輪菌，根扶疏以分離。上有千仞之峯，下臨百丈之谿。湍流遡波，又澹淡之。其根半死半生，冬則烈風漂霰飛雪之所激也，夏則雷霆霹靂之所感也。朝則鸝黃鳱鴠鳴焉，暮則羈雌迷鳥宿焉。獨鵠晨號乎其上，鵾雞哀鳴翔乎其下。于是背秋涉冬，使琴摯斫斬以為琴，野繭之絲以為絃。孤子之鉤以為隱，九寡之珥以為約……（枚乘〈七發〉）[30]

〈七發〉中斫桐以為琴的典故，對六朝作家而言，是非常熟悉的前文本（蔡邕之焦尾琴事也與桐相關[31]），在《世說新語》中客問難陳季方，詰其家君功德，陳季方答曰：「吾家君譬如桂樹生泰山之阿，上有萬仞之高，下有不測之深；上為甘露所霑，下為淵泉所潤」[32]，此即是從〈七發〉的「上有千仞之峯，下臨百丈之谿」衍化而來；〈七發〉中的梧桐樹「其根半死半生」，處於生死之際的暫態，這也是後來庾信（513-581）的〈枯樹賦〉「枯」所呈顯介於生死之間的狀態。〈枯樹賦〉明確與〈七發〉的呼應只有「桐何為而半死」這一句，但從「昔之三河徙植，九畹移根」、「將雛集鳳，比翼巢鴛」來看，它顯然是將過去的詠樹、歎樹的作品，進行了大規模的徵引、翻轉與集結。〈七發〉中梧桐象徵的盛世哀音，在庾信的翻轉下成了更感傷的詠物類體。[33]

---

30 〔西漢〕枚乘〈七發〉亦可見於《文選》，然本章為求統一性，亦引自〔清〕嚴可均輯，《全上古三代秦漢三國六朝文》，頁 238-1。

31 〔劉宋〕范曄，《後漢書》（北京：中華書局，1974）卷 60〈蔡邕列傳〉：「吳人有燒桐以爨者，邕聞火烈之聲，知其良木，因請而裁為琴，果有美音，而其尾猶焦，故時人名曰『焦尾琴』焉」，頁 2004。

32 〔清〕余嘉錫箋疏，《世說新語箋疏》，頁 10。

33 從這個角度來說，我們多少也發現庾信入北以〈枯樹賦〉示人的文本內在脈絡。在高度重視典故、麗藻、重視前文本與文本相互指涉的文學風氣之下，庾信藉著張協〈七命〉設計沖漠公子與徇華大夫的對話，而大夫的第一段發命之論，就是向枚乘〈七發〉致敬的「寒山之桐」：

> 大夫曰：「寒山之桐，出自大冥。含黃鐘以吐幹，據蒼岑而孤生。既乃瓊巇嶒崚，金岸崥崹。右當風谷，左臨雲谿。上無陵虛之巢，下無跖實之蹊。搖則峻挺，茗邈苕嶢。晞三春之溢露，遡九秋之鳴飆。零雪瀉其根，霏霜封其條。木既繁而後綠，草未素而先凋……」（張協〈七命〉）

相較枚乘「龍門之桐」，此處描寫的梧桐更像松柏終年長青、歲寒後凋的奇樹形象。梧桐的孤高、靈氣、高聳等特質得到謳詠，但文末卻對〈七發〉的原典有所翻轉，梧桐被斬削為琴，擊弦鼓柱，不比〈七發〉的「至哀之音」而「蓋音曲之至妙」。我們發現，任何一篇新文本以及背後的文化脈絡、典故、意象，都與前文本存在著緊密而微妙的關聯。

在蕭子良（460-494）集團之前，還有袁淑的〈桐賦〉，此賦末尾「儀丹丘之瑞羽，棲清都之仙宮」，將梧桐的孤貞高潔與仙靈傳說作了結合。而另外一批主要的同題之作就是蕭子良、王融、沈約的「梧桐賦共作」：

> 植椅桐於廣囿，嗟倏忽而成林。依層楹而吐秀，臨平臺而結陰。乃抽葉於露始，亦結實於星沈。聳輕條而麗景，涵清風而散音。發雅詠於悠昔，流素賞之在今。必鸞鳳而後集，何燕雀之能臨。匪伊楚宮側，豈獨嶧山岑。邈蒿萊之難儷，永配道於仙琴。（蕭子良〈梧桐賦〉）

> 梧桐生矣，於邸岫之曾隈，移龍門於插幹，佇鳳羽以抽枝，踪

〈枯樹賦〉，展現他把與「樹」題材相關的所有龐大知識型體完全囊括並挪用的技藝。而這樣的技術成為了創作者評斷藝術價值的指標。而北方文學家所推重的，大概也就是庾信這一套對典故大量挪用、錯織、窮舉的技藝。

> 楚宮而留稱，藉溜館以翻聲。直不繩而特秀，圓匪規而天成。同歲草以委暮，共辰物而滋榮。豈歲心於自外，寧有志於孤貞。（王融〈應竟陵王教桐樹賦〉）

> 龍門之桐，遠望青蔥。專巖擅嶺，或孤或叢。枝封暮雪，葉映晝虹。抗蘭橑以栖龍，拂雕窗而團露。喧密葉於鳳晨，宿高枝於鸞暮。合影陽崖，摽峰東陸。俯結玄陰，仰成翠屋。乍髣髴於行雨，時徘徊於丹轂。逶齊綵於碧林，豈慚光於若木。（沈約〈桐賦〉）

這三篇賦中都以〈七發〉的「龍門之桐」為前文本，王融的桐乃插枝於龍門，沈約的桐原生於龍門，這是兩個作者視角的落差。王融的「梧桐」是從真實的空間「插幹」而來；沈約的「梧桐」則是穿越歷史時空而來。作為古「典」之外，還有一個處於「古典」與「今典」[34]的概念即「楚宮」。「梧桐」與「宮」的相關聯應當能追溯到《說苑》的「梧宮」[35]，而袁淑也用到「仙宮」的意象。「楚宮」或許來自於典故的另一面想像，但蕭子良、王融都用此典，我們推測這即是「今典」，是同題共作時共同視域、共同經驗所召喚的詞彙。

沈約另外有〈詠孤桐詩〉、〈詠梧桐詩〉，王融也有〈詠梧桐詩〉，這大概都與其辭賦有些同作以及互文的關係：

34　此為陳寅恪的說法。他談〈哀江南賦〉與〈歸魂賦〉的關係時提到：「注〈哀江南賦〉者，以《楚辭・招魂》之「魂兮歸來哀江南」一語，以釋命名之旨，雖能舉其遺詞之本，尚未盡其用意之相關。是知古『典』矣，猶未知『今典』也」，〈讀哀江南賦〉，《金明館叢稿初編》（臺北：里仁書局，1981），頁214。

35　〔東漢〕劉向，《說苑》（臺北：臺灣商務印書館，1977）：「楚使使聘於齊，齊王饗之梧宮。使者曰：「大哉梧乎！」王曰：「江海之魚吞舟，大國之樹必巨，使何怪焉！」使者曰：「昔燕攻齊，遵雒路，渡濟橋，焚雍門，擊齊左而虛其右，王歜絕頸而死於杜山；公孫差格死於龍門，飲馬乎淄、澠，定獲乎琅邪，王與太后奔于莒，逃於城陽之山，當此之時，則梧之大何如乎？」王曰：「陳先生對之……」，頁410。根據此說，楚使因從未見梧桐之宮，而大感驚訝，蕭子良的「匪伊楚宮側」可能是將這個典故轉而說之。

龍門百尺時，排雲少孤立。分根蔭玉池，欲待高鸞集。（沈約〈詠孤桐詩〉）

秋還遽已落，春曉猶未荑。微葉雖可賤，一剪或成珪。（沈約〈詠梧桐詩〉）

騫鳳影層枝，輕虹鏡展綠。豈斁龍門幽，直慕瑤池曲。（王融〈詠梧桐詩〉）

〈詠孤桐〉的「龍門百尺時」顯然就是〈七發〉和〈梧桐賦〉中的「龍門之桐」，而「欲待高鸞集」是強調禽鳥擇木而棲的心志，與賦的「宿高枝於鸞暮」也有相呼應之處。王融〈詠梧桐〉「豈斁龍門幽，直慕瑤池曲」中的梧桐，同樣從典律作品（龍門）中伸展枝枒來到仙境（瑤池）。〈七發〉顯然是南朝作者不能跳過的經典。但沈約詩最末「微葉雖可賤，一剪或成珪」即周成王「援桐葉剪圭」以封地予叔虞的典故，恐怕帶有沈約個人的政治情懷，有表述已志之意。後吳均（469-520）〈詠庭中桐詩〉的「龍門有奇價」、「不降周王子」，同樣將此兩類特性相結合。這些詩呈顯了「梧桐」在典故流變中的兩個意象：「孤貞」與「政治寓言」，體物的過程中追尋到了「物」的特質和歷史意象，而不同的特質與意象又為作家用以抒懷與言志。於是，「體物」與「言志」就在「詠物題材」中以更緊密的方式聯繫在一起。

四、隱逸、死亡或孤貞的象徵：詠「松」

松是松科植物的統稱，其葉成針狀，屬寒帶植物。也因此松的孤貞形象，得經「寒」、「霜」、「雪」等襯托。《禮記》曰：「如松柏之有心也，故貫四時而不改柯易葉」[36]；《論語》曰：「歲寒然後知松柏之後凋

36 〔清〕阮元，《十三經注疏：禮記》（臺北：藝文印書館，2003），頁 449-1。

也」[37]，都是類似的形象。《詩》：「山有喬松，隰有游龍」[38]；而〈九歌〉中的「山中人兮芳杜若，飲石泉兮蔭松柏」[39]也是以松寄寓山居隱逸之疏曠。

松、柏即便科屬不同，但古文經常連用，「柏」乃因古詩「青青柏上陵」而與塚墓、與死亡等主題意象聯繫，「松」除了與墳塚有關外，也與「仙道」、「隱逸」等主題連結。赤松、王子喬是六朝創作者酷愛徵引的神仙人物，分別以「喬」、「松」為名，「松」於是也與仙境書寫產生了關聯。而「松」與隱逸歸田的關係，陶淵明「三徑就荒，松菊猶存」甚為著名；此外孫綽〈聘士徐君墓頌〉有「墳塋壘落，松竹蕭森」[40]寫陵墓周遭場景；而庾信〈奉和趙王隱士詩〉「低松猶百丈，少鶴已千年」[41]則用丁令威的典故[42]來敘寫仙境氣氛。

總括上述，「松」從先秦到南朝，其文學意象大概包括了：1. 孤貞不凋 2. 歸隱處所 3. 仙鶴棲居 4. 墓塚所植[43]等幾種。後來的詠物作品如蕭子良文學集團的高松共作，沈約、王儉的詩中就著重在寫「高松」之高聳、凌霜雪、以及孤貞仙靈的特質，這點容後再論。在兩晉時期，專門針對「松」此一植物進行詠物並論述的詩歌，並不算少數，此處舉幾首為例：

---

37 〔清〕阮元，《十三經注疏：論語》，頁 81-1。

38 〔清〕阮元，《十三經注疏：詩經》，頁 172-1。

39 〔宋〕洪興祖，《楚辭補注》（北京：中華書局，1983），頁 81。

40 〔東晉〕孫綽，〈聘士徐君墓頌〉，見〔清〕嚴可均，《全上古三代秦漢三國六朝文》，頁 1808-2。

41 〔北周〕庾信，〈奉和趙王隱士詩〉，見逯欽立，《先秦漢魏晉南北朝詩》，頁 2364。

42 除丁令威「去家千年」之外，《神境記》：「滎陽郡南有石室，室後有孤松千丈，常有雙鶴，晨必接翮，夕輒偶影。傳曰：昔有夫婦二人，俱隱此室，年既數百，化成雙鶴」，見〔唐〕歐陽詢，《藝文類聚》，頁 1512。植物與禽鳥在許多脈絡中都有著相互依存、共構高潔的記載。

43 像劉駿〈拜衡陽文王義季墓詩〉有「深松朝已霧，幽隧晏未明」；蕭子隆〈經劉瓛墓下詩〉有「初松切暮鳥，新楊摧晚風」；陰鏗〈行經古墓詩〉有「偃松將古墓，年代理當深」等詩句。

飛蓬隨飄起，芳草摧山澤。世有千年松，人生詎能百？（傅咸〈詩〉）

青松凝素髓，秋菊落芳英。（許詢〈詩〉）

森森千丈松 ，磊砢非一節。雖無榱桷麗，較為梁棟桀。（袁宏〈詩〉）

遙望山上松，隆冬不能彫。願想遊下憩，瞻彼萬仞條。騰躍未能升，頓足俟王喬。時哉不我與，大運所飄颻。（謝道韞〈擬嵇中散詩〉）

許詢這首寫「松」的詩僅殘兩句，卻頗值得我們討論。根據文學史知識：東晉的許詢、孫綽以玄言詩聞名，鍾嶸《詩品》說「孫綽、許詢、桓、庾諸公詩皆平典似《道德論》，建安風力盡矣」。[44] 但《世說》有「簡文稱許掾云：『玄度五言詩，可謂妙絕時人。』」[45] 一段，引起了余嘉錫關注。根據余的解釋，簡文帝司馬昱之所以稱讚許詢「妙絕時人」，重點不在乎「妙絕」而在「時人」[46]，否則這兩句充其量也不過「猶有潘、陸之遺，亦未便冠絕當代」。[47] 余嘉錫之論基於鍾嶸的論述之上，說「晉代諸公，乃談玄以製詩。既欲張皇幽渺，自不免墮入理障」[48]，但許詢的詩顯從〈離騷〉脫胎而來，從這兩句詩來看，倒不能說全然是「平淡」，這當然和題材有關，但從這個角度再反身來看「詠物題材」，我們似乎更能發現：對於作家而言，一種特定題材的「歷時成規」，更凌駕於「共時文風」之上。

---

44 王叔岷箋證，《鍾嶸詩品箋證稿》（臺北：中研院文哲所，1992），頁 62。

45 〔清〕余嘉錫箋疏，《世說新語箋疏》，頁 262。

46 〔清〕余嘉錫說：「簡文之所以盛稱之者，蓋簡文雅尚清談，詢與劉惔、王濛輩並蒙歎賞，以詢詩與真長之徒較，固當高出一頭，遂爾咨嗟，以為妙絕也」，《世說新語箋疏》，頁 262。

47 〔清〕余嘉錫箋疏，《世說新語箋疏》，頁 262。

48 〔清〕余嘉錫箋疏，《世說新語箋疏》，頁 262。

也就是說：像「松」這樣的題材，在歷時的發展、遞變與動態建構之中，仍很容易與「仙道」、「隱逸」、「死亡」等主題結合。而「遊仙」、「招隱」等詩題，從題材與架構來說，較適合作為描摹和藻飾語言所運用，而這也就是余嘉錫論述郭璞的重點。[49] 許詢的作品亡佚嚴重[50]，鍾嶸所說的也不盡然是許詢的所有作品，至少從這詠松的殘篇來說，它一方面並不平淡，且一方面化用了過去「詠松」的語言與辭藻。

袁宏的「森森千丈松」應是從劉楨〈贈從弟詩〉的「亭亭山上松，瑟瑟谷中風」脫胎轉化而來。「雖無榱桷麗」頗有自我表述之志，這兩句看似只是平凡的興寄，但其實有對「松」這樣的隱逸題材，有翻案也有重新詮釋的意味。謝道韞的「遙望山上松」，就題目來說是對嵇康〈遊仙詩〉「遙望山上松，隆谷鬱青葱」的覆寫，但同時也隱含了對劉楨詩的致敬。後來王儉「山有喬松，峻極青葱」即從此句脫胎而來。更值得注意的是謝詩的「騰躍未能升，頓足俟王喬」這兩句，嵇康原詩是「王喬棄我去，乘雲駕六龍」，一「俟」一「棄」，雖然題名是「擬代」，卻由此得開展出新的遊仙歷程了。

而到了南朝時期，蕭子良集團有著名的高松賦共作。從王儉〈和竟陵王高松賦〉、謝朓〈高松賦奉竟陵王教作〉這兩篇題目看來，竟陵王蕭子良原本也有〈高松賦〉，今已亡佚。而王儉、謝朓、沈約三賦應為同題共作，分別節錄於下：

山有喬松，峻極青蔥。既抽榮於岱丘，亦擢穎於荊峰。受靈命

---

49 余嘉錫說：「下文云郭璞始合道家之言而韻之，若必如今本，是謂景純合佛理於道家也。郭氏之詩以游仙為最著，今存者十餘首。道家之言固有之，未嘗一字及於佛理也」；「文選注二十二引綽答許詢詩曰『倒景淪東溟』，似郭璞體耳。蓋其詩亡佚已多，故不得復考」，見〔清〕余嘉錫箋疏，《世說新語箋疏》，頁 262。我以為此段有一核心在於：《詩品》認為郭璞一變孫綽、許詢文風，但實則與其題材選擇有關，否則許詢之贈答或此次詠物，未必讀之為平淡，甚至與郭璞近似，但郭璞寫遊仙、招隱，勢必有更多語言雕飾、變幻的空間。

50 「由是日遠日微，以至於亡。《七錄》猶有晉徵士許詢集八卷、錄一卷，隋、唐志僅存三卷；宋以後遂不著錄」，〔清〕余嘉錫箋疏，《世說新語箋疏》，頁 262。

於后土，方虞舜以齊蹤。貫四時而不改，超五玉之嘉容。上拂天而獨遠，下流雲而自重。……若乃朔窮乾紀，歲亦暮止。隆冰峨峨，飛雪千里。嗟萬有之必衰，獨貞華之無已。積皓霰而爭光，延微飆而響起。（王儉〈和竟陵王子良高松賦〉）

爾乃青春爰謝，雲物含明，江皋綠草，曖然已平。紛弱葉而凝照，競新藻而抽英。陵翠山其如翦，施懸羅而共輕。至於星迴窮紀，沙雁相飛，同雲泱其無色，陽光沈而減暉。卷風飆之欻吸，積霰雪之嚴霏。豈彫貞於歲暮，不受令於霜威。（謝朓〈高松賦奉竟陵王教作〉）

鬱彼高松，栖根得地。託北園於上邸，依平臺而養翠。若夫蟠株聳榦之懿，含星漏月之奇。經千霜而得拱，仰百仞而方枝。……輕陰蒙密，喬柯布濩，葉斷禽蹤，枝通猿路。聽騷騷於既曉，望隱隱於將暮。曖平湖而漾青綠，拂增綺而籠丹素。於時風急壟首，寒浮塞天，流蓬不息，明月孤懸。檀欒之竹可詠，鄒枚之客存焉。（沈約〈高松賦〉）

我們可以注意到，前面談的幾個文化意象，如仙境、如隱逸、如陵墓所象徵的死亡氣氛，在這三篇同題共詠的作品中都看不到了。集團作家有如互相牽制、影響似的，從幾個共同意象來發揮，一是高松之「高」，二則是「松」抗歲寒抗冰雪的生物特質。而作家之間對於「高」的形容有如前一章談的語文競賽：王儉用「擢穎於荊峰」來形容，謝朓說「陽光沈而減暉」，沈約則說「葉斷禽蹤，枝通猿路」，彼此之間咄咄爭勝。

至於「後凋歲寒」這個必備形象，為了襯托之，三個作家也運用了「極寒」的意象，用來對比烘托之。像王儉的「隆冰峨峨，飛雪千里」，謝朓的「積霰雪之嚴霏」和沈約的「風急壟首，寒浮塞天」，「松」的生物特質成了踵事麗辭的焦點，而「松」代表的仙境美景落實於現實世界的文學集團之中（或歷史的文學集團，如「平臺逸響」），在作家共詠的內容中，反而得到了如「不受令於霜威」、「集鸞凰之翻飛」這種義正辭嚴、托物言志的結論。這與過去的文化脈絡正好呈現相反路徑。

我們或許可以說這是集團的共性，是在面對同一「類體」的運作過程中，「集體」影響「個體」的結果；或者我們可以更從心理分析來說，這可能帶有集團成員向集團領袖宣示與歌頌功德的意味，若放進政治場域與現實世界來說，「隱逸」被轉換了另外一種完全相反的模式（即歌功頌德、積極入世）言說，此即是將「詠物」放入集團創作時所看到的另外一種脈絡，此脈絡或許仍保留下經籍與典故指涉，但因脈絡有異而有了不同功能。

五、另一種「體國經野」：詠「馬」和「舞馬」

「馬」在先秦經籍經常出現，《莊子》曾描寫馬的天性：「蹄可以踐霜雪，毛可以禦風寒，齕草飲水，翹足而陸」[51]；並借馬來寫物之殊性：「騏驥驊騮，一日而馳千里，捕鼠不如狸狌」。[52] 良馬駑馬也成為資質與品高下的譬喻。至於「馬」之文學題材被轉化成為軍事力量與國家的想像，大概能從漢詠汗血馬的民謠「太一貺，天馬下，沾赤汗，沫流赭」[53] 看出端倪。

在魏晉南北朝對「馬」的謳詠，還有另外一個面向，就是對良馬與駑馬的辯證，諸如應瑒〈愍驥賦〉、郭璞的〈馬贊〉：

> 愍良驥之不遇兮，何屯否之弘多。抱天飛之神號兮，悲當世之莫知。赴玄谷之漸塗兮，陟高崗之峻崖。懼僕夫之嚴策兮，載悚慄而奔馳。……瞻前軌而促節兮，顧後乘而踟躕。展心力於

51 〔清〕王先謙，《莊子集解・馬蹄》（北京：中華書局，1987），頁 82。
52 〔清〕王先謙，《莊子集解・秋水》，頁 138。
53 引自〔唐〕歐陽詢，《藝文類聚》，頁 1620。

知己兮，甘邁遠而忘劬。哀二哲之殊世兮，時不遘乎良造。制銜轡於常御兮，安獲騁于遐道。（應瑒〈愍驥賦〉）

馬出明精，祖自天駟。十閑六種，各有名類。三才五御，駑駿異轡。（郭璞〈馬贊〉）

「相馬」的能力足以判斷馬的「駿」或「駑」，而從這個脈絡來說，應瑒不愍「駑馬」而愍「良驥」，多少有翻案意圖。這篇賦開頭是說「愍良驥之不遇」，但顯然良驥的「知遇」或「不遇」，都同樣得奔騁銜轡於消耗的路途之中了。

顏延之（384-456）的〈赭白馬賦〉繼承前面謠諺的軍事象徵，一開始敘寫國家榮耀的大歷史，這頗有漢大賦「體國經野」[54]的書寫策略。馬的雄姿與戰爭、與國家權力的關聯，過去研究者其實也有注意到。[55]而顏賦而從「徒觀其附筋樹骨，垂梢植髮，雙瞳夾鏡，兩權協月」開始一段，主要寫赭白馬的外在秀逸之形貌，本章以為最值得我們注意的生物特性書寫在以下兩段：

至於露滋月肅，霜戾秋登……膺門沫赭，汗溝走血。踠跡回唐，畜怒未洩。乾心降而微怡，都人仰而朋悅。（顏延之〈赭白馬賦〉）

眷西極而驤首，望朔雲而蹀足。將使紫燕駢衡，綠蛇衛轂，纖驪接趾，秀騏齊亍。覲王母於崑墟，要帝臺於宣嶽。跨中州之

54 「體國經野」出自《周禮・天官》：「惟王建國，辨方正位，體國經野，設官分職，以為民極……」，〔清〕阮元，《十三經校注：周禮》（臺北：藝文印書館，2003），頁 1，鄭毓瑜提到，兩漢大賦的「體國經野」到了六朝才有了轉變，而謝靈運始以「始經山川」取代「體國經野」，相關論述請參見鄭毓瑜，〈身體行動與地理種類——謝靈運〈山居賦〉與晉宋時期的「山川」、「山水」論述〉，《淡江中文學報》期 18，2008 年 6 月，頁 67-68。

55 王文進，《南朝邊塞詩新論》，頁 141-145。不過其論述主要是將馬的英姿與速度感與塞外風光作連結。

輣跡，窮神行之軌躅。（顏延之〈赭白馬賦〉）

前一段顯然是從「馬」的速度而來，使之奔入一遼闊的空間版圖之中；後一段則更進了一個層次，顏延之描繪的這匹赭白馬甚至進入到神話仙境：「王母崑墟」、「帝臺宣嶽」，穆王八駿跟馬的意象有些關聯，而「帝臺」出自《山海經》，「帝臺之石，所以禱百神者也」[56]，和馬沒什麼關聯；而根據李善注，「中州」典出司馬相如〈大人賦〉中的神人居所，而「神行」與黃帝的典故相關。[57]從駑良馬的論辯，到神駒驊騮的形象，這遊歷仙鄉的書寫可能與遊仙題材有關。真實與虛構的地理疆域，都映襯了赭白馬的奔馳速度，勾勒出虛實空間的版圖與邊界。而謝莊和張率對「舞馬」所作的謳詠，也就可以歸於此脈絡之下：

汗飛赭，沫流朱。至於肆夏已升，采齊既薦。始徘徊而龍俛，終沃若而鸞盼。……歷岱野而過碣石，跨滄流而軼姑餘。朝送日於西坂，夕歸風於北都。尋瓊宮於倏瞬，望銀臺於須臾。（謝莊〈舞馬賦〉）

既傾首於律同，又蹀足於鼓振。擢龍首，回鹿軀，睨兩鏡，蹙雙梟。既就場而雅拜，時赴曲而徐趨。敏躁中於促節，捷繁外於驚桴，騏行驥動，獸發龍驤，雀躍燕集，鵠引梟翔，妍七盤之綽約，陵九劍之抑揚。豈借儀於褕袂，甯假器於髦皇。婉脊投頌，俛音合雅，露沫歕紅，沾汗流赭。（張率〈河南國獻舞馬賦應詔〉）

對應於「舞馬」這樣來自於貢獻的「物」，自然聯想到帝國聲威，那麼雖然題面是「詠馬」，但內在就成了對國家權力的歌頌。[58]從句式、句

56 袁珂校注，《山海經校注》（上海：上海古籍出版社，1980），頁141。

57 〔梁〕蕭統，〔唐〕李善注，《文選》（臺北：藝文印書館，2003），頁627。

58 關於此點，審查人卓見認為馬的仙鄉遊巡與神話有關，未必可盡以國家想像以詮釋之，然而筆者認為真實的地理描繪展現了家國版圖；而虛構的仙鄉描繪則將神

法、意象，我們都可以發現到謝莊、張率的賦與顏延之、與漢代謠諺之間文化脈絡，有著隱約的承繼關係。

但「舞馬」與汗血寶馬或顏延之描繪的「赭白馬」差別在於：舞馬本屬宮廷表演之用，如張率賦雖也有「天子深穆為度，未之訪也」，帶出馬的典故，但主軸還是在描寫舞馬表演時，「就場而雅拜，赴曲而徐趨」的擬人化動作。至於謝莊較傾向把舞馬的速度感與國家版圖作連結，像「尋瓊宮於倏瞬」等句即是如此。我們可以發現「舞馬」或許有作為貢品、作品宮廷表演的實際功能，但作者更直接聯想到「馬」此詠物題的歷史脈絡，「共性」的文化脈絡凌駕了「殊性」的物細節。將「馬」作為國家與歷史的榮耀來謳歌，可能是南朝詠物題材的共性。

就筆者所見的南朝文學集團共作之中，大概還是不出將「馬」或「舞馬」放進歌頌國家版圖的意象，尤其是「舞馬」本身即為進貢品，文化脈絡與背景相符合，成為歌頌國家權力的「借喻物」。也就是說，「舞馬」與歌功頌德的連結其來有因，而「馬／舞馬」的意象、典故、書寫時所召喚的情境與邏輯，對南朝作家而言形成某種「解釋共同體」[59]，也就不僅出現於謝莊、張率應詔而作的當下。

即便這些詩賦來自於應詔、貴遊活動或遊戲，但作家難免會受到了此一類「詠物題材」所建構的文化脈絡所影響，進而在語句、典故或意象，與之對話。即便其他的詠馬作品——如蕭繹〈登山馬詩〉：「登山馬逕小，逕小馬纔通。汗赭疑霑勒，衣香不逐風。何殊隴頭望，遙識祁連東」，像「衣香不逐風」這樣的句子，與他宮體詩有些相似，用輕綺而閨閣式的語言解構了汗血馬的雄壯，但「何殊隴頭望」又回歸到了邊塞

話仙境的領域收編進入馬的移動範圍、收編進入了現實的國家權力想像之中。

59 「解釋共同體」為讀者理論的說法，認為同一時代的批評家最後會形成某種共識。放在本章的脈絡，筆者以為作者受到文學集團以及應詔共作等真實的「共同體」所限制，在所創作「題材」相近的狀況下，即便有更易典故、翩翻新變的傾向，但最後還是會呈顯出某種共相性。而此共相又不僅是「共時的」，而是「歷時的」。

式的描寫視角。關於邊塞、豔情等題材，本書稍後將再論及，但此處應當注意到：「詠馬」題材終究與戰爭、與國家權力等概念相關——「舞馬」更是其中最顯性的表徵。

六、渺小微物的啟示：詠「蟬」

「蟬」是同翅目半翅亞目昆蟲中的一科，以鼓室共鳴。蟬最明顯特徵為鳴聲與透明翅膀的脈紋，以及其具有蛻殼的特性。王充《論衡》提到昆蟲的變態變形時，曾以蟬與人的差別，來說明人得秉氣之正：「蠐螬化為復育，復育轉而為蟬，蟬生兩翼，不類蠐螬。……至人獨不變者，稟得正也」。[60] 至於最早描寫「蟬」的詩大概是《古詩十九首》的「秋蟬鳴樹間，玄鳥逝安適」，在一連串星斗移轉、白露霑草的時節推移中，秋蟬的共鳴與預知的消逝成為了作家寄託與興發的客體。

如果依據朱曉海之說，賦蟬應該算是漢代以來的熱門詠物賦：「漢以來〈七□〉、〈□志〉，或三國以來的〈蟬〉、〈石榴〉這些一再被選用、寫得令人生厭的題材依然代不乏篇」[61]，朱認為「題材是否續蒙惠顧、或遭委棄與寫作頻率沒有必然關係」[62]，但我們發現創作者處於新變與因襲的習性與創作背景中，似乎有一套獨有的選汰邏輯。且在本章論述中更重要的是：即便是大量創作與沿襲，同一題材如何歷時發展、或充實其內在脈絡？放進「蟬」這個題材來說，它是何時從「微小」而「秉氣性偏」的對象[63]，而轉化成為了熱門且深具寓意的詠物題材？至少在蔡邕的賦裡我們還看不出來：

---

60 黃暉，《論衡校釋・無形》（北京：中華書局，1990），頁 63。

61 朱曉海，〈自東漢中葉以降某些冷門詠物賦作論彼時審美觀的異動〉，收錄《習賦椎輪記》，頁 281。

62 朱曉海，《習賦椎輪記》，頁 281。

63 朱曉海，《習賦椎輪記》，「萬物雖氣質有偏，畢竟也多少能體現最高實體的屬性於一二」，頁 290。

白露凄其夜降，秋風肅以晨興。聲嘶嗌以沮敗，體枯燥以水凝。雖期運之固然，獨潛類乎太陰。要明年之中夏，復長鳴而揚音。（蔡邕〈蟬賦〉）[64]

蔡邕對蟬的生物特徵描述和《古詩》很類似，即便他對蟬「期運至」而「潛乎太陰」的理解，可能不甚符合生物學知識，但蟬作為悲秋的象徵，與白露秋風放在同一語言組合軸來表現，這是可以確定的。

陸雲的〈寒蟬賦〉是較明顯的翻案性文章，首先我們可以先注意此篇賦的序文：「昔人稱雞有五德，而作者賦焉。至於寒蟬，才齊其美，獨未思之，而莫斯述。夫頭上有蕤，則其文也。含氣飲露，則其清也。黍稷不享，則其廉也。處不巢居，則其儉也。應候守常，則其信也。加以冠冕，取其容也」。[65] 此段的結論在於陸雲認為「蟬」是「至德之蟲」，因為牠具備「文」、「清」、「廉」、「儉」、「信」、「容」等德行，故值得敷陳其辭，頌謳其性。這篇賦一開始就對於蟬的氣偏作了翻轉：

伊寒蟬之感運，迓嘉時以遊征。含二儀之和氣，稟乾元之清靈。……爾乃振脩蕤以表首，舒輕翅以迅翰。挹朝華之墜露，含烟熅以夕飡。望北林以鸞飛，集樛木而龍蟠。若夫歲律云暮，上天其涼。感運非聲，貧士含傷。或歌我行永久，或哀之乎無裳。原思歎於蓬室，孤竹吟於首陽。不銜草以穢身，不勤身以營巢。志高於鳴鳩，節妙乎鵾鴞。附枯枝以永處，倚峻林之迴條。（陸雲〈寒蟬賦〉）

「二儀和氣」應是從《論衡》而來的翻案論述，至於「振翅」、「挹露」

64 〔東漢〕蔡邕，〈蟬賦〉，見《藝文類聚》，頁 1678-1679。

65 〔西晉〕陸雲，〈寒蟬賦〉，〔清〕嚴可均，《全上古三代秦漢三國六朝文》，頁 2304-2。「至於寒蟬，才齊其美」、「而莫斯述」這大概是陸雲未有全備閱讀前作，朱曉海就說「舊題浮濫，另覓新目只能視為本文揭舉的那些賦作出現的原因之一」，《習賦椎輪記》，頁 282。

這一類的描繪，餐風露宿，雖說的是蟬之生物特徵，卻也帶有仙靈高妙、非濁骨凡胎的描寫，「蟠龍」、「鸞鳳」，這是對仙禽才有的描述。此賦後半段更有趣，陸雲將蟬作了兩種形象的譬喻，一種是延續秋蟬「其聲哀鳴」的形象而來，將之譬喻為「貧士」，「貧士」與「隱士」的屬性頗為相近。「蟬」的形象由氣偏小物有了抬昇。

此外，將蟬與「鳴鳩」、「鵾鴞」的對比，讓人聯想到〈逍遙遊〉遭學鳩、蜩嘲笑的鵬鳥，這其實是一很複雜且具意義的翻轉，蟬從當時的嘲笑者，成了與鵬的相仿者，這可能具備朱曉海「正→反→合」的辯證過程[66]，但筆者以為朱曉海的辯證指的是作者對所賦物的主觀審美，而像這種生物形象的遞變與翻轉，與漫長的文化脈絡關係密切。如果說鵬飛九萬屬於「顯性」的孤高，那麼對作者而言，蟬可能是「隱性」的德性，牠冠以玄冕，表以明德，卻不是以直露張揚的方式，而是透過保護色依附於枯枝。

我們可以注意到：「蟬」被漢代作者所重視而詠頌的生物特徵，如「秋鳴」和「蛻殼」，在兩晉有了全面地翻轉。我們將傅咸（239-394）和晉明帝司馬紹（299-325）的兩篇〈蟬賦〉一併來看：

> 有嘉果之珍樹，蔚弘覆於我庭。在赫赫之隆暑，獨肅肅而自清。遂寓目以周覽，見鳴蜩於纖枝。翳翠葉以長吟，信厥樂之在斯。苟得意於所歡，曾黏往之莫知。匪爾命之遵薄，坐偷安而忘危。嗟悠悠之躭寵，請茲覽以自規。（傅咸〈蟬賦〉）

> 尋長枝以凌高，靜無為以自寧。邈焉獨處，弗累于情。在運任時，不慮不營。（晉明帝〈蟬賦〉）

傅咸〈蟬賦〉前有序，點明題旨：「惟當蟬之得意於斯樹，不知黏之將

66　朱曉海以京都賦為例，漢大賦極致推崇歌詠都城或苑囿此為「正」，同時出現了貶抑賤斥的「反」，最後才出現像〈鷦鷯賦〉、〈蕪城賦〉這樣「合」的作品，《習賦椎輪記》，頁 271-275。

至，亦猶人之得於富貴，而不虞禍之將來也」。[67] 這篇作品帶有翻案的意味，且他反駁的前文本可能還包括其父傅玄的〈蟬賦〉。傅玄〈蟬賦〉用「清激暢于遐邇兮，時感君之丹心」作結，這是秦漢以來對蟬「高潔」特質的延續。而傅咸以玄言詩聞名，而〈蟬賦〉藉著對蟬的嘲笑與反諷，標示出居安思危的題旨。用朱曉海的正反辯證說[68]，若傅咸〈蟬賦〉是一篇「反」的作品，那麼明帝的賦就有「合」的策略性。於是「蟬」黏於高枝、應時令而「無口而鳴，三十日而死」[69] 的生物特徵，就與其時的無為、任時之玄風思維有所關聯了。

從「蟬」作為詠物題材的遞變與文化脈絡來看，我們可以發現同一歌詠題材，即便是同時、甚至屬文學政治集團的共作，也可能同時呈顯「正、反、合」的辯證過程。而南朝顏延之的〈蟬賦〉則可看作為另外一種類型：

> 始蕭瑟以攢吟，終嬋媛而孤引。越客發度障之歌，代馬懷首燕之信。不假蕤於范冠，豈鏤體於人爵。折清飇而下淪，團高木以飄落。（顏延之〈蟬賦〉）

當時文論對顏延之有「錯彩鏤金」的評價，這樣的特質也展現於其〈蟬賦〉之中。他筆下的「詠蟬」顯然與前面幾篇作品有所呼應，如「頭上有蕤」和「餐風飲露」，都成為顏延之呼應、覆寫以至於增華的前文本。「越客發度障之歌」這兩句，應從《古詩》「越鳥朝南枝」的意象脫胎而來，其實已與蟬的生物特質沒什麼關係。

我們可再舉蕭綱來說，即便改易典故為南朝的常態，但蕭綱特別注意言辭的雕飾以及典故的避複，在其〈聽早蟬詩〉中有此兩聯：「乍飲三危露，時蔭五官柳」、「莊書哂鵬翼，衛賦宜螓首」。「三危露」伊尹

---

67 〔西晉〕傅咸，〈蟬賦〉，《藝文類聚》，頁 1860。

68 朱曉海之論主要參酌氏著：〈自東漢中葉以降某些冷門詠物賦作論彼時審美觀的異動〉，收錄《習賦椎輪記》，頁 268-275。

69 〔西漢〕劉安，《淮南子》，頁 579。

說商湯的典故，是對白露的衍生與增繁；至於〈逍遙遊〉、〈碩人〉的用典[70]也頗具翻轉的用心，這一方面當然是典故串聯的遊戲，如日本學者川合康三所提到的：南朝的詠蟬之作即便有寓意，也不會脫離文學遊戲的性質[71]；但另外一方面，作為配角或配件的「蟬」成了主角，具有主動敘事性，並進而從用來雕飾的語言，當成語言雕飾的主體。這給了我們一個提示：過去學者將「題材變革」與「題材因襲」視為兩個方向，但對南朝而言，題材的新開發或承繼似乎不是決定「變」的癥結，而是同一題材如何在「語言」上增華疊麗？在「典故」上包羅窮舉？新的題材得有新的語言，舊的題材得克服舊的形象與文化脈絡，以避免蹈襲，而這也是南朝作家最關心的。

從秦漢至南朝，「蟬」的文化脈絡形象，從原本象徵時間推移、或作為對照組的配角，逐顯重要，並與玄言、與唯美的時代文風疊合。那麼，至唐代終於出現以「詠蟬」為主體的經典作品[72]也並不讓人意外了。

七、從「言志」到「宮體」：詠「禽鳥」

(一)「禽鳥寓志」的傳統

《爾雅》：「二足而羽謂之禽，生哺鷇，生噣鶵」[73]，《藝文類聚》則將「鳥」分之為三部，並細分為「鳳」、「鸞」、「鴻」、「鶴」、「黃鵠」、

70　〈逍遙遊〉中蜩嘲笑鵬鳥的典故已於前述，而《衛風‧碩人》曰「手如柔荑，膚如凝脂。領如蝤蠐，齒如瓠犀。螓首蛾眉，巧笑倩兮，美目盼兮」，蕭綱指的就是「螓首蛾眉」此句。

71　〔日〕川和康三，〈詠蟬詩之嬗變〉，「魏晉南北朝學術國際會議」，中國文化大學文學院主辦，1998 年 12 月，頁 7。

72　像虞世南、駱賓王都有詠蟬的作品。

73　根據〔清〕阮元，《十三經注疏：儀禮》（臺北：藝文印書館，2003）引《爾雅》，「二足而羽謂之禽，四足而毛謂之獸」，頁 287-1，上述此段引自《類聚》。

「雉」、「鶡」、「山雞」、「孔雀」等等[74]，禽鳥亞種繁多，且因禽鳥屬性有別，在文學描寫的寄託興發各自有異。

《文選》「鳥獸」選辭賦五篇，其中包括賈誼的〈鵩鳥賦〉、禰衡的〈鸚鸝賦〉、張華的〈鷦鷯賦〉，鮑照的〈舞鶴賦〉[75]四篇都是詠禽鳥。其中賈誼〈鵩鳥賦〉在敘寫的角度與策略上都非常特殊。其賦有序：

> 誼為長沙王傅，三年，有鵩鳥飛入誼舍，止於坐隅，鵩似鴞，不祥鳥也。誼既以謫居長沙，長沙卑濕，誼自傷悼，以為壽不得長，迺為賦以自廣。其辭曰：……（賈誼〈鵩鳥賦〉）[76]

賦本部從「異物來萃兮，私怪其故。發書占之兮，讖言其度」開始，對死生吉凶予以評議抒發。「鵩鳥入宅」成為創作的動機，成為興發此題材的客體。《文選》將之歸入「鳥獸」或許是考量「題目」，但就「內容」來看，其實與「物」甚無關連，更稱不上「詠」。賈誼這篇賦大抵上省略了「詠物」的這個部分，將「鵩鳥」僅作為一個興題的對象，一如寓言「大鳥集於楚國之庭，三年不飛」[77]的脈絡，賈誼明確地將藉「禽鳥」以「托言已志」的傳統，以另類方式結合在一起。

禰衡的〈鸚鸝賦〉就有較多歌詠禽鳥特質的部分。按照賦序說的「時黃祖太子射賓客大會，有獻鸚鵡者，舉酒於衡前曰：『禰處士，今日無用娛賓，竊以此鳥自遠而至，明慧聰善，羽族之可貴，願先生為之賦，使四坐咸共榮觀，不亦可乎？』」，〈鸚鸝賦〉誕生於貴遊活動場合，有餘興性質。其賦大概可以分為三層敘事架構，一寫「禽鳥之外形與特徵」，如「紺趾丹觜，綠衣翠衿」；二寫「依附禽鳥特徵而來的

74 〔唐〕歐陽詢，《藝文類聚》，頁 1555-1601。

75 〔梁〕蕭統，《文選》，頁 202-212。

76 〔西漢〕賈誼，〈鵩鳥賦〉引自《文選》，頁 202。

77 此寓言載於〔漢〕趙曄，《吳越春秋》（上海：上海書店，1989），「伍舉進諫曰：『有一大鳥集楚國之庭，三年不飛亦不鳴。此何鳥也？』於是莊王曰：『此鳥不飛，飛則沖天；不鳴，鳴則驚人』」，頁 9-2。

自我表述」[78]，如「矧禽鳥之微物，能馴擾以安處」、「亦何勞於鼎俎」；三寫「從禽鳥延伸來談的感觸與志趣」，如「嗟祿命之衰薄，奚遭時之險巇」之後的幾段。就和〈鵩鳥賦〉一樣，「鸚鵡」只是作為興發的客體，但隨著這三層敘事結構的差異：1. 作者與其他的「榮觀者」一齊賞翫鸚鵡，並謳詠敘說其外型；2. 作者進入鸚鵡的自我投射，物我共享了行為與意向；3. 鸚鵡成為了作者的一種敘事聲音，其矛盾掙扎、悲樂辯證[79]，不外乎是作者個人性的行為、感受與認同。

而這大概也就確定了詠禽鳥賦「托禽鳥言已志」的系統。當然，在實際興發詠嘆的過程中，會有更為細緻、更多主體與客體相互補充的例證。但禽鳥的高翔、囚禁牠的牢籠，或音聲嘹亮與悲鳴，大概都成為敘事者自我表述的方式。逮至南朝，禽鳥書寫之作品，像〈舞鶴賦〉、〈赤鸚鵡賦〉、〈野鶩賦〉或〈登板橋詠洲中獨鶴詩詩〉、〈詠寒鳧詩〉這一類詩賦，基本仍然保留了「托物言志」的文學傳統中，只是因應時代風氣，它們更重視辭藻雕飾、結構與意象的經營。但隨著南朝「宮體」的誕生，我們也注意到——有另外一種「詠禽鳥」的作品誕生了。

(二)「禽鳥」與「宮體」：以「鴛鴦賦」為例

〈鴛鴦賦〉共作的，包括蕭綱、徐陵、庾信等作家，他們不僅是蕭綱文學集團的重要成員，更皆與「宮體」的誕生關係密切。那麼，從宮體豔情詩的角度來看「鴛鴦賦」共作，就格外有意義。我們看以下三首〈鴛鴦賦〉，可以很明確地發現它們所詠的並非「鴛鴦」，而在於觀看水池中鴛鴦而興起閨怨之情的「思婦」角色。而這樣對「思婦」的描寫以

---

78 朱曉海談〈鸚鵡賦〉就提到過，因為鸚鵡的學舌與辭賦家作為語言侍從的近似性，讓「禰衡當時若有若無地將自己感觸夾帶在內，甚至有時根本是語帶雙關」(〈讀兩漢詠物賦雜俎〉，《漢學研究》卷 18 期 2，2000 年 12 月，頁 238)。不過朱曉海談的「物我雙寫」更為深刻，是談創作者本身願望與文章表現的落差，以及此落差隨後又合而為一的辯證，筆者說的「雙關」只是文辭表面的自我表述。

79 朱曉海，〈讀兩漢詠物賦雜俎〉，頁 238。

「鴛鴦」為題，歸類在「詠禽鳥類」，卻實際上已經呈現宮體詩化，與閨閣、男女情愛有所聯繫：

> 朝飛綠岸，夕歸丹嶼。顧落日而俱吟，追清風而雙舉。時排荇帶，乍拂菱華。始臨涯而作影，遂蹙水而生花。亦有佳麗自如神，宜羞宜笑復宜嚬。既是金閨新入寵，復是蘭房得意人。見茲禽之棲宿，想君意之相親。（蕭綱〈鴛鴦賦〉）

> 憶少婦之生離，恨新婚之無子。既交頸于千年，亦相隨于萬里。山雞映水那自得，孤鸞照鏡不成雙。天下真成長合會，無勝比翼兩鴛鴦。觀其哢吭浮沈，輕軀瀺灂。拂荇戲而波散，排荷翻而水落。特訝鴛鴦鳥，長情真可念。許處勝人多，何時肯相厭。（徐陵〈鴛鴦賦〉）

> 盧姬小來事魏王，自有歌聲足繞梁。何曾織錦，未肯挑桑。終歸薄命，著罷空牀。見鴛鴦之相學，還敧眼而淚落。南陽漬粉不復看，京兆新眉遂嬾約。……若乃韓壽欲婚，溫嶠願婦。玉臺不送，胡香未有。必見此之雙飛，覺空牀之難守。（庾信〈鴛鴦賦〉）

這三篇賦的內容共通點在於以思婦閨怨為主調，形式共同點在於都使用了七言句型夾雜於辭賦之中，加上文不甚深，語言不甚雕琢，似乎有受到民歌樂府影響的跡象，有些擬代的軌跡。其中較值得注意的應該是庾信的賦，庾信善用典故，且熱衷以人名直接拼貼[80]，此乃他個人的書寫習慣，但在〈鴛鴦賦〉中似乎刻意地將這些艷詩或思婦典故作了集結，它不像豔情詩中對女性的身體或珮飾細膩的描繪，卻反倒像小型類書

---

80 關於庾信此點，筆者於博士論文《南朝文學集團詩賦書寫策略之考察》曾有相關討論，如〈哀江南賦〉、〈小園賦〉等都有此特色，或許用典繁麗是南朝作家的共性，但庾信這種拼貼人名的習慣，不同於其他作者。

般，將莫愁嫁為盧家婦、溫嶠贈鏡、韓壽偷香的這些典故[81]，集結、歸納並進行重構與拆解。

當然，「鴛鴦賦」會與閨情連結，應當與鴛鴦比翼成雙的生物特質有關，但我們從徐陵賦的「山雞映水」、「孤鸞照鏡」也可以發現，在艷詩風格的影響之下，這些毛色斑斕、啼聲婉轉或不同於凡禽、用以托己言志的鳥類，都成為了思婦蕩子、男女情愛的一種對照或側寫。而從這個角度來說，詠哪一種禽鳥或許並非造就詠物題材有別主要原因，而還得考慮文化脈絡積累的過程，以及歷時與共時流變中的複雜因素了。由此，我們也再次發現：類體會影響群體，而群體又會透過集團共時的影響力，造就出個體作家題材的殊性與共性。

八、觀照與幻見：詠「燭」

蠟燭以及與之相關的燭油、燭臺等器用，在古典時期代表的是高度的工藝技術。《史記》記載秦始皇陵墓之中的景觀，曾提到：「以水銀為百川江河大海，機相灌輸，……以人魚膏為燭，度不滅者久之」[82]，這當然有些神異色彩。但從巴祗「不燃官燭」[83]，石崇「用蠟燭作炊」[84]，以及周嵩「舉蠟燭火擲伯仁」[85]等事蹟可以發現：蠟燭在南朝之前都還是奢侈品，是必須珍惜而不容輕易浪費的物什，非尋常人家得以任意使用。

而最早明確以「燭」作為「詠物題材」的文學作品，大概是傅咸的〈燭賦〉。〈燭賦〉前有序，傅咸說自己的創作動機是因見蠟燭「自焚以致用」而興起的傷感，與對自身的比況自擬：

---

81 莫愁事自〈河中之水歌〉，溫嶠、韓壽事見《世說》。

82 〔西漢〕司馬遷，《史記・秦始皇本紀》，頁 265。

83 〔唐〕歐陽詢，《藝文類聚》引謝承《後漢書》，頁 1371。

84 〔清〕余嘉錫，《世說新語箋疏》，頁 878。

85 〔清〕余嘉錫，《世說新語箋疏》，頁 363。

> 余治獄至長安，在遠多懷。與同行夜飲以忘愁，顧帷燭之自焚以致用，亦猶殺身以成仁矣：「蓋泰清垂象，匪日不光。向晦入冥，匪火不彰。故六龍銜燭於北極，九日登曜於扶桑。日中則昃，月虧於望。時邁靡停，晝不於常。背三接之昭昭，即厥開之有傷。何遠寓之多懷，患冬夜之悠長。獨耿耿而不寐，待雞鳴之未央……」（傅咸〈燭賦〉）

田曉菲說這篇賦著重在「描寫燃燭的情境，而不是燭之本身」。[86]但比起燭燃燭滅，傅咸顯然只把「燭」當成興發的客體，作為代入自身境遇連類感應的借喻。「燭」是否有作者所說的「殺身成仁」那樣儒家德性，或許有待商榷，但田曉菲也提示我們應該注意到這篇賦的前文本，也就是傅咸的父親傅玄（217-278）的〈燭銘〉：

> 煌煌丹燭，焰焰飛光。取則龍景，擬象扶桑。照彼玄夜，炳若朝陽。焚刑監世，無隱不彰。（傅玄〈燭銘〉）

傅咸賦中的燭龍、扶桑典故的聯想，都是從〈燭銘〉轉用而來，所謂的「殺身成仁」也是從「焚刑（形）監世」加強而來的喻象。這大概是「燭」最顯著的特質，後世作家也經常去描寫蠟燭燃燒自身，終於化為滴滴蠟油並逐漸燃盡的形象。[87]

洪順隆認為進入六朝的詠物題材，乃是「詩人的眼睛漸由廣闊的自然界，把焦點收縮在庭院的某個點上」[88]，這固然是精確的觀察，卻很難解釋此行為的動機。田曉菲試圖將佛教義理與宮體詩的角度切入，來談「蠟燭」、「燈」、「鏡像」所象徵的觀照詩學。以現實世界的「燈」、「火」、「光」之形象，作為開悟智慧或知識的喻體，這是中西互通的概

---

86 田曉菲，《烽火與流星》，頁 161。

87 像「蠟炬成灰淚始乾」和「紅燭自顧無好計」這一類的詩句。

88 洪順隆，《六朝詩論》，頁 32。

念[89]，就像支道林說的「煌煌慧炬，燭我宵征」[90]，就像柏拉圖所說代表知識的洞口之光。

如果從「詠物題材」流變來說，逮至南朝，創作者似乎對描繪這種燭光映照之下——朦朧而不真切的景象情有獨鍾，筆者以為這或許與「燭」所聯想的範疇有關，「燭」是宮廷常見的器物，當它配合宮體所熱衷描寫的女性與女體，則就折疊出了更多層次的寓象，這不僅是所謂的「廣義宮體」[91]，而是連類發動的過程。燭光是朦朧不清晰的，而女性青春美好的身體，同樣也是一瞬即幻滅的，這就成了一個喻中之喻。「蠟燭替人垂淚」的意象與「殺身成仁」儒者風範，在此有了轉化。

「詠燭」另有一組同題之作，即蕭綱、蕭繹和庾信的〈對燭賦〉，從這三篇同題賦來看，作者都以五七言詩句入賦，形成特殊的形式美感，從內容來說，它們也皆與女性有關。在花燭相映的美感中，透顯了南朝「非寓言」的寄託與傾向：

> 雲母窗中合花氈，茱萸幔裏鋪錦筵。照夜明珠且莫取，金羊燈火不須然。……漸覺流珠走，熟視絳花多。宵深色麗，焰動風過。夜久惟煩鋏，天寒不畏蛾。菖蒲傳酒座欲闌，碧玉舞罷羅衣單。影度臨長枕，煙生向果盤。迴照金屏裏，脈脈兩相看。（蕭綱〈對燭賦〉）

> 月似金波初映空，雲如玉葉半從風。恨九重兮夕掩，怨三秋兮不同。爾乃傳芳醁，揚清曲。長袖留賓待華燭，燭燼落，燭華

89 田曉菲相關的論述，可參酌其《烽火與流星》的第五章〈幻與照：六世紀新興的觀照詩學〉，頁 167-202。田開頭即提到「二十世紀，宮體詩常常被誤解為專門歌詠女性與豔情的詩……但宮體詩的題材其實涵蓋貴族生活的各個方面」，將「燭」與「宮體詩」的聯繫分開，筆者認同她談「燭」與「觀照」之間的關聯，但筆者以為「燭題材」其形象轉變成為了與女性、豔情相關，卻也正發生在梁陳之際。

90 〔晉〕支遁，〈釋迦文佛像讚〉，〔清〕嚴可均，《全上古三代秦漢三國六朝文》，頁 2369。

91 洪順隆，《六朝詩論》，頁 32。

明。花抽珠漸落，珠懸花更生。風來香轉散，風度焰還輕。本知龍燭應無偶，復訮魚燈有舊名。燭火燈光一雙炷，詎照誰人兩處情。（蕭繹〈對燭賦〉）

龍沙雁塞甲應寒，天山月沒客衣單。燈前桁衣疑不亮，月下穿針覺最難。……光清寒入，燄暗風過。楚人纓脫盡，燕君書誤多。夜風吹，香氣隨，鬱香苑，芙蓉池。秦皇辟惡不足道，漢武胡香何物奇。晚星沒，芳蕪歇。還持照夜游，詎滅西園月。（庾信〈對燭賦〉）[92]

從形式來說，這三篇賦很可能屬同時共作，它們皆以七言詩句開頭，中間夾雜三字與五字句。從蕭綱「碧玉舞罷羅衣單」、蕭繹「照誰人兩處情」，可以看出在燭光閃滅之中有一佳人的身影，而庾信更進一步將此閨房中對燭感傷的女性形象，放置進「邊塞詩」的系統，原本在閨房的「思婦」成了對照邊關「遊子」的客體，而楚人絕纓、郢書燕說，都成了閨怨具體化後的「物」：蠟淚或燈花的意象。自從「燭」也就名正言順進入到豔情、閨閣詩的系譜之中。

和上述這組同題之作差不多同時代的劉孝威（496-549）〈和簾裏燭詩〉、蕭繹的〈池中燭影詩〉，也頗值得注意：

開關簾影出，參差風焰斜。浮光燭綺帶，凝滴汙垂花。（劉孝威〈和簾裏燭詩〉）

魚燈且滅燼，鶴焰暫停輝。自有銜龍燭，青火入朱扉。映水疑三燭，翻池類九微。入林如燐影，度渚若螢飛。河低扇月落，霧上珠星稀。章華終宴所，飛蓋且相追。（蕭繹〈池中燭影詩〉）

92　庾信，〈對燭賦〉，筆者引自倪璠，《庾子山集注》（北京：中華書局，1991），頁168。

「簾」的作用在於遮蔽與現形，它和「屏風」、「幕」有類似的功能。田曉菲說劉孝威這首詩之特長在於描寫細節中的細節，寫「局部景觀向一個更微小的細節移轉」。[93] 當細節微小到了極致，就充滿了想像性。那滴在綺羅腰帶上的一滴燭油，成了羅蘭巴特（Ronald Bathes）「刺點」（punctum）般、吸引觀看者目光的客體。除了物質文化的觀照方式外，這陰錯陽差的美感經驗，更有一個隱蔽的客體存在：也就是綺羅腰帶的主人。那被隱匿的女性也就在簾幕、燭光，以及文字本身的多層遮罩之下，顯得朦朧而不真切了。但不可否認的：她依舊存在於這裡，且以如此丰姿綽約的方式。蕭繹的詩同樣是如此，田曉菲說這首詩的後半：「詩人不再用『疑』、『類』、『如』、『若』這些字樣，於是，詩的理性程度好像也隨著夜深酣飲而減低」[94]，隨宴會告終，一切都顯得虛幻而不真切，但我們注意到作者的目光仍然追尋著燭光而動，像團扇、珠星和飛蓋，在光影閃滅之間，成了標記視覺空間的座標。

筆者對田曉菲「蠟燭」代表空幻之說頗為贊同，「燭」在「閃」與「滅」這兩種狀態之間過度時，確實象徵著幻象與現實的分別。但在這些「詠燭題材」的詩賦裡，蠟燭從比興寄託的客體，過度成為了與女性、女體、情愛相關的譬喻。這題材意象與背景的轉化，替後來意象作了準備，由此我們發現，「題材」的意義、寓意與文化脈絡，隨著時代不斷進行更變與構成。

筆者在對詠「燭」論述過程中，與田曉菲差別之處在於——她認為對「燭」的謳詠，主軸在於作者生存世界的投射。但筆者更重視「燭」如何從「儒家式」的道德寓言，轉向成為「豔情式」的閨怨載體。但同時筆者卻也很認同田曉菲將「燭」延伸的提法：我們從燭火、倒影或簾幕中晃動的一瞬之光，可以感受生存世界的脆弱，這種「後見之明」[95]

---

93 田曉菲，《烽火與流星》，頁 177。

94 田曉菲，《烽火與流星》，頁 194。

95 田曉菲談劉孝綽的〈賦得照棊燭詩刻五分成〉說：「如果『後見之明』可以帶來任何好處的話，那一定就是詩賦現場的讀者所不可能具有的一種視角：也就是說，是來自於南朝最後覆滅的結局。但放回到南朝這個毀滅前夕的時代，我們也可以發現：作者本身對於那光影微弱，一切都有可能消逝的景觀，即有著強烈的感應與共鳴。就像庾肩吾〈燭影詩〉，就是試圖去記載那原本幾乎感受不到、幾乎無法記載的一瞬間浮光掠影：

> 垂燭垂花比芳樹，風吹水動俱難住。春枝拂岸影上來，還杯繞客光中度。（庾肩吾〈燭影詩〉）

燭火在風中飄動，而燭光在水面晃動，所以說「風吹水動」，火焰將熄未熄，存在感是多麼地危如累卵、無所依憑。但燭光隨著酒杯裡的倒影，被「盛」了起來，被保留起來而被「客」這個觀看者捕捉到了，一如這首詩的本身。前面我們談的是「燭」以及其光影照亮與掩蓋之間，所強化的女性朦朧美，但在此詩中，隨風吹水紋搖晃的燭火同樣具有美感，而這美感來自於它的不安定性。如果我們相信 Stephen Owen 所說的，詩人可以感受到世界的讖象（omen）的說法[96]，那麼某程度來說，「詠燭」的題材對身處末世作家的意義——那正是他們對於自身生存現況的聯想。

九、遮蔽與現形的美感：詠「屏風」

「屏風」自漢代開始有相關記載，如《京兆舊事》、《三輔決錄》等，除了特別寫「雲母屏風」、「雕鏤屏風」等強調富貴氣息的器物美學之外，「屏風」所附帶的隔絕空間、中介客主、作為遮蔽與不見的功

我們意識到這首詩是一個『倖存者』。它經歷了它的作者所不可能想像得到的巨大歷史災難……」《烽火與流星》，頁 189。田曉菲在談江南的「清空」時，基本上也採取同樣的論述模式。但我們應該也注意到，處於危如累卵世界的梁末作者，他們對於一瞬間搖晃著的、不確定的美感，有著更多的執迷。

96 Stephen Owen, *Traditional Chinese Poetry and Poetics: Omen of the World*, Madison Wis.: University of Wisconsin Press, 1985, p. 44.

能性，以及其所象徵的賞翫和美感意義，是作家選擇「屏風」作為所詠之物的原因。這一點我們從《三國志》記載：「太祖平柳城，班所獲器物，特以素屏風素几賜毛玠。曰：『君有古人之風，故賜君古人之服』」[97]，大致可以窺知一二。「屏風」這樣的題材在六朝，更常伴隨著禮物的意義而出現在文學作品之中，像蕭綱的〈謝賚棊子屏風啟〉、劉孝威的〈謝勑賚畫屏風啟〉。「禮物」在傳遞、交換的過程中，兼有消費、經濟與炫耀性功能。但筆者認為，重要的是身為一個創作者，如何歌詠這種具有固定文化傳統與形象脈絡的器物。

在南朝詠屏風的作品並不是非常多，筆者以為另外一個主因是所賦詠之日常器物，隨著貴遊文學活動的盛行，而趨於多樣多元。像詠樂器、詠燈鏡等物，本來就是自漢以來的熱門詠物題材，但像是與屏風近似的生活器物如：席、幔、帳、簾等，在性質作用上與屏風接近也好，在鋪寫目的上可以與屏風代換也好，它們都成為鋪排或敷衍的對象。像陳叔寶的〈七夕宴宣猷堂各賦一韻詠五物自足為十并牛女一首五韻物次第用得帳屏風案唾壺履〉以下之五首詩，以「帳」、「屏風」、「案」、「唾壺」、「履」分別作為詠物對象。其中包含了有具文化史脈絡者：如「案」、「屏風」；但也有像「唾壺」這一類非常冷門，也幾乎沒有歷史典故或文化寓意的器物了。

朱曉海曾從媒介、從敘事角度來談淮南王劉安的〈屏風賦〉。他觀察到一個關於辭賦文類變遷的問題。因辭賦原本即是用以口頭表演的體類，但「詠物」的寓意卻得經由閱讀來發現。所以朱曉海認為漢代詠物賦保留了第一人稱敘事者的口吻，而〈屏風賦〉就是一例。舊注以為〈屏風賦〉乃劉安對身世宗譜之感嘆，故有「思在蓬蒿」之辭[98]，而朱曉海認為這就是所謂的「全稱觀點之第三人稱改易為第一人稱；或反之

97 〔西晉〕陳壽，《三國志・魏書》（北京：中華書局，1982），頁375。
98 朱曉海，〈讀兩漢詠物賦雜俎〉，頁231-234。

而行」[99]，敘事者描敘「物」的聲音，與「物」第一人稱作為敘事主體的聲音，相互錯織。淮南王一方面投射身世，一方面去除自我投射以陳述「屏風」。我們現在讀〈屏風賦〉，明顯得見「屏風」自「幽谷」、遭「移根」、遇「中郎」的三重遭遇：

1. 維茲屏風，出自幽谷，根深枝茂，號為喬木。
2. 孤生陋弱，畏金強族，移根易土，委伏溝瀆。
3. 中郎繕理，收拾捐朴，大匠攻之，刻彫削斲。（淮南王〈屏風賦〉）

最後淮南王以「不逢仁人，永為枯木」[100]作結，枯木終得逢春。這樣的題材其實倒不一定得以「屏風」來表述，樂器或其他器物也常見此敘事，但更重要的是「屏風」與操守、尤其是與政治場域的關係。這一點我們從其他的一些作品也看得到：

> 舍則潛避，用則設張。立必端直，處必廉方。雍閼風雅，霧露是抗，奉上蔽下，不失其常。（李尤〈屏風銘〉）

> 昔紀亮所隔，唯珍雲母。武秋所顧，上貴琉璃。豈若寫帝臺之基，拂崑山之碧，畫巧吳筆，素踰魏賜。馮商莫能賦，李尤誰敢銘。（劉孝威〈謝敕賚畫屏風啟〉）

「屏風」與「鏡」在器物特徵上恰巧相反，一作為遮蔽，一作為顯現。但也就在於「正／反」的辯證關係中，它們具有類似的指向，李尤的銘大概也是將「屏風」視為維繫「常綱」的器物，所以曹操以屏風為「古人之服」賜毛玠；而劉孝威的〈啟〉謳誦的是畫屏之麗，卻以文辭本身進行了典故的競賽與聯想，將與屏風有關的故實隸事集結，卻句句不言屏風。在紀亮、滿奮的典故裡，「屏風」不僅只是點綴。紀亮以御賜屏

99 朱曉海，〈讀兩漢詠物賦雜俎〉，頁 233。
100〔清〕嚴可均，《全上古三代秦漢三國六朝文》，頁 189-1。

風以隔開子鸞[101]，而滿奮因為惡風，「屢顧看雲母幌，武帝笑之」[102]，都是政治場域發生的故實。所以經常作為贈賜或雕畫的「屏風」，除了本身的裝飾雕琢所象徵的「華麗」[103]之外，更深層來說：這用以遮蔽「裡／外」、「主／客」、「君／臣」的屏風，也就表述了士人在政治場域的操行或網絡。

而這樣的器物特徵，並不限於屏風。像帳、帷、幔等用以區隔忽「表／裡」的器物，都可以放置此脈絡來理解。換言之，政治場域中本就充滿了遮蔽、掩蓋與偽裝。《世說》有曹操捉刀於牀前[104]的故事甚為著名，而〈雅量〉篇另一則：「庾太尉風儀偉長，不輕舉止，時人皆以為假。亮有大兒數歲，雅重之質，便自如此，人知是天性。溫太真嘗隱幔怛之，此兒神色恬然……」[105]此「幔」與彼「屏風」功能類似。只是到了南朝，這樣的文化符號又產生遞變，蕭子良文學集團有「同詠器物」共作，從以下三首詩可以發現，它們主軸在宣揚器物的華麗奢衍，不再有什麼物我共構，借此喻彼的言外寓意了：

> 甲帳垂和璧，螭雲張桂宮。隨珠既吐曜，翠被復含風。（沈約〈詠帳〉）

> ……每聚金爐氣，時駐玉琴聲。但願置樽酒，蘭釭當夜明。（王融〈詠幔詩〉）

---

101 據〔唐〕歐陽詢，《藝文類聚》：「紀亮為尚書令，子鷺為中書令，每朝會，詔以御屏風隔其座焉」，頁 1201。

102 此事見裴子《語林》：「滿奮字武秋，體羸，惡風，侍坐晉武帝，屢顧看雲母幌，武帝笑之。或云：『北窗琉璃屏風，實密似疏。』奮有難色，答曰：『臣為吳牛，見月而喘。』」魯迅編，《古小說鉤沈》，頁 21。

103 當這樣的「華麗」作為文學書寫素材的時候，它就能夠直接移植成為書寫的華麗。

104〔清〕余嘉錫箋疏，《世說新語箋疏・容止》：「魏武將見匈奴使，自以形陋，不足雄遠國，使崔季珪代，帝自捉刀立牀頭」，頁 605。

105〔清〕余嘉錫箋疏，《世說新語箋疏》，頁 358。

青軒明月時，紫殿秋風日。……清露依檐垂，蛸絲當戶密。
（虞炎〈詠簾詩〉）

沈約的詩主要展示了對「帳」的細膩雕飾，且此雕飾中有著超現實的聯想。帳簾隨著風飄颺而起，珠簾垂壁一同搖曳。歷史文獻中的和氏之璧、隨侯之珠都被挪移到了此處對「帳」的形容中。而王融虛寫「幔」，實寫宴樂酣飲、徹夜達旦的歡樂氣氛。虞炎所詠之「簾」較具抒情性，既沾「清露」，又纏「蛛絲」，不僅止於富貴、華麗、超現實的物質拼貼，但卻也沒有篇幅抒發明確的體貼與情志。

以「屏風」此詠物體而言，在南朝以前，它具備各種複雜的符號意義，包括禮物饋贈，包括隔絕遮蔽，包括儒家的禮制與法度，以及政治場域的形象或偽裝。但到了以細膩與藻飾為永明作家的集體創作之中，就遞變成了注重極端、注重細節的詠物呈現。或許這個解釋和過去對南朝唯美文學的認識很相似，但筆者並不認為這樣的推論會讓「南朝文學」流於形式、表面或淺薄[106]，我們或許可以說：這種抽空內容的形式是一種更本質的、屬於文學集團與政治集團溝通方式。也就是說：「屏風」去除了寓言性，而對屏風單純的歌詠、辭藻拼貼，扮演了現實世界中的屏風功能，用來隔絕與交流——沒有詠物能力的作者，勢必將被阻絕於文學與政治集團的「屏風」以外。

在不同的時代、文化脈絡以及思維背景變遷的過程中，每種「物」被「詠」的同時，產生了新的視角與風格脈絡，而此視角的深化或淺化、同一或轉向，都值得我們關注。因為對「物」的認知與建構，同時關乎的不僅僅是文學遊戲的快感與勝負，而是觀看和表述世界的方式了。

---

106 一方面我們注意到並非所有「器物」皆是如此，如田曉菲就從「詠燭」談到了「觀照詩學」（田曉菲，〈幻與照：新的觀看詩學〉，收錄《烽火與流星》，頁154-193）；二方面這種抵抗寓言是否有更深刻的意義，我們還可以再作探討。

十、小結：「詠物題材」的文化意涵

根據以上所論，本章歸納出以下六點作為小結：

（一）以「詠梧桐」而言，歷來對梧桐的典故涵蓋「孤貞」的意象與「政治」的企圖。從蕭子良集團成員的「梧桐賦共作」以及其他南朝作家的「詠梧桐」來看：枚乘〈七發〉顯然是一重要而不可迴避的典律作品，而〈七發〉中梧桐的「半死半生」、「背秋涉冬」的生物特性，連結了它的經霜而孤貞的形象。或許是同為辭賦所產生的連想像，或許是沈約、王融、謝朓向枚乘致敬的創作意圖，梧桐賦共作皆立基於〈七發〉的「龍門之桐」進行翻轉。梧桐於文化脈絡中並存有靈異傳說，也有政治托寓，而沈約、吳均的詩則將梧桐的孤貞形象與政治寓言結合，於是南朝的梧桐形象就與它的這兩種生物特徵連結在一起。這告訴我們：「體物寫志」或許是南朝作家詠物的依歸，但此意圖仍然與此「物」的文化脈流密切相關。那麼此「志」固然看似個人化的，卻同時也是集體性的。

（二）以「詠松」而言，松柏在古詩中與陵墓、死亡等意象連結在一起，進而與神人仙境、隱逸避世等形象結合在一起。但這樣的文化脈絡到了南朝文學集團的共作之中，則有了遞變。蕭子良集團共作的「高松賦」，顯然將重點圍繞在「高」、「松」這兩個進行開展，「高」言其鳥猿斷蹤，「松」言其耐經歲寒，並用遊戲式、雕飾式的語言，將此兩個意象進行堆疊、較勁、相互挪用。從文化脈絡來看，「松」孤貞的生物特質或許是延續的，但它和死亡或仙鄉沒什麼關聯，而從歷時遞變來看，「詠松」的視角、語言、形象都有了變異。

（三）以「詠馬」而言，馬因其生物性，呼應了對國家權力的歌詠，是另外一種面向的「體國經野」。漢大賦鋪寫四方，實是藉「辨方正位，體國經野」來歌頌國家權力，但「苑獵題材」辭賦到了南朝幾不復見。筆者認為「舞馬賦」此類作品某程度扮演了近似功能。由於馬與戰爭、國家與軍事權力的密切關聯，「詠馬」作品原本就有宣揚國威的意象，加上謝莊、張率因應外國獻舞馬應詔而作的辭賦，大概都將「舞馬」的生物特徵：奔跑的速度、舞動的英姿，與帝國版圖、神境仙鄉作了連結。從這個角度來說：「詠馬」一方面以實際的速度取代了想像的四方書寫，一方面以實際的獻貢事件取代了歌功頌德，而西漢宮廷苑獵賦的功能，就保留在「舞馬賦」這樣題材之中了。

（四）以「詠蟬」與「詠禽鳥」而言，「詠蟬」最重要的詠物形象遞變，在於其原本是冷門而幾乎無可詠的「渺小微物」，且在先秦典籍之中，它往往具有對照性和反身性。但在兩晉時期它成了隱性的德行載體，與「鯤鵬」的顯性相對，成為另類「詠物」對象，這其中具有辯證性，而「蟬」形象之提昇也進而延伸到了唐代；至於以禽鳥托言志向，這從先秦寓言和賈誼〈鵩鳥賦〉即開始，但到了蕭綱文學集團的宮體建構之中，特殊的禽鳥屬種又產生遞變，可以成為閨閣艷詩的延伸與載體，鴛鴦比翼的意象與思婦、棄婦的形象連結起來，進而不同於過往禽鳥托志的「詠物」脈絡。

（五）以「詠燭」而言，蠟燭從象徵儒家「捨身成仁」轉而成為宮體「閨怨美感」的意象。從傅咸的詠燭作品來說，「燭」的殘形與燭淚都有儒家式的形象，但到了齊梁有所改變，佛教信仰加上宮體流行，蕭綱、蕭繹、庾信、劉孝綽等作者有不少詠燭之作，燭的光與影象徵了觀照、洞見的智慧之光，也象徵現實的虛幻與不真切，但本章以為更重要的是：即便燭、簾或屏風等器物同樣也是公共空間，如朝會宴會的器具，但在幾個上述作家的書寫中，它們經常施用於閨閣構成了一個光影濛曖、氛圍香豔的空間。這可能是洪順隆所謂「詠物詩」的「宮體化」。[107]「詠燭」主軸理當是「燭」，但在幾篇詠燭詩賦中，我們不能不注意到那光焰閃爍背後的女性主體。到了唐宋文學中的「燭」，無論「垂淚」或「偏照」，都進入了閨怨的文化符號系譜之中。或許「宮

---

107 洪順隆，《六朝詩論》，「（詠器物詩）鏡頭的轉移，焦點多變化……難怪有人要將它歸入宮體詩裡面了」，頁 32。

體」不可直接等於香豔女性等題材，但「燭」卻成為構成閨情的氛圍與背景。

（六）以「詠屏風」而言，朱曉海提到從漢代淮南王的〈屏風賦〉可以觀察到第一人稱敘事與表演功能，而也因「屏風」的功能用以遮蔽主客內外，屏風的作用經常用來贈餽，所以形構了「詠屏風」作品的高潔形象與雕飾的語言特質。然而這樣的形象到了南朝集團的同題或分題共作之中，同樣有所遞變。我們閱讀這些「詠屏風」、「詠簾」或「詠幔」的詩，它們僅保留了極細膩雕飾的語言，但政治人物的操行以及政治場域的功能，似乎就喪失了，而成為宴樂酣飲同時的器物之一，與樂器或席、盤皿等成為同類的日常熟悉之物。又或者，這種集團性的賦詠周遭日常之物的書寫行為，正是南朝文學集團特有的政治場域運作模式。

本章聚焦於南朝文學題材中的「詠物」詩賦，進行文化脈絡的流變與寓意遞變。筆者認為此研究徑路，一方面不同於過去「主題研究」之處在於：本章不僅探討「詠物題材」的分類，更進一步探討其典故、意象、隱喻形成的根源、發展與轉變。二方面不同於過去「意象研究」之處在於，本章不僅探討「詠物」的技巧、修辭、摹寫或表現手法，而將重點放「個體」、「集體」與「類體」的連結關係，放在意象背後的文化符號與其演變的過程。過去認為詠物題材出於遊戲，但筆者注意到，南朝時這些去寓言的詠物之作，反而更指向了世界本身。在體式或意象的演變上，南朝詠物題材提供唐詩養分；而在體物的描摹過程，詠物題材更透顯出了作者生存的實境。即便詠物題材的動機出於遊戲，但在遊戲過程中，它依舊觸及到遊戲之外的真實世界。

（本章為題名〈論南朝詠物題材文化史——以梧桐、舞馬、燭為例〉〔《興大中文學報》第32期，頁51-74〕、以及〈詠物的語言：論南朝詠物題材詩賦文化脈絡〉〔國立清華大學中國文學系主辦，「文學與語言：中國文學批評研究工作坊」〕兩篇論文，後經整合修改）

第三章

「物色」題材新論：物色賦的「設辭問對」與互文性

「互文性」後來被索萊爾斯（Philippe Sollers）重新定義如下：「每一篇文本都聯繫著若干篇文本，並且對這些文本起著復讀、強調、濃縮、轉移和深化的作用」。在這個時候開始，「互文性」就和傳統的考據區別開來。所謂考據就是嚴格地從作者的生平和心理的角度，看待同樣的文學現象：一個作家有多少藏書？它讀了多少？它是哪一個派別的？這種研究方法的中心問題在於了解作者所受的影響，傳達的訊息、繼承或傳承的文學遺產。（薩莫瓦約：《互文性研究》）[1]

1 薩莫瓦約，邵煒譯，《互文性研究》（天津：天津人民出版社，2003），頁 4-5。

一、物色題材與設辭問對

前面一章我們談「詠物」題材，且聚焦於鳥獸、植物與器用，但事實上洪順隆是將南朝的詠物詩，分為「天象」、「地理」、「鳥獸」、「草木」、「蟲魚」、「器物」、「建築」等七大類。[2]因此，天象物色亦可以說是延續詠物此章而來，換言之，詠天象物色之變化，當然也是詠物的一部分。不過由於此章聚焦在論物色賦「設辭問對」這樣一種特殊的文學遊戲形式，故將之獨立。

首先本章所指的「物色」題材，並不無限包含天象、地貌等變化，而是聚焦於《文選》的分類。在《文心雕龍》中有〈物色〉一篇，主要在說明「物色」與創作者的關係，以及「物色」運用與發展的源流。劉勰提到：

> 春秋代序，陰陽慘舒，物色之動，心亦搖焉。蓋陽氣萌而玄駒步，陰律凝而丹鳥羞，微虫猶或入感，四時之動物深矣。……是以詩人感物，聯類不窮。流連萬象之際，沉吟視聽之區。寫氣圖貌，既隨物以宛轉；屬采附聲，亦與心而徘徊。(《文心雕龍・物色》)[3]

此處的「物色」頗為廣義，大概四時變化、蟲魚鳥獸都歸在物色的範疇。然而到了《文選》的分類，就比較狹義。《文選》的「物色」這一類，收錄了宋玉〈風賦〉、潘岳〈秋興賦〉、謝惠連〈雪賦〉與謝莊〈月賦〉。因此，本章雖討論「物色題材」，卻主要將焦點聚焦於「賦」

2　洪順隆：《六朝詩論》，頁 22。

3　〔梁〕劉勰著，黃叔琳注，《文心雕龍注》(臺北：世界書局，1984)，頁 117。此處說明本章所引用的《文心雕龍》、《文選》與《歷代賦彙》之版本為，〔梁〕劉勰著，黃叔琳注，《文心雕龍注》(臺北：世界書局，1984)、〔梁〕蕭統，《文選》、〔清〕陳元龍，《御定歷代賦彙》等著，後僅隨引文附註，不另外作註。

文類，也是這個原因。就近年研究來看，以「物色」[4]作品為探討對象者較少，而以主題類型探討賦作者，多半以《歷代賦彙》之分類為依歸。筆者即根據《文選》所界定的四主題，來定義「物色賦」。

但更聚焦來說，本章旨不在於討論南朝每一篇「物色」題材的辭賦，若我們將以蕭統《文選》的「物色」，對應陳元龍《歷代賦彙》中的分類，就會發現到有些賦在《賦彙》將之歸入「天象」，但此類亦可有「物色」概念者，如《賦彙》中收錄的「歲時」、「器用」、「草木」、「鳥獸」諸類，大概都有與物色相關的題材作品，而這些辭賦也不在此章討論範圍。

由於筆者主要在討論物色賦的「設辭問對」傳統，尤其注意到設辭問對運用在物色賦，會出現兩種特殊的體例，一為假托人物以對問，二是模擬前作以對話，故本文就聚焦於《文選》的「風」、「秋」、「雪」、「月」這四種物色題材的辭賦，探討南朝時它們的發展與遊戲擬作的軌跡。

再者，筆者針對「設辭問對」進行說明。「設辭問對」與賦文類關係密切，且自賦文類誕生之初，就與「設辭問對」有著密切關係。《文心雕龍》的〈詮賦〉一篇，對「賦」進行定義時提及：

> 《詩》有六義，其二曰賦。賦者，鋪也，鋪采摛文，體物寫志也……六義附庸，蔚成大國。遂述客主以首引，極聲貌以窮文。斯蓋別詩之原始，命賦之厥初也。（《文心雕龍・詮賦》）

換言之，若總括辭賦的兩大特徵，就是「述客主以首引，極聲貌以窮文」，因此，設主客辭而相互對問，原本就是辭賦最重要的特徵之一。

4　依據《文選》分類，以「物色賦」為題的論文，有孫淑芳，〈風、秋、雪、月：昭明文選物色賦探析〉（《僑光技術學院通識學報》期 2，2004，頁 13-22）；以及郭乃禎，〈《文選》賦色類風秋雪三賦析論〉（《國文學報》期 38，2005，頁 58-100）。此兩文以賦文賞析為主，對「設辭問對」之形式的探討上，篇幅較少，與筆者的之切入面向不同。

簡宗梧在他的〈賦與設辭對問關係之考察〉一文中，將歷代賦發展分為「先秦宮廷暇豫之賦」、「西漢言語侍從之賦」、「東漢到六朝借古人代言之賦」、「唐宋設辭問對之賦」[5]四時期。在不同的時代氛圍下，賦也演變出不同的面貌與功能。在文中他提到「設辭問對」這個賦的文類特性，基本上始終存在、且與時俱變：

> 設辭問對的形式，早見於諸子，後來成為西漢宮廷暇豫之賦的主流形式。東漢以後，當賦逐漸不再以宮廷暇豫的優言文學為大宗，不再是口誦耳受的聲音藝術。隨著口誦表演的式微，賦已成為案頭文學，於是設辭問對的形式，也就不再是它的充分條件而漸趨式微了。然而設辭問對的形式，既經賦家用韻加以美化，於是設辭問對多元對話的韻文形式，便濡染開來。因為它既可以微露圭角暢所欲言，又可以增加趣味展現文采，所以沾溉到其他文類，使賦體雜文更見繁盛歷久不衰。[6]

雖經過「口誦表演式微」的衝擊，但「設辭問對的形式」，卻仍有賴於「音韻美化」、「微露圭角暢所欲言」、「增加趣味展現文采」等因素，進入其他與賦關係密切的「賦體雜文」中，得以持續發展。

從另外一方面，簡宗梧也根據賦體的典律作品進行考察。在歷代典律賦中，「設辭問對」僅占百分之三十一左右[7]，它雖然仍扮演區別賦與其他文類的重要特徵，但比例卻並不算高。不可否認的，東漢後隨言語侍從制度的改易，口誦賦表演的沒落等外在因素，賦體「設辭問對」的既定形式，確實受到影響。雖然歷代有心的作者，仍試圖運用「設問」、「設論」在其賦作中，但相對地該「因子」在典律作品中的比例卻

---

5 簡宗梧，〈賦與設辭對問關係之考察〉，《逢甲人文學報》期 11，2005 年 12 月，頁 20-25。

6 簡宗梧，〈賦與設辭對問關係之考察〉，頁 26。

7 簡宗梧，〈賦體典律作品及其因子〉，《逢甲人文社會學報》期 6，2002 年 6 月，頁 23。

逐漸下降。

不過由此筆者亦聯想，即便設辭問對這個形式逐漸不流行，然而辭賦之間彼此呼應、引用與致敬的對話性卻依然可能存在，因此，筆者借用西方文論中「互文性」(intertextuality)[8]相關研究，作為筆者探討南朝的物色題材其中一個視角。廣義的互文性是指任何兩個文本之間的呼應、對話關係，而又可區分為超文性、元文性等細膩的差異。而本章開頭所徵引的薩莫瓦約之說，就談到互文性研究的無限可能。

本文首先聚焦於南朝兩篇經典且具開創性的物色賦，一則謝惠連〈雪賦〉，二則謝莊的〈月賦〉。在〈雪賦〉中謝惠連模仿梁王兔園這個事蹟，建構出相關文本；謝莊〈月賦〉中則模仿王粲的口吻。這兩篇辭賦除了假托歷史上知名文人，使之穿越時空進行「設辭問對」外。在賦文中作者是否考量到虛構者的風格、語氣與其特質對虛構情節的影響，以及作者如何在巧設人物時，考量其原作風格。[9]

除此之外，本章也注意到另一層互文性，即是歷代對於〈雪賦〉、〈月賦〉的擬作，如陸雲公〈星賦〉，以至於到了宋代汪莘的〈月賦〉與范榮〈殘雪賦〉，都是假托人物的作品，至於呼應宋玉〈風賦〉，並延續他這樣風種類探討的作品，南朝時有謝朓〈擬宋玉風賦〉、陶弘景

---

8 「互文性」又稱為「文本間性」，由法國女性主義者、後結構主義者克麗絲蒂娃(Julia Kristiva)所提出。後有廣義、狹義之別。「互文性通常用來指兩個或兩個以上文本間發生的互文關係。它包括：一，兩個具體或特殊文本之間的關係(稱為 transtexuality)；二，某一文本通過記憶、重復、修正，向其他文本產生的擴散性影響(稱為 intertexuality)」。互文性研究今日以被諸多學科廣泛運用，意義自然更為複雜。按照陳永國的說法：「任何文本都是一種互文。在一個文本中，不同程度地以各種能夠辨認的形式存在其他文本。於是，從極端的意義來說，任何文本都是過去的引文的重新組織」。本章所引用的「互文性」並不是這樣廣義的「互文」，而偏向兩個文本間的補充、解釋、延伸與挪用所產生的關聯。相關論述請參見薩莫瓦約，《互文性研究》，頁 41，以及陳永國，〈互文性〉(收錄《外國文學》期 1，2003，頁 75-81)。

9 如謝惠連刻意設定司馬相如的口吻聲腔，那麼他還得考量到司馬相如本身的辭賦風格。

〈雲上之仙風賦〉、沈約、王融之〈擬風賦〉，甚至到了宋朝蘇軾〈快哉此風賦〉，仍是延續這樣的主題。當然，本書聚焦於南朝文學題材，後代的同主題作品，此處略為一提而已。

前面引用到〈詮賦〉篇，認為設主客辭以對問，是辭賦文體非常關鍵的特徵，用以「別詩之原始，命賦之厥初」，不過筆者將「對話」更進一層，除了賦文中的人物對話，也涵蓋了後代辭賦與經典辭賦的對話，希望能聚焦物色賦這樣的題材，建構其設辭問對的傳統，並探討此傳統經典化之後，如何與其後作品呼應、對話。原作就是一種文學的遊戲，而擬作則是在此遊戲之上的遊戲。接下來筆者將先就宋玉〈風賦〉、謝惠連〈雪賦〉、以及謝莊〈月賦〉進行探討。

二、經典作品：風賦、雪賦與月賦

（一）宋玉〈風賦〉

在第一章我們也談論過宋玉的〈大言賦〉、〈小言賦〉，當然，這樣的作品創作時序未定，或許要談其影響、模擬與互文性有些危險。然而〈風賦〉為宋玉所作此點，應當較無疑問。

宋玉著名的作品〈風賦〉是本章所探討的幾篇物色賦當中，所成時代最早的作品，也是歷代物色賦中的佳作，後代詩文辭賦多從之徵引以為典故。全篇賦由「楚襄王游於蘭臺之宮，宋玉景差侍」，有風「颯然至」寫起。襄王讚嘆此風快哉，認為此風乃「寡人所與庶人共者」，宋玉則逞口舌快稱此風乃「獨大王之風」，刻意與襄王唱反調。於是全賦的主旨圍繞著宋玉與襄王對「風」的定義而展開，而宋玉如此定義「雄風」與「雌風」的差異：

> 宋玉對曰：「夫風生於地，起於青蘋之末，侵淫谿穀，盛怒於土囊之口，緣太山之阿，舞于松柏之下，……故其清涼雄風，

則飄舉升降，乘淩高城，入於深宮。抵花葉而振氣，徘徊于桂椒之間，翱翔于激水之上。……故其風中人，狀直憯憯惏慄，清涼增欷。清清泠泠，愈病析酲，發明耳目，寧體便人。此所謂大王之雄風也。」（宋玉〈風賦〉）

雄風除了起源於「青蘋之末」，更「乘淩高城，入於深宮」，能夠「愈病析酲，發明耳目」，一方面敘述風生成的狀態，二方面興發風吹拂的過程與效果。相對來說「雌風」則完全不同：

庶人之風，塕然起於窮巷之間，堀堁揚塵，勃鬱煩冤，沖孔襲門。動沙堁，吹死灰，駭溷濁，揚腐余，邪薄入甕牖，至於室廬。故其風中人，狀直憞溷鬱邑，驅溫致濕，中心慘怛，生病造熱。中唇為胗，得目為篾，啗齰嗽獲，死生不卒。此所謂庶人之雌風也。

相對於大王雄風，雌風若中人則「中心慘怛，生病造熱」、「啗齰嗽獲，死生不卒」，這種正反、審美與審醜的不同面向，呈現出這篇賦除了諷諫之外的遊戲特質。過去簡宗梧談到宋玉的這幾賦，認為他都是出於口述，爾後再稍加潤色而成：

至於宋玉、唐勒、景差者流，暇豫事君，所作諸賦，即青木正兒、王夢鷗先生所謂的貴遊文學作品。……他們有的是以言語技藝見長，以言語娛悅主上，主上畜之如俳倡，宋玉諸賦，與楚頃襄王的對話，其實無異於《史記‧滑稽列傳》淳于髡與齊王的對話。應該都是實有其事，只是宋玉諸賦經整理而以賦為名，而為《文選》所收。[10]

簡宗梧此段談的是宋玉的〈對楚王問〉，但拿來說〈風賦〉其實也說得

---

10 簡宗梧，〈賦與設辭對問關係之考察〉，頁 22。

通，大概就是在逞語言之能，並曲終奏雅，於結論中隱含一些諷諫之意，藉著對大王雄風、庶民雌風的區別、鋪排，對貴族與庶民的階級、日常生活差異有所針砭。不過這次言語對問的結果，讓宋玉博得襄王「善哉論事」讚賞，達成「君臣盡歡」的結果。

筆者主要不是要討論〈風賦〉與南朝的擬作之政治或諷諫意義，主要針對其間的對話與互文性來談。就筆者所見，《歷代賦彙》中可列入（風賦）擬作的賦篇包括謝朓〈擬宋玉風賦〉、沈約〈擬風賦〉、王融〈擬風賦〉、陶弘景〈雲上之仙風賦〉、與蘇軾〈快哉此風賦〉等賦。蘇軾並不在本文討論範圍，此處暫且略過，但我們可以注意到，這些擬作的風賦將寫作策略放在「區別風的類型」與「鋪陳風的特性」兩面向，而這較之宋玉原賦的諷諫意相對被削弱了，獨留下遊戲意義。此點筆者後文再論。

（二）謝惠連〈雪賦〉

雖然沒有明確的資料足以證明謝惠連的〈雪賦〉必定早於謝莊〈月賦〉，不過根據謝惠連（407-433）比謝莊（421-466）要長十數歲，我們大致可以推斷〈雪賦〉應早於〈月賦〉。筆者即從〈雪賦〉非常特殊的「賦體序」[11]談起：

> 歲將暮，時既昏，寒風積，愁雲繁。梁王不悅，游於兔園。迺置旨酒，命賓友。召鄒生，延枚叟。相如末至，居客之右。俄而微霰零，密雪下。王迺歌北風於衛詩，詠南山於周雅，授簡於司馬大夫曰：「抽子秘思，騁子妍辭，侔色揣稱，為寡人賦之。」相如於是避席而起，逡巡而揖曰……（謝惠連〈雪賦〉）

---

11 稱之為「賦體序」乃與「正序」區別，關於此兩者之分別，請參照下一註腳。

這一段是〈雪賦〉引相如作賦之前的情節描寫，從句式、用韻來看，這段其實已是賦本文的一部分。作者雖將本段設計為「序」，但就賦體三大結構（賦序、賦本部、亂辭或繫歌）來看，這段卻並非在扮演「正序」的功能。[12] 李調元對謝惠連〈雪賦〉頗為推崇，稱其風格「高麗」，又發現「歲將暮，時既昏」這四句作為開頭的體裁，影響到杜牧〈阿房宮賦〉。[13]

我們從情節設定來看，謝惠連首先安排司馬相如先作賦，賦從「臣聞雪宮建於東國，雪山峙於西域」開始，從雪的典故，追溯到雪的歷史，進而寫雪降的姿態與效果：

> 若乃玄律窮，嚴氣升。焦溪涸，湯穀凝。火井滅，溫泉冰。沸潭無湧，炎風不興。北戶扉，裸壤垂。……其為狀也，散漫交錯，氛氳蕭索。藹藹浮浮，弈弈。聯翩飛灑，徘徊委積。始緣甍而冒棟，終開簾而入隙。初便娟於廡，未縈盈于惟席。既因方而為圭，亦遇圓而成璧。（謝惠連〈雪賦〉）

司馬相如此段自是全賦的精華，寫雪降大地，遇方為圭、遇圓成璧的視覺效果，具層次感與想像力。就這種假托人物的設計來說，謝惠連接著安排鄒陽聞之「懣然心服」，因而「有懷妍唱，敬接末曲」，分別作〈積雪之歌〉與〈白雪之歌〉：

> 攜佳人兮披重幄，援綺衾兮坐芳褥。燎熏兮炳明燭，酌桂酒兮

12　鈴木虎雄認為賦的結構可分為三部分：「於始有序，次位於中間者，有賦之本部，於終有亂、系、重、歌、訊等。序，述作賦之主旨次第，亂系等，簡約全篇之意。賦之完全者雖備具此三部，然而實際序與亂不必備」（《賦史大要》，引自王冠輯，《賦話廣聚》〔北京：北京圖書館出版，2006〕，頁 493）。但值得注意的是，〈雪賦〉前面的賦文與「述作賦之主旨次第」的正常型態功能不盡相同，但在作者的設計上，卻又為了說明情節發生的時空而訂立。筆者將之稱為「賦體序」，好將之與「述主旨次第」的「正序」進行區別。

13　李調元，〈雨村賦話〉，收錄王冠輯，《賦話廣聚》，頁 178-179。

揚清曲。

曲既揚兮酒既陳，朱顏兮思自親。願低帷以昵枕，念解而褫紳。怨年歲之易暮，傷後會之無因。君甯見階上之白雪，豈解耀於陽春？（謝惠連〈雪賦〉）

我們可以發現謝惠連無論在情節的設計，風格的安排，以至於是體類的安置，都巧為設計。前面司馬相如的雪賦本文刻意運用了三字句、四字句與六字句交錯，表現出大賦的散體架構，而此處假托鄒陽的賦末繫歌，又以騷體來呈現，不但刻意區隔每個假托作者的風格、體類與美感，也符合辭賦的程序。

這篇賦發展到最後，梁王聞歌「尋繹吟玩，撫覽扼腕」，顧看向枚乘，命之起而作為「亂辭」，替這次賦雪的貴遊活動收尾。於是枚乘從「白羽雖白，質以輕兮，白玉雖白，空守貞兮」，將雪之質白與白羽、白玉進行對比，謳詠到「值物賦象，任地班形。素因遇立，汙隨染成」，呈現了曲終奏雅的架構。

如果我們跳脫出虛構的情節，以〈雪賦〉全篇為一主體綜觀，則作者先描繪雪景之貌，中段從詠物而言志，最後以道妙體悟作結，這也符合了當時的玄言氣氛。王琳於《六朝辭賦史》中，提到〈雪賦〉視角遞轉的意義：

賦文假托西漢梁孝王與眾文士遊宴兔園，俄而白雪紛飄，遂命司馬相如為他描繪雪景。接著鄒陽為賦〈積雪之歌〉和〈白雪之歌〉，最後使枚乘起而為亂辭，賦構思十分巧妙……假司馬相如顯示寫景技巧、假鄒陽以抒情、假枚乘以說理。情、景、理渾融一體，如璧合珠聯。[14]

從相如、鄒陽、枚乘等角色設計來看，〈雪賦〉的靈感當來自西漢梁

14 王琳，《六朝辭賦史》（哈爾濱：黑龍江教育出版社，1998），頁218-219。

王兔園宴樂的典故。未能躬逢其盛的謝惠連藉由作品「穿越時空隧道」[15]，巧妙地趕上這場盛宴，與歷史上名聲顯赫的作家同臺賦詠。作者藉「假托人物」，一則完成願望，二則展現「擬代」的技巧，在扮演真人真事的情節之中，一方面達成設辭對問的結構，一方面也達成了娛樂效果與遊戲性。

關於梁王貴遊集團的事蹟，在難以確定年代的《西京雜記》中，曾有類似的記載：

> 梁孝王遊於忘憂之館，集諸遊士，各使為賦。枚乘為柳賦，其辭曰「……」，路喬如為鶴賦、鄒陽為酒賦、公孫乘為月賦、羊勝為屏風賦、韓安國為几賦不成、鄒陽代作。鄒陽安國罰酒三升，賜枚乘路喬如絹，人五匹。[16]

即便《西京雜記》此段，以及枚乘、鄒陽的賦可能是魏晉時所託偽，但這也顯示出六朝士人對於梁王集團的熟悉與嚮往，而謝惠連則根據這樣的想像，設計了這齣因果周密、情節嚴謹的「情節」[17]，賦序更完整交代此次貴遊活動始末，以及〈雪賦〉（虛構的）創作過程。

我們或許可以說，謝惠連以他親身參與貴遊活動的經驗[18]，與創新的靈感與發想，架構出這一連串的情節發展，還兼具考量到了幾位歷史知名作家的風格與特色。〈雪賦〉中有詠物、有抒情、也有言志體玄，但除此之外，因作者的巧妙構造增添幾分小說的敘事技巧。全賦流露獨

15　參見簡宗梧，〈賦與設辭對問關係之考察〉，頁 23。

16　〔西漢〕劉歆，《西京雜記》，頁 165-175。

17　弗斯特於《小說面面觀》（臺北：志文出版社，2006）中有一著名的舉例，「國王死了，皇后也死了」這只是「故事」，而「國王死了，皇后也哀傷地死了」這就是「情節」。情節是將事件進行因果排序，〈雪賦〉也充分做到這一點。（頁 47）

18　謝惠連曾為司徒彭城王義康法曹參軍，至於後文提到的謝莊則任始興王參軍、劉武帝侍中等職銜，兩人皆有文學活動經驗。參照沈約，《宋書》卷 53，〈謝方明傳〉，頁 1525、蕭子顯，《南齊書》卷 43，〈謝瀹傳〉，頁 762，亦可參照呂光華，《南朝貴遊文學集團研究》（臺北：國立政治大學中國文學研究所博士論文，1990），頁 124。

特的時代感以及作者的洋溢才華，搭配個人經驗與思古幽情，於是成就出〈雪賦〉此一範本與後代的擬作與續作。

（三）謝莊〈月賦〉

至於謝莊的〈月賦〉的架構大致與〈雪賦〉異曲同工，以曹氏父子的建安文學集團為登場的人物與主角。在歷史文獻中，建安集團留下「狎池苑，述恩榮」[19]、「酒酣耳熱，仰而賦詩」[20]的貴遊活動實況，然而在謝莊的虛構之下，原本「徐陳應劉，一時俱逝」的傷痛與傷逝被作為動機，作為〈月賦〉中曹植命王粲作賦的動機：

> 陳王初喪應、劉，端憂多暇。綠苔生閣，芳塵凝榭。悄焉疚懷，不怡中夜。乃清蘭路，肅桂苑；騰吹寒山，弭蓋秋阪。臨濬壑而怨遙，登崇岫而傷遠。于時斜漢左界，北陸南躔；白露曖空，素月流天，沉吟齊章，殷勤陳篇。抽豪進牘，以命仲宣。仲宣跪而稱曰：「……」（謝莊〈月賦〉）

在謝莊〈月賦〉中，曹植因集團文士的殞落而「端憂」。但若按照顧炎武的考據，原應與諸子「俱逝」的王粲，卻在謝莊的想像中成為〈月賦〉的主角。[21]當然，我們都知道這篇賦僅是假托人物的設辭，沒有必

---

19 《文心雕龍‧明詩》：「暨建安之初，五言騰踊，文帝陳思，縱轡以騁節，王徐應劉，望路而爭驅；並憐風月，狎池苑，述恩榮，敘酣宴，慷慨以任氣，磊落以使才」，頁 7-9。

20 〔魏〕曹丕，〈又與吳質書〉，引自〔清〕嚴可均，《全三國文》（臺北：中華書局，1983）卷 7，頁 1089。

21 〔明〕顧炎武於《日知錄》（臺北：臺灣商務印書館，1965）言：「古人為賦多假設之辭，序述往事，以為點綴，不必一一符同也。子虛、亡是公、烏有先生之文，已肇始於相如矣。後之作者，實祖此意。謝莊〈月賦〉：『陳王初喪應、劉，端憂多暇。』又曰：『抽毫進牘，以命仲宣。』按王粲以建安二十一年從征吳，二十二年春，道病卒。徐、陳、應、劉，一時俱逝，亦是歲也。至明帝太和六年，植封陳王。豈可掎摭史傳以議此賦之不合哉？」（頁 119）

須考究歷史真偽。重點在於謝莊以曹植的〈與楊德祖書〉作為前文本，在〈月賦〉中，令建安集團代表人物王粲登場作賦。而也因為這樣傷逝的背景，王琳就認為〈月賦〉與〈雪賦〉相比「抒情味更濃」[22]，因謝莊除「寫月之故實」[23]一段之外的其他段落，「都使人感覺到籠罩著哀婉悽傷的氣氛」。[24]

事實上，〈月賦〉的序也透過描寫周遭物色世界的變化，給予主角曹植心理衝擊與感傷，如「斜漢左界」、「白露曖空」主要在描寫曹植所見景象，以及此景象所代表的傷逝氣氛。謝莊在設計人物、角色、場景以及他們身世時，作了全方面的考慮。若這是一次文學實驗與遊戲，足見作者的用心與細膩。而〈月賦〉與〈雪賦〉不同處尚有一點，曹植「抽豪進牘，以命仲宣」，賦中只有王粲獨角戲似地為曹植作賦。但就內容描寫來說，〈月賦〉並不顯得單調，在如「訴皓月而長歌」後，謝莊描繪座眾之心理反應：

> 歌曰：「美人邁兮音塵闕，隔千里兮共明月；臨風歎兮將焉歇？川路長兮不可越。」歌響未終，余景就畢；滿堂變容，回徨如失。又稱歌曰：「月既沒兮露欲晞，歲方晏兮無與歸；佳期可以還，微霜沾人衣。」（謝莊〈月賦〉）

除了兩位主角之外，其他座眾的反應也被描繪出來。綜觀這篇賦的結構，從開頭的曹植「端憂」而命王粲作賦，而王粲賦末有歌，第一首「美人共明月」之歌感染聽眾，再者賦「佳期可還」之歌。與〈雪賦〉假托三個人物分別作賦，謝莊篇幅略短、稍微單調[25]，但仍借史實的歷

---

22 王琳，《六朝辭賦史》，頁 221。

23 王琳，《六朝辭賦史》，頁 221。

24 王琳，《六朝辭賦史》，頁 221-222。

25 關於兩篇賦的優劣，此處與本章脈絡無涉，故暫且不深論，僅簡而錄之。劉熙載以〈雪賦〉為較佳，而李調元的說法，見《雨村賦話》，已徵引於前文。曹道衡稱「〈雪賦〉景多於情，其通篇的情調是寫賓主相得，情調是樂觀的；而〈月賦〉則是情勝於景，整篇賦都貫徹著淒涼寂寞的情調」（氏著，〈從〈雪賦〉、〈月賦〉看

史人物進行發揮，假托其發言，進而增添虛構與想像，確立了這樣假托人物以為設辭的書寫格式。

從風格、句法與內容來說，基本上〈雪賦〉與〈月賦〉仍保有濃厚的「六朝氣象」。就風格而言，過去評論家所稱的「神理賦物」、「高麗見奇」，這不外乎為六朝駢賦的特色。就句法來說，〈雪賦〉、〈月賦〉雖有刻意運用了三字句，如「玄律窮，嚴氣升。焦溪涸，湯穀凝。火井滅，溫泉冰」（〈雪賦〉）；「厭晨歡，樂宵宴。收妙舞，馳清縣。去燭房，即月殿」（〈月賦〉），但其賦文大部分仍六朝慣用的四六句式。而就結構與內容來說，〈雪賦〉與〈月賦〉這兩篇末都有「歌」、「亂」[26]，但不只在歌功頌德，〈雪賦〉篇末歸於「玄言」，〈月賦〉篇末歸於「傷逝」，這也與西漢或建安的體裁不甚相同。

總括來說，雖然〈雪賦〉、〈月賦〉刻意模仿、再現西漢與建安的作者語氣，達到遊戲、新奇的效果，但行文與歸結卻仍不免六朝風氣，宛如一部歷史小說。兩賦假托前代知名的賦家為主角，透過與前代賦家「對話」，達成「互文性」，這當然也是一種廣義的「擬代」。[27] 接著本文就談這幾篇賦引起的模仿效應。

南朝文風之流變〉收錄《中古文學史論文集續編》〔臺北，文津出版社，1994〕)。除劉熙載、李調元、曹道衡外，如陸棨、孫明峰等，皆對〈月賦〉、〈雪賦〉有其高下判準或評價。陸稱「〈雪賦〉雖氣象猶存晉魏，而駢詞偶如貫珠連璧，遂開初唐四六之先」；孫稱「〈雪〉、〈月〉等賦，秀色可餐，已脫盡前人穠重之氣，另俱一格」。關於諸家之見，可參照王冠，《賦話廣彙》（北京：北京圖書館，2006）。此整理可參酌郭乃禎，〈《文選》物色類風雪月三賦析論〉（《國文學報》期38，2005），頁9-99。然郭文就〈雪〉、〈月〉全賦進行章句辭藻賞析，佐以物色觀之起源形成，與本章探討篇章設計與結構形式之創意與對話性之面向各有所側重。

26 李善也發現〈雪賦〉的「對庭鵾之雙舞，瞻雲雁之孤飛」，出自公孫乘〈月賦〉「鵾雞舞於蘭渚，蟋蟀鳴於西堂」，參見〔梁〕蕭統，《文選》，頁177。

27 「擬代」風氣在六朝相當盛行，通常以樂府詩、古詩為載體來表現，此處只進行一比附，相關論述可參見梅家玲，《漢魏六朝文學新論：擬代與贈答》（臺北：里仁書局，1997）一書。

三、與經典的呼應：物色賦擬作

（一）風賦的擬作

前面提到擬作宋玉〈風賦〉的作者，重點並不是放在諷諫，而是對於「風」的分類與鋪排。就謝朓的〈擬宋玉風賦〉來說，他將「大王雄風」與「庶民雌風」進而衍生，發展出「大王盛風」與「幽人孤風」這兩類：

> 揚淮南之妙舞，發齊后之妍聲。下鴻池而蓮散，上雀臺而雲生。至於新虹明歲，高月照秋。晬儀迺豫，沖想雲浮。朝役〈登樓〉之詠，夕引小山之謳。猒朱邸之沉邃，思輕舉而遠游。驌驦之馬魚躍，飄鑾車而水流。此乃大王之盛風也。若夫子雲寂寞、叔夜高張……出澗幽而泉洌，入山戶而松涼。眇神王於丘壑，獨超遠於孤觴。斯則幽人之風也。（謝朓〈擬宋玉風賦〉）

據《賦彙》作「此大王之盛風」，《藝文類聚》作「此宋玉之盛風」。但此風大概是載寫文人雅士的獨特風雅。值得我們注意的是，「風」從真實的自然現象，在此有了風格、風氣與風雅的屬性。在賦中謝朓又以「風」這個概念區分出了兩種階級、又或者說兩種角色形象。一類是淮南小山、王粲所代表「貴遊之盛」；另一類則是揚雄、嵇康代表「出世之幽」。宋玉僅區分出雄風、雌風，而歷代擬作者利用此體裁繼續延伸。

宋玉原作誕生的背景可能是襄王集團的對話與言語遊戲，但到了謝朓的時代，他同樣身屬文學集團中人。在竟陵文學集團[28]之中除了謝

---

28 關於此點，本章根據呂光華，《南朝貴遊文學集團研究》，頁 140-154。呂氏提及竟陵王集團如今可見的文獻最多，而其集團人數多達五十餘人。另外關於文學集團的研究，拙著《相似與差異：論南朝文學集團的書寫策略》也有提及，故此處並

朓最為著名之外，他也經常與沈約、王融相互唱和。是故沈約、王融的〈擬風賦〉，有很大的可能是在同一次奉和共作的時空背景中完成的（而且僅有一段的體裁而言，也可能僅保留殘篇）。相對於謝朓的「貴族之風」、「幽人之風」，沈約聚焦於「風」飄蕩於天地之間、無影無蹤的面向，分出「羽客仙風」一類；王融則就「風」代表的正向、高潔的精神能量的面向，分出「烈士英風」一類：

> 若夫搖玉樹，響金扉。拂九層之羽蓋，轉八鳳之珠旗。時卷瑤臺翠帳，乍動佚女輕衣。此蓋羽客之仙風也。（沈約〈擬風賦〉）

> 奄兮日采之既移，忽兮群景之將馳。靡輕筠之碧葉，泛曾松之翠枝。總高羽而蕭瑟，韻珠露之參差。此烈士之英風。（王融〈擬風賦〉）

假若這兩篇賦確實有所殘佚，那麼我們可以想像，當時針對宋玉〈風賦〉的擬作，以及針對賦進行的分類，可能是頗為盛行文學集團遊戲的一種。從句法上來看，沈約以三字句、六字句為多，王融則刻意以騷體表現。足見作者擬古擬代的創作意識。而「烈士」、「羽客」、「幽人」之風各有不同，一如「風格」、一如哲學中「氣」的概念，不相混淆雜染。

至於陶弘景的〈雲上仙風賦〉則比較另類一些，它雖然同樣模擬宋玉〈風賦〉，卻不屬於集團的共作，而是試圖建構道教的形上學和宇宙論：

> 亙碧海而揚朝霞，凌青煙而溥天際。出龍門而激水，度蒽關以飛雪。……此列子有待之風也。若乃綿括宇宙，苞絡天維。周流八極，迴環四時。氣值節而動律，位涉巽而離箕。徒見去來

不討論太多。

之緒，莫測終始之期。此太虛無為之風也。（陶弘景〈雲上仙風賦〉）

陶弘景將「雲上仙風」分為「列子有待之風」與「太虛無為之風」，富含道家的思維哲理與世界觀。至於賦文中的四六句式以及工整的駢偶，我們也發現該賦仍表現了六朝風氣。

另外筆者前面提到不屬於南朝的〈快哉此風賦〉，這篇賦用了宋玉的句子，在賦中也對宋玉進行對話，更重要的是這篇賦一開始乃分題占韻。宋玉〈風賦〉隨著擬作的盛行，已然成為了一種文學遊戲的範本了。而同樣也很適合作為文學遊戲的、展現出假托人物特質與風格，就是對雪賦、月賦的擬作。

（二）雪賦、月賦的擬作

在其後的「物色賦」中，其他仿效〈雪賦〉、〈月賦〉的「假托人物」者亦不算少數。以南朝來說，此體裁的模擬與變革之作，尚還有陸雲公〈星賦〉、江淹的〈燈賦〉。

陸雲公〈星賦〉的賦文中，將於史傳記載裡生卒約同時，但彼此間卻沒有文學活動紀錄的司馬遷與司馬相如當成其作品裡假托的角色，令兩人展開對話。在〈星賦〉中司馬遷與相如同為漢武帝的言語侍從，武帝夜遊昆明池畔一時興起，命二子獻賦：

漢武帝夜遊昆明之池，顧謂司馬遷、相如曰：「星之明麗矣，考之於歌頌，求之於經史。龍尾著於虢童，天漢表於周士；既妖謠之體陋，嗟怨刺之蚩鄙。每鬱悒而未攄，思命篇於二子。」於是司馬遷對曰：「……」（陸雲公〈星賦〉）

上述一段就是這〈星賦〉的序。漢武帝「龍尾著於虢童」等句旨在鋪陳滿天星斗的神話典故，既然這一段對作者陸雲公而言已是賦文的一部分，自然有鋪衍、有用韻。賦中的司馬遷首先應詔作賦，其部分主要在歌功頌德與宣揚忠孝。而此賦過度在「長卿操籤染翰，思溢情煩，遷延奉筆」一段，兩人交接相如「繼響而言」:「日隱於西，月生於東……」對星空的歷史與空間進行鋪敘。最後作者以由武帝歌「白日沒兮明月移，繁星曙兮情未疲」作結。

全賦有序啟首，以「歌」為尾，這符合鈴木虎雄的「三層結構說」[29]，但就真正的結構來看其實〈星賦〉無序也無歌亂。從互文性的角度來說，這不但是作者透過想像架構出的「設問體」，也是作者以架空史實假托人物以完成的「擬雪賦」。我們大概可以注意到，這樣的體裁在謝惠連之後，某程度也造成了流行，即便結構類似，但要能別出心裁，仍然有其難度。相對來說，江淹的〈燈賦〉就頗見其新意。

李善於《文選》〈恨賦〉前的江淹傳略，稱他「愛奇尚異」，從模擬雜詩三十首以及〈恨賦〉、〈別賦〉，大致可見他熱衷於新變、模擬以及於模擬之中巧為變造的風格。在〈燈賦〉中江淹融合了〈雪賦〉假托人物的架構，加上了〈風賦〉區別「物類」的特質，前面一個章節談詠器物的部分，我們提到燭的觀照特質，提到物類與體類的群／己關係，在此江淹挪用了這樣的概念，原本宋玉的「風」除了是自然現象，更是一種想像物，是一種風格氣象的隱喻。但「燈」完全是實際的器物，而「大王之燈」與「庶人之燈」有所差異，這更是不言自明，然而江淹以燈為題，以假托人物為結構，以分類鋪排為內容，與前作呼應：

> 淮南王，信自華，淫命彩女兮餌丹砂。餌丹砂，學鳳音。紫霞沒，白日沈。掛明燈，散玄陰。顧謂小山儒士，斯可賦乎？於是泛瑟而言曰：若大王之燈者，銅華金檠，錯質鏤形，碧為雲氣，玉為仙靈，雙碗百枝，豔帳棄庭，昭錦地之文席，映繡柱之明箏……若庶人之燈者，非銀非珠，無藻無縟，心不貴麗，器窮於樸。是以露冷帷幔，風結羅紈；螢已別桂，蛾欲辭蘭。

---

29 請參見本章的註腳 12。

> 秋夜如歲，秋情如絲。怨此懷抱，傷此秋期，必然燈坐歎，停說忘辭。……（江淹〈燈賦〉）

淮南王與淮南小山的對話，模仿了襄王宋玉的格套，而燈的差異也呼應了大王、庶民風的差別。不過江淹仍從實際物質的優劣、簡奢之外，延伸當「怨此懷抱，傷此秋期」，「必然燈坐歎，停說忘辭」，燈從一客體對象物，成為了庶民窮士抒解傷懷的載體。大概可以看見他新變與推陳出新的面向。

在南朝之後，對如此假托歷史人物而進行擬作，進一步與〈風賦〉、〈雪賦〉、〈月賦〉對話的作品仍所在多有，像唐太宗的〈喜雪詩〉：

> ……斷續氣將沈，徘徊歲云暮。懷珍愧隱德，表瑞佇豐年。蕊間飛禁苑，鶴處舞伊川。儻味幽蘭曲，同歡黃竹篇。（李世民〈喜雪詩〉）

日本學者矢嶋美都子就提到太宗此詩看似繼承於謝莊、謝惠連〈喜雨詩〉，但其中意象更多來自於〈雪賦〉的脫胎與轉化，尤其是最末段黃竹之歌、幽蘭之曲的互文性呼應。[30] 至於宋代汪莘的〈月賦〉，即用唐太宗與房玄齡的論政事蹟，作為他賦的架構，賦的人物是這麼設定的：

> 太宗與秦府十八學士，講道於瀛洲之上，於時宮壺漏稀，月色如晝。憑欄四顧，山河若繡。太宗慨然，謂玄齡曰：「夫月何自生哉？」玄齡稽首而對曰：「……」（汪莘〈月賦〉）

過去六朝絲竹並奏的「敘酣宴」，一變而為「瀛洲論道講學」，太宗與房玄齡針對黃道運行的諸多知識與原理進行問答，足見宋代窮理的特質。在汪莘的序中他說：「余少時獨謝希逸〈月賦〉……大抵拙於文，而乏

30　（日）矢嶋美都子：〈豊作を言祝ぐ詩——「喜雨」詩から「喜雪」詩へ〉，《日本中國學會報》期 49，1997，頁 83-84。

於理，竊嘗以為恨」，這樣的賦雖然模擬、致敬與互文的對象，都是文學遊戲的作品，但對汪莘而言，他恐怕就不認為這篇擬〈月賦〉只是遊戲了，更增添了理趣在其中。因此，在這樣設辭問答、假托人物的遊戲與遊戲之外，我們觀察到此一類體的流變與發展。

四、小結：物色題材的傳統

根據以上所論，本章提出三點以為小結：

（一）本章針對物色賦這個題材，從其中「設辭問對」這樣的辭賦技巧著手，試圖歸納出其中的共通點。在歸納過程中發現，物色賦中的宋玉〈風賦〉，以「大王雄風」與「庶民雌風」，對於風進行分類與鋪排，而此架構受到其後的創作者模擬，尤其在南朝，如謝朓〈擬宋玉風賦〉、沈約〈擬風賦〉、王融〈擬風賦〉、陶弘景〈雲上之仙風賦〉，都以此體裁、此架構作為模擬的對象，並開展出不同的「風」之類別；第二，物色賦中的謝惠連〈雪賦〉以及謝莊的〈月賦〉這兩篇賦，都運用了設辭問對中的「假托人物」的書寫方式，假托歷史的人物，進行對話，使之作賦。因此，筆者將宋玉〈風賦〉、謝惠連〈雪賦〉、謝莊的〈月賦〉視為經典作品，而後學習的作品稱為擬作。

（二）就謝惠連〈雪賦〉、謝莊的〈月賦〉獨特的形式來說，也值得我們注意。「賦序」按照《賦史大要》，作用在於「述作賦之主旨次第」。但以「假托人物」的「物色賦」來說雖然有序，但序的作用在於交代其中的歷史人物、與虛構一套情節與對話過程，這與一般的辭賦的序文功能不同。而無論原作或擬作，假托的人物多為歷史上的知名人物，作者利用此共識創作情節，宛如一部虛構卻不架空的歷史小說。就〈雪賦〉而言，謝惠連令司馬相如、鄒陽、枚乘相繼登場，運用「三字句」、「楚辭體」、「歌曰」、「亂辭」，希望重現漢代文學活動情境並模擬各家的風格；謝莊同樣虛構歷史，在〈月賦〉中安排擅長抒情賦的王粲作為主角，呈現此題材的特殊性與遊戲性。

（三）就擬作而言，模擬原本就有遊戲的特質，但有時候模擬也可能超出原作，得到另一種新奇的效果。如陸雲公〈星賦〉與江淹的〈燈賦〉。陸雲公想像兩個沒有互動紀錄的文士司馬遷與司馬相如，令之並作〈星賦〉，而江淹的〈燈賦〉則更加奇特，設計淮南王與淮南小山相互問對，但他們問對的架構與體式卻又與宋玉的〈風賦〉相仿。換言之，江淹應當將物色賦下的幾篇賦視為一個整體，而將這幾種結構混合，呈現出一種新變而創新的體例。若不拘限於南朝，我們可以看到後代如汪莘的〈月賦〉，設定了唐太宗與房玄齡的問對，足見此體後續依舊有繼作。當然，若從嚴肅文學與遊戲文學的角度來說，此後的續衍就不盡然只是遊戲而已了。

總括來說，「設辭問對」、「客主首引」原本就屬於辭賦的重要元素，然而本章所討論幾篇物色賦，尤其是〈雪賦〉、〈月賦〉，又將這種對問發揮到極致，以虛構卻不架空的歷史人物作為問答的主角，而在他們的作品成為經典後，又造成了南朝其他作者的擬作。在呼應、對話語模擬之間，展現出「互文性」。當然若更退一步來說，這種「互文性」也可以算作一種「問對」[31]，遲到的作者對於經典的作品對話。就像唐代范榮的律賦〈殘雪賦〉的開頭：「謝惠連猶文擅名，藻思騰聲」……謝惠連在後代的辭賦中又成為了假托的主角，這當然仍是一種廣義的文學遊戲，但在此遊戲以外，已有了對歷史、對經典作品的覆寫與重構。

（本章原載於《東吳中文學報》第16期，頁29-52，原題〈「假托人物」與「呼應前作」：論歷代物色賦的「設辭問對」與「互文性」〉，後經大幅修改）

31 也就是將「問對」從原本的意義中解放，而將後人與前人藉著賦作的對話，同樣視為一種廣義的、跨越時空的對話。這當然不是《文心雕龍》「始造問對，以申其志」的原意，但卻是作者另外一種「申其志」的方式。

第四章

「遊寺」題材新論：遊寺詩的三層文化意涵

物色與清空成為江南形象的基本因素，它們相互界定，彼此缺一不可。江南不僅是感性娛樂的國土，同時也是召喚人們看清楚這種感性娛樂的空虛本質。對於後人來說，江南之「空」因為種種歷史事件的發生，而不再僅僅是一個比喻性的說法，因為我們知道南朝終於覆滅，江南被蹂躪踐踏。(田曉菲：《烽火與流星》)[1]

---

1 田曉菲，《烽火與流星》，頁 272-273。

一、理解南朝遊寺詩的幾種面向

（一）南朝佛教發展與遊寺詩

本書的前三章談「語文遊戲」、「詠物」與「物色」題材，這三類題材歸納起來都與詞語的拼貼遊戲有關；而到了此章所談的遊寺題材以及其後兩章的「邊塞」、「豔情」，則與寺廟、邊塞與閨閣空間的想像遊戲有關。要理解「遊寺題材」的出現，就必須先對南朝的佛教流行進行說明。東晉之後，佛教於中國逐漸流行，《世說新語》中劉孝標注引檀道鸞之說：「至江左，佛理尤盛」。[2]據湯用彤的看法：南朝佛學發展存在著宋齊與梁陳的差異。宋齊之時，隨鳩摩羅什譯經的成果，《成實》、《涅槃》流行，這與東晉重空無的風氣不同；到了梁陳，玄談再興，龍樹、提婆的「三論」因而盛行。[3]至於佛教與文學的關係，歷經東晉玄言詩風後，佛教深切地影響了南朝文學，不少世族信奉佛教，而王公貴族也經常參與佛教活動，如與僧從遊、法會、受戒、造唄與抄譯經等。[4]

過去研究者早已注意到佛教與南朝文學彼此影響、交涉的關係，像

---

2 〔清〕余嘉錫箋疏：《世說新語箋疏》，頁262。關於此說余嘉錫有所商榷：嘉錫箋曰：「各本『至過江，佛理尤盛』……皆源於檀氏。重規疊矩，并為一談。不聞有佛理之說。檢尋《廣弘明集》，支遁始有讚佛詠懷諸詩，慧遠遂撰念佛三昧之集。雖在典午之世，卻非過江之初……」。

3 「三論」指的是《中論》、《十二門論》和《百論》，三論與成實論流行的時間與義界，筆者參酌湯用彤，《漢魏兩晉南北朝佛教史》（北京：北京大學出版社，1997），頁628-635。

4 舉各文學集團的領袖來說：蕭子良於西邸招僧徒、講佛法、造經唄新聲（〔梁〕蕭子顯，《南齊書》卷40，〈蕭子良傳〉，頁698），且與范縝有過論辯（〔唐〕姚思廉，《梁書》卷48，〈儒林傳〉，頁665）；蕭統曾主持「二諦義」、「法身義」論；蕭綱受戒且撰〈大法頌〉；蕭繹撰〈法寶聯壁序〉（〈法寶聯壁序〉見《廣弘明集》，引自大藏經刊行會編，《大正藏》〔東京：大藏經刊行會，1924〕），冊52，頁242。

談佛教的「梵唄」、「轉讀」和永明體聲律的關係[5]；因為佛教談空性，宮體從相反面、即情慾、色相的描敘，顯現出兩者的辯證關係[6]；至於佛教於廬山慧遠後走向山林化，而佛教山林化的清曠與山水詩的神麗恰巧有了會通之處，故研究者也注意到大乘佛教與山水詩之間的容受問題[7]，以及慧遠對「情」的辯證與謝靈運山水詩的關聯。[8]

然而更明顯表現了佛教與物色、山水文學交滲的作品，即本章關注的「遊寺詩」或「訪寺詩」。此類型的詩出於文人或僧侶因朝拜、遊覽或聽講等原因，前往山岳名剎遊覽時所作的詩。[9]「遊寺詩」顯然是頗為獨特的、象徵宗教與文學融合的作品。它既不是單純的遊覽紀行，卻又與崇佛、禪偈等作品大不相同。

而在過去學者大多認為這類的遊訪寺題材，其藝術價值凌駕純粹談佛教義理的作品之上——普慧就說：「就其（遊寺詩）文學性和審美效果來看，在整個崇佛詩歌當中是最具文學價值的」[10]，「這類作品的歌詠對象大多是景、是物，雖然它們往往塗抹著一層濃厚的佛教色彩，然而一旦這些客體的景物獲獨立的審美韻味和審美價值……就會閃現出誘人的藝術色彩與魅力」[11]；潭潔也說：「遊寺詩作把對佛理的領悟與景物的

---

5 相關論述如羅文玲，〈佛經弘傳與聲律說〉，《南朝詩歌與佛教關係研究》（臺中：東海大學中國文學系碩士論文，1996），頁 70-89。

6 注意到宮體詩與佛教興盛關係者，包括蔣述卓，〈齊梁浮艷雕繪文風與佛〉（《華東師範大學學報》1，1988），汪春泓，〈論佛教與梁代宮體詩的產生〉（《文學評論》5，1991），以及張伯偉，《禪與詩學》（杭州：浙江人民出版社，1992），頁 268-276。）

7 如蕭馳，〈大乘佛教的受容與晉宋山水詩學〉，收錄《佛法與詩境》（臺北：聯經出版公司，2012），頁 11-76。

8 如〔日〕佐竹保子，〈謝靈運詩文中的「賞」與「情」〉，收錄蔡瑜編：《迴向自然的詩學》（臺北：臺大出版中心，2012），頁 182-186。

9 須說明的是：後文也將過去並不認為屬遊寺詩的八關齋或望同泰寺等詩納入，一方面考量其應制共作的書寫背景；二方面因其亦能表現出此體詩的文化意涵。

10 普慧，《南朝佛教與文學》（北京：中華書局，2002），頁 131。

11 同前註。

描寫編織在一起，於美景中別藏一段信仰的深情」。[12]

若要理解南朝文學與佛學的交涉與會通，遊訪寺詩恰是一切入點。至於本章進一步聚焦於應制共作的遊寺詩，原因有二：1. 據程建虎統計，中古時期遊訪寺的應制詩呈現兩個高峰，分別是梁以及唐五代，其他時期則較零星，而程氏認為此與佛教盛行的背景有關[13]；2. 除數量豐富得以進行探討外，若崇佛風氣與遊覽活動常發生於文學集團，那麼聚焦於文學集團的共作，除了看出一整體文化意涵之外，更能挖掘作品間具備的普遍性因素。[14] 接著本章說明探討遊寺詩共作意涵的三層面向——遊覽、遊戲與權力。

（二）三層文化意涵：遊覽、遊戲、權力

本章透過遊覽、遊戲和權力此三個面向切入，作為探討南朝遊寺詩的三層文化意涵，此處說明此三者有何意義，又如何互為因果、層層遞進。即便寺廟空間與其他章談的邊塞、閨閣空間或許不同，是真實存在的，但不可否認地，此一題材仍有遊戲的意味在。

「遊寺詩」既然以遊寺為主題，進入空間的遊覽與身體行為，自然是它最表層也最顯著的文化意義。在導言曾經說過，「遊」本有出遊、嬉遊之解，而「遊」若指的是身體或心靈的行旅遊歷，原本字義就包含了遊戲、娛樂的意涵。Orvar Lofagren 指出：人之所以喜好旅遊，乃在於身心達到的歡愉，而進一步得以面對「風景」（landscape）

---

12 潭潔，《南朝佛學與文學：以竟陵「八友」為中心》（北京：宗教文化出版社，2009），頁 275。

13 程建虎，《中古應制詩的雙重觀照》（北京：人民出版社，2010），頁 140 的表格所繪製。

14 因為本章主要在探討遊寺詩應制的集體文化意涵，故南朝還有一些遊寺題材的作品——例如何處士〈春日從將軍遊山寺〉、沈炯〈從遊天中天寺應令〉，姚察〈遊明慶寺〉等等，或許也屬於集體遊覽所作，而因無共作存焉，本章就沒有納入討論了。

與「心景」(mindscape)。[15] 過去研究者一方面注意「遊」所代表的超越境界[16]；另一方面也注意到「遊」代表的「遨遊與漫遊」、「表現自由自在、活潑流動的心理狀態」。[17] 那麼遊覽本身就是一種遊戲性的，歡愉而嬉樂的過程。

鄭毓瑜、楊儒賓、蕭馳等學者都曾談過遊覽與山水、即色遊玄、以及「山水以形媚道」的論題[18]，而在此討論中，有一至為關鍵的文獻被提出，即慧遠的〈遊石門山序〉，其中履跡登高的這個部分特別受重視：

> 釋法師以隆安四年仲春之月，因詠山水，遂杖錫而遊……雖林壑幽邃，而開塗競進。雖乘危履石，竝以所悅為安。既至，則援木尋葛，歷險窮崖。猿臂相引，僅乃造極。(慧遠〈遊石門山序〉)[19]

鄭毓瑜援引知覺現象學，認為慧遠僧團不僅「寓目」更以「身觀」，在攀爬、登臨的行動中，整個空間以三維向度展現[20]；劉苑如說這種登遊的身體行動「不僅是體力上的鍛鍊，也是意志上的興發」[21]，以「遊」與「興」達到觀物交融。而蕭馳則認為，這種種攀援、登高、涉履的

---

15 Orvar Lofagren, *On Holiday:A History of Vacationing*, Berkeley and Los Angeles: University of California Press, 1999, pp. 7-9.

16 梅新林、崔小敬：〈由「游」而「記」的審美鎔鑄——中國游記文學發生論〉,《學術月刊》期 10，2000，頁 82。

17 劉苑如，〈廬山慧遠的兩個面向〉,《漢學研究》卷 24 期 1，2006 年 3 月，頁 96。

18 鄭毓瑜，《六朝情境美學》(臺北：里仁書局，1997)，頁 155-166；楊儒賓，〈山水是怎麼發現的——玄化山水析論〉,《臺大中文學報》期 30，2009 年 6 月，頁 209-254；蕭馳，《佛法與詩境》，頁 11-76。

19 〔東晉〕慧遠，〈遊石門山序〉雖亦可見《廣弘明集》，然本書為求統一，仍引用自〔清〕嚴可均，《全上古三代秦漢三國六朝文》，頁2437，後文不另作註。

20 鄭毓瑜，《六朝情境美學》:「序文的寫法，卻迥異於詩篇的『端坐』『異想』，換言之，並非『以玄對山水』，而是『乘危履石』、『歷嶮窮崖』的親身經歷」，頁 151。

21 劉苑如，〈廬山慧遠的兩個面向〉，頁 96。

活動與行為描寫，都表現了淨土信仰和佛教垂直向上的（verical）宇宙觀念。[22] 確實，在登臨山寺的過程，歷險的過程越是艱難，路途越是險阻，越能強化遊寺者的虔誠信仰。反過來說：山寺之所以位於名山峻嶺，正在於表現其崇高的權力位置。遊覽、遊戲的過程含有現實世界的權力結構，一如上下關係和群己位置所隱含的秩序。也因此，本章以遊寺、遊戲以至於權力層層論述，實則此間又環環相扣。

至於應制共作的遊戲性原本即為其動機，但除了遊覽屬於遊戲的一種方式之外，可注意到文人集團在觀看（〈望同泰寺浮圖詩〉）、窺探（〈臥棲霞寺房望徐祭酒詩〉）、以及消磨儀式嚴肅性的同時（〈八關齋詩〉），選擇進行文學遊戲。渥厄（Patricia Waugh）提到遊戲為現實生活帶來逃逸的可能，這一點與宗教的跨越聖／俗也頗為類似。因此，本章談遊寺共作的遊戲性，不僅是談詞句本身的鑲嵌拼貼，也不僅將文學遊戲視為佛教傳播的結果，從更深層的意涵來說——在遊戲進行過程中，輸入了加強信念、形塑權力結構的意義。[23]

而從遊覽、身體行動、觀看、遊戲的討論，就可以明確發現在遊寺、佛理共作詩中，確有被強化的權力結構，且此權力又可分為兩種——分別是宗教的和政治的，兩者互為表裡、同時存在並彼此強化。而這樣的現象不僅於詩歌，蕭詧〈遊七山寺賦〉就是一頗貼切的例子：

> 因茲連鑣結駟，並幔方舟。萬騎齊列，千檝爭浮。皆東南之俊異，並禹穴之琳球……窮周章而歷覽，盡娛翫而遨遊……爾乃傍林橫出，輕舺上泝。歷秦王之舊陌，緣越地之昔路。……途嶮峭而巉絕，路登陟而如梯。既攀藤而挽葛，亦資伴而相提。

---

22 蕭馳，《佛法與詩境》，頁 52。

23 相關論述像 Meyer Barash, *Man, Play, and Game*, Urbana: University of Illinois Press, 1961, pp. 37-41 提到遊戲的社會功能，遊戲中技能培養的社會性意義；又如呂紹理，《展示臺灣：權力、空間與殖民統治的形象論述》（臺北：麥田出版社，2011）談日治時期博覽會與博物館的設置，雖是供遊覽和娛樂，背後卻隱含了複雜的權力佈置和意識形態輸入，頁 31-46。

窮羊腸之詰屈，極馬嶺之高低。（蕭詧〈遊七山寺賦〉）

遊山寺目的是基於朝山的虔誠信仰，然而過程中的歡愉卻是來自於全幅遍歷的遊覽（「盡娛翫而遨遊」）、來自於盛壯的車駕（「萬騎齊列，千櫬爭浮」且顯然是由上往下俯瞰）、帶有歷史和政治意義的古蹟（「歷秦王之舊陌，緣越地之昔路」），以及來自於登陟攀爬等身體行動。遊寺固然是宗教性活動，然而敘述的層次卻涵蓋了遊覽、探險、以及觀看背後所象徵的政治權力。在遊寺作品中，不但多元文化意涵並置，且以縝密的因果關係扣合在一起。

如前述，過去談「即色遊玄」、「以形媚道」，談物色與義理的交會，成果已頗豐碩。「物色」躍動盎然是真實可感的，但隨之而來佛家的「空」、一切抹消的「非實體感」[24]卻也存在於文人的信仰世界中。葉慶炳解釋南朝佛教信仰與輕豔詩歌之間的矛盾，有今生／來生[25]的講法。但筆者以為本章開頭所徵引的田曉菲談南朝詩歌美學的「清空」的解釋更為貼切，也確實如她所說：「江南是感性娛樂的國土，同時也召喚人們看清楚這種感性娛樂的虛空本質」。[26]也基於此，本章藉著探討南朝遊寺詩共作的文化意涵，出入佛教傳播與遊覽、遊戲、權力等面向，探討宗教與文學集團、遊覽與文學遊戲如何交互作用，展示雙重權力，以期對南朝遊寺題材提出與過去不同的新論。

---

24 關於「空」，牟宗三認為「空」應視為一負面的術語，是一個不能「實體化」的「否定性存有」：「說它（空）是一個道理，如說『空理』（空性，以空為性），意識不客觀存有的實在之理，是故對於『空』不能實體化，實體化之，即是執著」，（牟宗三，《佛性與般若》〔臺北：台灣學生書局，1997〕，頁154）意即是空一旦實體化，則為「不空」了。

25 葉慶炳，《中國文學史》（臺北：台灣學生書局，1990）說：「蕭氏父子均信奉佛教，均大作其宮體詩。蓋信佛為來生積德，聲色為今生享受，兩者兼顧，不失為聰明人」，頁235-236。

26 田曉菲，《烽火與流星》，頁272。

二、遊覽：遊寺詩的遊覽、觀看與身體行動

前面談到遊寺詩的攀援、登高的身體行動、觀看時的仰俯視角、視線的虛實、車隊的盛壯，都影響到作者此次遊寺的經驗與感受。除了身體、觀看與權力有關之外，動作、觀看和想像等身心行為彼此又是密切相關。[27] 在本節中筆者以蕭綱文學集團的兩組共作：「往虎窟山寺」和「望同泰寺浮圖」為例，說明書寫遊寺詩的空間佈置、身體運作和視角如何呈顯，又與佛理體悟產生交涉。

（一）身體的移動與記載：蕭綱集團的「虎窟山寺」共作

和其父蕭衍（464-549）或其兄蕭統（502-531）一樣，蕭綱（503-551）與佛教淵源頗深。立為太子後，他於華林園受菩薩戒[28]，於〈蒙華林園戒〉一詩中，蕭綱坦率地說自己「非為樂肥遯，特是厭逢迎」、「執珪守藩國」、「斯焉佩金璽」，隱逸非其所願，而前戍藩屬，後繼儲君，既是此生因緣，因而他無由迴避卻也不戀棧權力，望此受戒得達到「八解脫」、「六根清」。他另有一篇與佛教關係密切作品〈大法頌〉，文中他贊同梁武帝佛國聖王的政治理念：「皇帝以湛然法身，不捨本誓，神力示現，降應茲土……豈非聖主，同諸佛身，降茲妙相」。[29]

關於蕭衍的菩薩皇帝代表的雙重權力容後再論，此處要說的是，無論蕭綱的崇佛是否為迎合蕭衍，他應對佛教義理頗有精研。但另一方面，蕭綱又對辭藻、文學有著獨特的美學品味，他對文辭的極端重視即

---

27 「登臨」與「觀看」這兩個概念，讓我們想到廖蔚卿的重要著作〈中國古典文學中的兩大主題：從登樓賦與蕪城賦探討「遠望當歸」與「登臨懷古」〉，收錄《漢魏六朝文學論集》（臺北：大安出版社，1997），頁 47-97。

28 林伯謙對「菩薩戒」曾有相關考察，另外他發現可從蕭綱的〈又答湘東王書〉、〈侮高慢文〉等文獻得到相互印證。氏著，〈梁武帝立身、文論與《維摩詰經》關係考〉，收錄《中國佛教文史探微》（臺北：秀威資訊，2005），頁 173、175-178。

29 〔梁〕蕭綱，〈大法頌并序〉，引自《廣弘明集》，頁 240-241。

便在文風富豔的齊梁也頗為突出[30]，這點從〈大法頌〉的文辭本身即可窺得一二。蕭衍因此頌「詞義兼美，覽以欣然」[31]某種程度也印證了這一點。因此進一步來說，筆者以為蕭綱一方面受到佛教教義感召，另一方面他可能受到佛教文獻典籍中——典故豐沛、色彩斑斕、事數龐雜的典籍和辭藻所構築的疊架世界觀——所吸引。

而談到蕭綱文學集團同題共作的「往虎窟山寺」，共作「往虎窟山寺」的作家包括蕭綱本身，和其僚佐鮑至、陸罩、孔燾、王臺卿、王冏，就此詩來說遊覽、觀瞻與寫景乃是此詩主軸。蕭綱詩中除「清虛類八禪」這一句加了事數之外、結末兩句作時間感傷的謂歎以外，其餘都在記遊、寫景：

> 塵中喧慮積，物外眾情捐。茲地信爽塏，墟壟曖阡綿。藹藹車徒邁，飄飄旌眊懸。細松斜逵逕，峻嶺半藏天。古樹無枝葉，荒郊多野煙。分花出黃鳥，挂石下新泉。蓊鬱均雙樹，清虛類八禪。栖神紫臺上，縱意白雲邊。徒然嗟小藥，何由齊大年。（蕭綱〈往虎窟山寺詩〉）

值得注意的是這首遊寺詩的佛理比例非常少，勉強要談僅「八禪」一詞，「八禪」指的是「四禪八定」，不過在齊梁佛理詩中，事數用來對仗的意味似乎更顯著。[32]這首詩較值得注意的是記遊、寫景的表述，隨著「車徒邁」的身體行動之中，車駕由低至高（「墟壟曖阡綿」）、由城往鄉（「荒郊多野煙」）進行移動，而視覺也隨之呈現動態進行，然而在此

---

30 關於此點，其實王夢鷗與田曉菲都有注意到。王舉〈與湘東王書〉的典故鑲嵌置換；而田舉《詩經》注疏前已述及，顯示出蕭綱對辭藻確有特殊重視。參見王夢鷗，《傳統文學論衡》，頁323；田曉菲，《烽火與流星》，頁243。

31 〔梁〕蕭綱，〈上大法送表〉，引自《廣弘明集》，頁240。

32 像「八解」指「八解脫」，也經常用以對偶，如沈約〈遊鍾山應西陽王教〉「八解鳴澗流，四禪隱巖曲」；蕭綱〈蒙華林園戒詩〉「庶蒙八解益，方使六塵輕」；庾信〈奉和同泰寺浮圖詩〉「庶聞八解樂，方遣六塵情」，此處蕭綱也以「蓊鬱均雙樹，清虛類八禪」的「雙樹」、「八禪」相對。

動態中，蕭綱有試著捕捉某個大自然景物和生命姿態瞬間靜止的實境畫面，也就是此詩的名句「分花出黃鳥，挂石下新泉」，明清詩評家陸時雍就以摘句批評論此兩句，稱讚其善於摹寫[33]，筆者以為更重要的是，即色遊玄實因「色」是如此靈動活潑，山水的清曠和教義的清空恰如其分地有了聯繫。

同題應制的體式運作下，集團領袖之作顯然也影響了其他共作，鮑至、王臺卿的作品都很注重自然景色的巧構，寫風景的一瞬間流轉變化，寫花草生機盎然，且造詞都頗為精緻細膩：

> ……短葉生喬樹，疏花發早條。遠峯帶雲沒，流煙雜雨飄。復茲承乏者，須名繆末僚。願藉連河潤，庶影慧燈昭。一知衣內寶，衣鬾茲地遼。（鮑至〈奉和往虎窟山寺詩〉）

> ……叢花臨迥砌，分流繞曲墀。誰言非勝境。雲山獨在茲。塵情良易著，道性故難緇。承恩奉教義，方當弘受持。（王臺卿〈奉和往虎窟山寺詩〉）

對於僚臣而言，往虎窟山寺的「遊覽」經驗，以及遊覽伴隨而來的寓目和寫景，彼此交融，呈顯了他們遊覽前後的身心更變。鮑至「一知衣內寶」[34]與王臺卿「塵情良易著」相互呼應，身處於滾滾塵世所沾染的汙垢，就在此趟「往」虎窟山寺的朝聖之旅中得到淨化。對遊覽的所見聞進行記載，並在此過程中與同僚競爭作品的「優」與「速」，這是文學集團同題共作的重要意圖，然而在此意圖之下，身體的遊覽與心靈的體悟，似乎也成為共作所要競爭的。受到蕭綱寫景詩句巧構形似的影響，

---

33 〔明〕陸時雍，《詩鏡總論》（見〔清〕丁福保輯，《歷代詩話續編》〔北京：中華書局，1983〕）：「梁簡文〈往虎窟山寺〉『分花出黃鳥，掛石下新泉』，唐人無此寫作」，頁1409。

34 鮑至的意思是：外衣在旅途中難免積塵染錙，但衣內法寶仍澄淨明亮。「衣鬾（而食脫味）」是佛家語，鮑至層層轉化，外衣積塵無妨，鬾脫而出，而本性保有空明。

此處王臺卿「叢花臨逈砌」一聯；鮑至「遠峯帶雲沒」一聯，在組詞構句上都非常細膩，文采超越了其他集團的遊寺詩，然而這樣的書寫技術競爭最後又歸結為身心的洗滌和淨化，看似矛盾的競爭與悟道在詩中得到和諧的安置。

在身體進行移動、遊覽的過程中，進入到新鮮而不甚熟悉的空間，看到自然山林的景色、風光和生命姿態的一瞬變化，這與作者的信仰和宗教體悟有所呼應，但若身體並未改變位置，而透過觀看以及視覺伴隨而來「見」與「不見」的想像，又如何呈現其遊覽與義理體悟？「望同泰寺浮圖」提供了這樣的文獻。

（二）觀看的視角與願力：蕭綱集團的「望同泰寺浮圖」共作

蕭綱文學集團另有一組共作「望同泰寺浮圖」，「望」顯示出作家僅透過眺望，意即是這首詩固屬佛寺題材，卻不大能歸為遊寺詩。不過現象學者認為「觀看」本身並不僅僅是視覺的行為，同時也是身體與心靈的越界，像梅絡龐蒂（Maurice Merleau-Ponty）所說：「眼睛是身體的一部分，當身體在世界裡，它（眼睛）自己也就具備可視性」[35]；而段義孚認為，身體本身就等同於經驗與感覺的空間。[36] 此外，「遊觀」已經成為是中古宗教、文學的重要主題而受到學者所關注[37]，因此，本章

---

35 Galen A. Johnson ed., "Eye and Mind," in *The Merleau-Ponty Aesthetics Reader: Philosophy and Painting*, Evanston: Northwestern University Press, 1993, p. 124.

36 Yifu Tuan, *Space and Place: The Perspective of Experience*, Minneapolis: University of Minnesota Press, 2001, p. 9. "Experience is the overcoming of perils. The word 'experience' shares a common root with 'experiment,' 'expert,' and 'perilous.' To experience in the active sense requires that one venture forth into the unfamiliar and experiment with the elusive and the uncertain."

37 劉苑如，《遊觀：作為身體技藝的中古文學與宗教》（臺北：中研院文哲所，2009），頁 15-18。本書收錄如李豐楙，〈遊觀內景：二至四世紀江南道教的內向超越〉、周大興，〈外遊與內觀——論列子好遊〉等論文皆與「遊觀」和本章論述有所相關。

將「望同泰寺浮圖」此組共作歸入「遊」的脈絡進行探討。

此組透過「望」同泰寺進行的創作，其中敘述所見與再現的浮屠景觀，在眺望的同時興起誓願，表達對信仰的情感。筆者認為這組關於「望」的共作另外一個重要的切入點即「觀看」行為，下文我們談遊戲之作的窺探、談權力運作下的監看，其實都與視覺行為有所關聯。傅柯提出「全景敞視」的概念，發現監獄中犯人所受的最大監視在於看不到的監控者，這時權力就進入了全景：「權力不體現在某個人身上，而體現在肉體、表象、光線、目光聚焦的統一分配」[38]，關於集團與權力運作稍後再談，此處先看蕭綱的原作詩。詩的開頭即點明「望」這樣的身體行動，並細微敘述了隨著不同時間點、不同光影與變化，而這一切都是「梵世陵空下」的場景：

> 遙看官佛圖，帶壁復垂珠。燭銀踰漢汝，寶鐸邁昆吾。日起光芒散，風吟宮徵殊。露落盤恒滿，桐生鳳不雛。飛幡雜晚虹，畫鳥狎晨鳧。梵世陵空下，應真蔽景趨。帝馬咸千轡，天衣盡六銖。意樂開長表，多寶現金軀。能令苦海渡，復使慢山踰。願能同四忍，長當出九居。（蕭綱〈望同泰寺浮圖詩〉）

「望」到了最後，蕭綱提出「願能同四忍，長當出九居」的誓願，從原本抽象的、信仰化的佛圖、法器之遊觀（或說「內觀」）[39]世界，回到眼前的現實世界（「九居」）[40]，「能令苦海渡，復使慢山踰」，表達出蕭綱救民度厄的真摯願望，或許從現實的政治實況與發展來看，蕭綱並沒能

---

38 Michel Foucault, *Discipline and Punish: The Birth of the Prison*, trans. by Alan Sheridan, New York: Pantheon Book, 1977, pp. 187, 195-197. 傅柯稱此為「全景敞視主義」，中譯本參照劉北成譯，《規訓與懲罰——監獄的誕生》（臺北：桂冠圖書公司，1992），頁 198-219。

39 關於「內觀」可參見周大興，〈外遊與內觀——論列子好遊〉，《遊觀：作為身體技藝的中古文學與宗教》，頁 261-270，主要論內觀和遊覽處在頁 263-268。

40 「四忍」是指的是「無生忍、無滅法忍、因緣忍、無住忍」，「九居」是指「三界九居」，此為眾生之居所。

完成他許諾誓禱的願力，然而在此「望」同泰寺的瞬間，他虔誠地臣服於超越性的天帝、金身和浮屠的意義，伴隨著觀看，他既進且出了「官佛圖」背後的明喻和隱喻。

從觀看作為一種刻意選擇的行為來說，這首詩許多意象都置於真假虛實之間，使真實的建築構造和圖畫、佛典中的畫面交織錯結。像蕭綱詩的開頭就說他「遙看官佛圖」，照說應該將敘事帶入佛圖畫像的內容，然而「飛幡」、「晨凫」卻又寫佛寺構造景觀，這樣的觀看視角和意象敘述的跳接錯織，同樣出現在共作中，且詩側重的反而是以華麗辭藻來勾勒佛寺的富麗莊嚴，用山水詩「三段式」結構來套用，最後「體玄」變成了對浮圖的誓願。

如果更進一步從觀看、佛教信仰和現世權力位置的關係來談，在共作中似乎可以注意庾肩吾和王臺卿這兩位作者的詩：

> 望園臨柰苑，王城對鄴宮。還從飛閣內，遙見崛山中。天衣疑拂石，鳳翅欲凌空。雲甍猶帶雨，蓮井不生桐。……我後情初照，不與伊川同。方應捧馬出，永得離塵蒙。（庾肩吾〈奉和望同泰寺浮圖詩〉）

> 儀鳳異靈烏，金盤代仙掌。積栱成雕桷，高簷挂珠網。寶地若池沙，風鈴如樹響。……讚善資哲人，流詠歸明兩。願假舟航末，彼岸誰云廣。（王臺卿〈奉和望同泰寺浮圖詩〉）

庾肩吾省略了「望」這個中介詞，從臺城望到了「（耆闍）崛山」[41]，風景、圖畫以至於詩句，從實際的目光、視線、圖畫到典故，層層翻轉。在詩的最後庾肩吾同樣面對同泰寺發願：「不與伊川同」、「方應捧馬出」這兩聯，用了王子喬、釋迦牟尼的典故[42]，呼應蕭綱的太子身

41　耆闍崛山（梵文 Grdhrakuta）乃釋尊說法之地，一說山頂似鷲，又說山中鷲多，故亦名「靈鷲峰」。

42　「伊川」應是王子喬駕鶴的典故；而「方應捧馬出」則用釋迦牟尼出家時「車匿

分。我們知道庾肩吾與其子庾信和蕭綱於東宮時期頗為親密，「父子在東宮，出入禁闥，恩禮莫與比隆」[43]，望浮圖而許願，這是對佛教信仰的服膺；但典故的古今指涉，卻有著對政治位置的寄寓。至於王臺卿的詩，前面敘事宛如「詠同泰寺浮圖」，而收尾卻不在體貼佛理或展示信仰，而是將仙境飄渺的體貼歸功於太子蕭綱：「讚善資哲人，流詠歸明兩」。當然，應詔之作離不開歌功頌德，但當願力與權力、佛教哲人與現世太子的權力位置如何重疊、又如何被區隔，頗值得深入探索。

如果說傅柯的理論指的是觀看與被觀看都存在著權力監控，那麼反過來說，就在作家們「望同泰寺」的同時，也被「同泰寺」代表的權力所凝望著，由此我們發現宗教與政治的多元權力網路。我們似乎可以從身體、從觀看等行為，發展出更細膩而複雜的心態與策略。作者於遊覽過程中，進入清曠風景，即色遊玄，但進入佛教義理、傳播與體貼的超現實境地，現世的政治位階依舊成為他們觀看與被觀看的動力結構，而影響他們的書寫、心態以至於信仰。遊寺屬於遊覽行為，同題共作出於語文遊戲，但無論遊覽或遊戲，背後都有著更為複雜的磁力線。故接下來筆者探討遊寺詩共作本身遊戲性與佛教之關係。

三、遊戲：競爭、拼貼與佛教體悟

前文已提過，「遊覽」與「遊戲」即是相互交滲的概念。而同題共作當然具有遊戲的動機。然而更重要的是加入了佛教義理，這樣以遊戲、以語言典故作為競賽、爭勝的共作詩，與其他應制之作有何區別？此處先延續觀看與視角談「栖霞寺」共作表現出作者相互窺察的目光，進而談佛教義理如何變成單純的詞彙、術語，鑲嵌進佛教詩歌之中。

牽馬既至，諸天捧馬四足，并接車匿。帝釋執蓋從北門出，其門無聲自然而開」（《佛祖統紀》，引《大正藏》冊49，頁144）之典故。

43 〔唐〕令狐德棻，《周書》（北京：中華書局，1983），〈庾信傳〉，頁747。

（一）賞翫、窺探與遊戲：陳叔寶集團的「栖霞寺」共作

應制共作本有遊戲功用，然而隨時代發展，集團的遊戲宴樂現象越明顯，陳叔寶與其「狎客」陳暄、江總（519-594）、張正見等遊宴於後宮，而這幾位作家都有不少遊戲之作。尤其本傳稱江總「日與後主遊宴後庭」[44]，終致「國政日頹，綱紀不立」[45]的後果。而叔寶集團的遊寺詩，大部分即與江總以及位於建康城東北攝山上的「栖霞寺」有關。據說攝山「多藥草可以攝生，因名焉」[46]，《南史》載明僧紹「遁還攝山」捨宅而建栖霞寺[47]，僧朗曾於此弘揚三論之學。

在江總的〈自敘〉中說自己「弱歲歸心釋教，年二十餘，入鍾山，就靈曜寺，則法師受菩薩戒。暮齒官陳，與攝山布上人遊款，深悟苦空，更復練戒」[48]，至於〈入攝山棲霞寺詩序〉則提到他四度遊覽栖霞寺，詩序中江總提到自己對此寺情有獨鍾：「永夜留連，棲神悚聽」，這是因身處山寺幽靜深夜的遊觀感觸？還是身處宗教場所的通感體悟？或許沒有定論，然江總的遊寺詩確實不只記遊或義理體貼，還有結構和語言遊戲性值得注意。陳大道說江總的遊寺詩展現了不同於宮體的風格[49]，此處筆者舉兩組贈答共作來討論，一為陳叔寶與江總同遊、二為江總與徐孝克（527-599）唱和之詩：

時宰磻溪心，非關狎竹林。鷲嶽青松繞，鷄峰白日沈。天迥浮雲細，山空明月深。摧殘枯樹影，零落古藤陰。霜村夜烏去，

44 〔唐〕姚思廉，《陳書》（北京：中華書局，1992）卷27，〈江總傳〉，頁347。

45 同前註。

46 〔北宋〕周應合，《景定建康志》，引自《宋元方志叢刊》（北京：中華書局，1990），頁1564。

47 〔唐〕李延壽，《南史》卷50，〈明僧紹傳〉，頁1256。

48 引自《全上古三代秦漢三國六朝文》，頁4072-1。

49 陳大道，《世紀末閱讀宮體詩之帝王詩人》（臺北：雲龍出版社，2002），頁249-250。不過筆者的觀點還是認為一個作者並不會存在風格或動機差異過大的作品。

風路寒猿吟。自悲堪出俗，詎是欲抽簪。（陳叔寶〈同江僕射遊攝山棲霞寺詩〉）

……茲山靈妙合，當與天地俱。石瀨乍深淺，崖煙遞有無。缺碑橫古隧，盤木臥荒塗。行行備履歷，步步轔威紆。高僧迹共遠，勝地心相符。樵隱各有得，丹青獨不渝。遺風佇芳桂，比德喻生芻。寄言長往客，悽然傷鄙夫。（江總〈入攝山棲霞寺詩〉）

於此組詩中，我們注意到陳叔寶詩寫景詠物之細膩程度，一如他的豔情之作。不同於「三段式」結構，在〈同江僕射遊攝山棲霞寺詩〉的詩末，叔寶未提出佛理、事數等相關概念，反而是以個人化、具抒情性的感傷情懷——「自悲」、「欲抽簪」作結。這讓陳叔寶的遊寺詩反而更接近山水詩公式，意即目寓山水美景之後，繼而興起「解駕」、「抽簪」之類的隱居意圖，「鷲峰」與佛教義理勉強有些關聯，但它更主要的功能和雞籠山兩兩對偶。我們可以說陳叔寶的遊寺詩實與遊覽詩無異。

至於江總的這首詩，從「行行」、「步步」來看，他對棲霞寺有充分身體履踐的經驗，且重點在「高僧迹共遠，勝地心相符」，遊覽可能是某種賞翫遊戲，是朝聖的觀光體驗，但同時更為了要履迹高僧的步伐，地理探察成為歷史遊觀。前面提到身體行動與佛教山水的論述，鄭毓瑜在討論謝靈運[50]時提到：「東晉以來興盛的透過身體行動的地理發現」[51]，「以親歷身觀的體驗空間，取代精審估算的數據圖譜」[52]，勝地依舊，高僧已遠，自然景物依舊存在著，它們的意象和隱喻則是得依靠典

50 之所以拿謝靈運比較，除江總詩序說「憶謝靈運集，還故山入石壁中尋曇隆道人有詩一首十一韻，今此拙作仍學康樂體」、以及三段式的山水詩結構之外，江總詩結語「寄言長往客」，也很明顯向謝靈運「寄言攝生客」致敬。

51 鄭毓瑜，〈身體行動與地理種類——謝靈運〈山居賦〉與晉宋時期的「山川」、「山水」論述〉，《淡江中文學報》期 18，2008 年 6 月，頁 67。

52 同前註，此外鄭毓瑜於《六朝情境美學》書中亦有相關論述，頁 155-166。

故的引譬連類來架構——就像東漢徐穉（97-168）以「生芻」喻母德的典故。[53] 在詩中江總除了敘述自己親身進入勝地，更強調物色被記載下來的意義。而這種書寫、共作的技藝也正是文學集團彼此遊戲、爭勝負定高下最主要的載體。

江總另有與徐孝克共作，孝克為徐陵從弟，侯景亂時出家為僧後還俗，太建年間為通直散騎常侍、國子祭酒。[54] 本傳提到他對佛理有深刻體悟，能「與諸僧討論釋典，遂通三論」、「旦講佛經，晚講禮傳，道俗受業者數百人」[55]，與江總「歸心釋教」相比，徐孝克詩中論述佛學義理的比例更高，相對詠物寫景比例則較少：

> 戒壇青石路，靈相紫金峯。影盡皈依鴿，餐迎守護龍。晨朝宣寶偈，寒夜斂疎鐘。雞蘭靜含握，仁智獨從容。五禪清慮表，七覺蕩心封。願言於此處，攜手屢相逢。（徐孝克〈仰同令君攝山棲霞寺山房夜坐六韻詩〉）

> 澡身事珠戒，非是學金丹。月磴時橫枕，雲崖宿解鞍。梵宇調心易，禪庭數息難。石澗水流靜，山牕葉去寒。君思北闕駕，我惜東都冠。翻愁夜鐘盡，同志不盤桓。（江總〈攝山棲霞寺山房夜坐簡徐祭酒周尚書并同遊群彥詩〉）

但我們姑且不論義理、事數的內容，從詩題設定來看徐孝克與江總這兩首呼應共作。用胡伊青加（Johan Huizinga）論遊戲所說的「封閉性、侷限範圍的秩序」[56] 來說，徐孝克詩題的「六韻」多少隱含有文學遊戲

---

53 〔劉宋〕范曄，《後漢書》卷 53，〈徐穉傳〉：「及林宗有母憂，穉往弔之，置生芻一束於廬前而去。眾怪，不知其故。林宗曰：「此必南州高士徐孺子也。詩不云乎，『生芻一束，其人如玉。』」，頁 1747-1748。

54 〔唐〕姚思廉，《陳書》卷 6，〈徐孝克傳〉，頁 337-338。

55 〔唐〕姚思廉，《陳書》卷 6，〈徐孝克傳〉，頁 338。

56 胡伊青加，《人：遊戲者》以三點定義「遊戲」：1. 一切遊戲都是一種自願的活動。遵照命令的遊戲是對遊戲的強制模仿。2. 遊戲不是「日常的」或「真實的」

的設定。從詩題設定來看，江總詩先成，徐孝克與之呼應，從「君思北闕駕」兩句看得出來於此遊寺後，兩位作者恐怕要暫時分離，故徐孝克以「願言於此處」回應。宗教地景與權力強化的不僅是政治權力，同時也成為兩人情誼交流、共感的背景。

江總另有一首〈靜臥棲霞寺房望徐祭酒詩〉，望徐孝克而未至，因而最末以「唯憐對芳杜，可以為吾儕」抒懷，宗教地景的莊嚴肅穆仍是遊寺題材所感染的權力，然而同時佛寺地景也成為文友宴遊、感懷與回憶友誼的空間。神聖與世俗，寺廟的宗教權力與文學集團的政治權力、話語競爭遊戲與日常情誼，相互糾纏進入了同一地景之中。

即便有研究者認為江總的佛教詩與其閨閣詩顯然有別[57]，但筆者認為江總的佛教詩仍具有濃厚的文學遊戲思維。作為對照組，徐孝克對佛教義理較為精深體貼，就表現在詩句的比例上。且另外一方面，單獨從佛教義理或術語的比例，來判斷這首詩和作者於佛教傳播的接受度，同樣未必準確。從實際作品中我們發現，有些事數、詞彙似乎僅是為了對偶而存在，並沒有發揮其義理功能。像前面提到的「鷲嶽青松繞，鶏峰白日沈」、「徒知餌五色，終當悲九泉」，以及以下數聯：

> 晨朝宣寶偈，寒夜斂疎鐘。（徐孝克〈仰同令君攝山棲霞寺山房夜坐六韻詩〉）
>
> 上宰明四空，迴車八道中。（徐孝克〈仰同令君詩〉）
>
> 梵宇調心易，禪庭數息難。（江總〈五言攝山栖霞寺山房夜坐簡徐祭酒周尚書并同遊群彥〉）
>
> 三空豁已悟，萬有一何小。（江總〈遊攝山棲霞寺〉）

生活。3. 遊戲別於日常的生活，既因為發生的場所，也因為延續的時間，它具有「封閉性」和「限定性」，頁 10-11。

57 陳大道，《世紀末閱讀宮體詩之帝王詩人》，頁 249。

即便上述詩句中都有涉及佛教義理或概念的關鍵詞，像「寶偈」、「四空」、「梵」、「禪」，但義理辨析大概不是作家最關注的。像「四空／八道」、「寶偈／疎鐘」達成的對偶和詞彙美感，更強化了佛教語彙的意義。其實從上面的例子來說，江總對佛教義理似乎瞭解的較為表面，這也就是為什麼當他遭遇侯景之亂而避居龍華寺所作的〈修心賦〉，結論才剛說「折四辯之微言，悟三乘之妙理」，隨即接「何遠客之可悲，知自憐其何已」作結，這種矛盾[58]某種程度說明了文學集團作家將佛教義理作為表面的雕飾功能來理解。於是這些佛理就有了另外一層功能——在於滿足作品的藻飾，以達成「以文為戲」目的。

當然，換一個角度也可以說：佛教傳播既廣，已然內化進入作家的深層語言組合與選擇之中，我們很難有一客觀判斷說：梁陳這群文人對佛學義理、事數的體悟到了什麼境界，但是佛教義理也確實是他們運用於對偶、雕飾或拼貼辭藻時，頗為方便而熟悉的詞語。這和前面筆者認為蕭綱受到佛典語彙的華麗吸引類似。隨著佛教義理的傳播，南朝作者除心靈的信仰之外，更得到詞彙語言的助益，這樣的助益豐富了他們的作品，讓對偶、鑲嵌的語言變得更靈活而多元——且不僅是遊寺詩。像我們底下提的另外一組「八關齋詩」。

（二）神聖時間的遊戲：蕭綱集團的「八關齋」共作

「八關齋」並不屬於遊寺詩，此處置於本章，且置於遊戲之文化意涵後，乃延續前面話題而來。在佛教傳播過程中，義理為作家體會，且概念、事數[59]為作家吸收，在文學集團的共作、以文為戲時，這些術

---

58 學者就認為從〈修心賦〉結論「私自憐其何已」，與「修心」顯有所矛盾，因此認為江總仍有所圖，皈依空門只是一時權宜之計（趙逵夫、湯斌，《歷代賦評注》〔成都：巴蜀書社，2010〕，頁 573）。這個說法當然可能從江總後來際遇讀此賦，但賦中在體悟上有所矛盾卻也是事實。

59 「事數」指含有數字的佛教義理，《世說新語・文學》：「殷中軍被廢，徙東陽，大讀佛經，皆精解。唯至『事數』處不解」，注曰：「事數：謂若五陰、十二入、四

語扮演關鍵的功能。一方面似乎可以說這是信仰與佛學傳播與深化的現象，但筆者更贊同反過來一面的意義：也就是這群文學集團的作家，如何將文學遊戲帶入嚴肅的宗教齋戒，以遊戲的時間消解神聖的時間。[60] 對教義的體悟是個體的、私密的；然而對語文的鑲嵌、遊戲卻是屬於集團的、公眾的。

「八關齋」指的是齋日舉行的八種戒持，至今佛教徒亦有受持此戒。其中 1. 不殺生 2. 不偷盜 3. 不淫 4. 不妄語 5. 不飲酒，與五戒同，而另外三戒為 6. 不眠坐華麗之床 7. 不著香華鬘、不觀聽歌舞 8. 不非時食。「關」指的是關閉六根以絕俗塵，有如關閉城門，本章此處所討論的〈八關齋夜賦四城門詩〉，由蕭綱、庾肩吾（487-551）、諸葛愷、李鏡遠、徐防、王臺卿[61] 等作家分韻共詠，詩題的「城門」應來自悉達多遊四城門，而體悟老病死之事。「八」、「四」這種數字對偶，讓此組詩從題目到設定都有濃厚的遊戲意味。東晉支遁的〈八關齋詩〉可與之對照，此處摘引詩的二、三首：

> 鳴禽戒朗旦，備禮寢玄役。蕭索庭賓離，飄飆隨風適。……
> 咄矣形非我，外物固已寂。吟詠歸虛房，守真玩幽賾。（支遁〈八關齋詩〉其二）[62]

諦、十二因緣、五根、五九、七覺之聲」，頁 240。足見要理解事數對六朝士人而言尚頗困難。

60 「神聖時間」令我們想到巴赫汀（Mikhail Bakhtin）對狂歡節的論述，筆者確實認為其中有類似之處，頗為弔詭的是：狂歡節有反神學、反權威的傾向，然而將神聖性以戲謔、娛樂表現此點，頗為類似此處談的八關齋詩，即便八關齋詩於枯燥儀式時的娛樂其實有強化信仰的意味。另外一個作為反身性的對照是語言的運用，巴赫汀注意到狂歡節以俚俗方言解構作為中心的拉丁語，而佛教術語概念的神聖化與崇高化摻雜於八關齋詩中，卻是反身的例證。

61 就這幾個作家的背景來說，蕭綱對佛教認識較深，王臺卿則參與了此詩以及望同泰寺浮圖、往虎窟山等遊寺詩共作，至於諸葛愷、李鏡遠、徐防卿等高齋學士，則未見相關的佛教背景。

62 〔東晉〕支遁，〈八關齋詩〉，引自逯欽立輯，《先秦漢魏晉南北朝詩》，頁 1079-1080。同詩亦可見於《廣弘明集》，頁 350。以下引詩皆據逯欽立本，除非必廣漢排林篠，流飈灑隙牖。從容遐想逸，採藥登祟阜。崎嶇升千尋，蕭條臨萬畝……泠風解煩懷，寒泉濯溫手……達度冥三才，怳惚喪神偶。（支遁〈八關齋詩〉其三）

支遁對「色」與「空」的辯證頗為著名，而「色不自有，雖色而空」[63]如何具體落實於色與空交融的現實世界，其詩作了示範。其詩先「即色」後「遊玄」——於自然山林中「採藥」、「登阜」且進一步於自然景色間得道體悟，歸於虛室或合於神偶。楊儒賓認為支遁處於玄言與山水的過度：「空無虛化恰巧可以將累積在山水詩上的非本質性因素，一掃而淨」[64]；類似於蕭馳「清曠山水」的說法，普慧也提到佛教的空無與詩境的靜、山水的自然相得益彰。[65]也確實，支遁〈八關齋詩〉都展現了伴隨物色而來的清曠與義理興會，至於蕭綱集團的「八關齋」共作則呈現了不同面貌。

支遁〈八關齋詩〉在詩序提到八關齋過程：「十月二十二日，集同意者在吳縣土山墓下。三日清晨為齋始……至四日朝眾賢各去」[66]，可知齋戒須三晝夜。而文人為了消磨打發齋戒進行中的時間，於是進行了他們最擅長的文學活動，將「八關齋」分題分韻以共作，這組詩分「四韻」，每韻各詠東南西北四城門，題目為「病」、「老」、「死」、「沙門」，每首八句，且每一作者寫四句則換替，格式與規定頗為嚴謹，由此可見文學遊戲進行時所必須遵守的內在秩序。[67]八關齋的期限與戒律，本身

要不另註。

63 〔清〕余嘉錫，《世說新語箋疏》：「支道林集妙觀章云：『夫色之性也，不自有色。色不自有，雖色而空。故曰色即為空，色復異空』」，頁 222。

64 楊儒賓，〈山水是怎麼被發現的——玄化山水論〉，頁 233。

65 普慧，《南朝佛教與文學》：「學問僧常用『無』來代替『空』，或把『空無』連用，這就給佛教的『空』在外表上加上了漢語空的『中無所有』的含意，造成了長期以來佛教的空具有漢語『無』或『沒有』之義的誤解」，頁 125。「齊梁重佛文人詩歌中對『空』的大量運用……將佛教空與『靜』的思想與自然山水、人生感受有機地相結合」，頁 131。

66 〔東晉〕支遁，〈八關齋詩〉，收錄逯欽立：《先秦漢魏晉南北朝詩》，頁 1079。

67 胡伊青加，《人：遊戲者》：「（遊戲）它創造秩序，它就是秩序」，頁 13。

是枯寂的、是肅穆的且抑制慾望的；但遊戲卻是愉悅的且充滿動態感和刺激的。這兩者結合的樣貌，從表面來看：或許佛教術語和義理被掏空了，作為雕飾、對偶等以文為戲的工具；但更深化來看，在文學遊戲中，作者們呼應當下齋戒的時空，將義理作為詩句拼貼的語彙，也證明了佛教的傳播、深植與影響。此處實際舉幾首來說明這種佛教義理的遊戲化傾向：

> 空痾誠易愈，有病故難痊。徒知餌五色，終當悲九泉。（王臺卿）
> 已無雲山草，沈痗竟誰憐。復悲淪苦海，何由果淨天。（諸葛愷）
> （〈第二韻東城門病〉）
>
> 少年愛紈綺，衰暮憖羅縠。徒傷歲冉冉，陳詩非郁郁。（王臺卿）
> 鶴髮辭軒冕，鮐背烹葵菽。松柏稍相依，歡愛時睦睦。（李鏡遠）
> （〈第三韻西城門老〉）
>
> 俗幻生影空，憂繞心塵曀。於茲排四纏，去矣求三涅。（蕭綱）
> （〈第一韻北城門沙門）
>
> 挽聲隨逕遠，蘿影帶松懸。詎能留十念，唯應逐四緣。（庾肩吾）
> （〈第二韻西城門死〉）

「東城門病」是對於疾病的書寫，王臺卿的「病痾」與諸葛愷的「沈痗」一生理一心理，彼此相互補充、呼應；「苦海」與「淨天」對偶，此處「淨天」來自於色界「三禪諸天」，且與苦海工整相對。至於「西城門老」的書寫範圍也頗為獨特，「紈綺」、「羅縠」或「冉冉」、「松柏」，都讓我們聯想到古詩「冉冉孤生竹」或「披服紈與素」這一類的詩句，「老」、「病」固然是佛家輪迴，而作者卻在八關齋這樣的神聖時間，召喚了古詩中死生新故、年華暮遲的意象作為書寫素材。王臺卿用了「綺」、「縠」以對比少年老年，李鏡遠更進一步，以「仕隱」的選擇（「鶴髮辭軒冕」）來對應之。這八句詩中已無佛教相關的句子，只剩下作家從「老」或「病」等意象所進行的聯想，而隨聯想的語料庫範圍，過去的文學傳統與佛教義理巧妙融合在一起。

若以詩人來分別比對，其中蕭綱、庾肩吾的詩佛教義理較多，這或許與作家個別的經歷，以及對佛學體悟深淺有關。庾肩吾詩的「十念」出自《般若經》，「四緣」見《大智度論》，此處旨不在深入探討「事數」指涉，更重要的是筆者認為：「四纏」、「三涅」這些詞彙，當作家將它們從自身的知識語料庫中汰選出來時，意義可能已經被擱置了，更多的即是文辭語言本身的雕飾與華麗性質。程建虎提到過，應制詩有一個特色就是大量運用數量詞，這種數量詞「本身就是一種形式，秩序本身就具有形式的美感」[68]，而佛教的事數就恰巧提供了大量的數量詞可供選擇。

筆者此論並不在於要將義理、事數給簡單化或表面化，然而一旦論南朝作家，就不應該忽略當時的文學風氣與口味。在極端重視雕飾、新變的寫作潮流中，雕飾本身就是他們書寫的重要使命和意義。且經過上述討論，筆者認為以蕭綱的這種雕飾偏執最為明顯，在他的文學理解中，「詩」即由「言辭」構成[69]，在第六章筆者也認為，蕭綱是一個極端的雕飾主義者。即便從這些佛教詩中可以讀出義理以及佛教傳播的趨勢，然而回到文學遊戲的脈絡，這些事數拼貼的詩提示我們：文學集團

68　程建虎，《中古應制詩的雙重觀點》（北京：人民出版社，2010），頁217。

69　田曉菲，《烽火與流星》：「蕭綱把『詩』等同於『思』，更等同於『辭』，這一點不容忽視，因為它強調了語言的重要性……在蕭綱的定義裡，一首詩也可以僅僅只是言『辭』」，頁243。

共作在意的恐怕不是佛教義理的正確或貼切，而更在意的是：各種的知識、物種、術語、數目、義理和典故本身——所呈顯的表面語意，以及動賓詞語鑲嵌、對偶時的組合關係。換言之，作家們更重視當這些詞彙進入一首詩中，它們的位置與整體的美感。

四、權力：宗教與政治的雙重權力

在本書導言部分已經提到——遊戲本身不僅是好玩，更隱含了社會性的規則、意圖與結構。[70] 換言之即便是文學遊戲，我們應注意其內在的文化寓意。更重要的是遊戲與秩序密切相關，如胡伊青加所說：「遊戲場地內，統轄著一種絕對的、特殊的秩序……遊戲對秩序的要求是絕對的」。[71] 從遊戲進一步延伸出來，筆者以為此遊寺詩的另一個面向即在於權力結構。在秩序的建構與解構之中，定義出作者自身與他人的權力位置。

（一）轉輪聖王與皇帝菩薩：蕭衍與「同泰寺」

大陸學者程建虎在談六朝與唐遊寺詩（程氏以「訪寺詩」稱之）的差別時，提到以隋界分，隋之前和之後的遊寺詩呈現不同的面貌：「南朝訪寺應制詩始終是以佛教為中心，在描述帝王駕幸寺院的盛況後，其旨皆歸於佛教本身……對佛教的提倡與弘揚與對帝王的頌美處於相同的位置……（至於唐訪寺詩）沒有對佛法的闡揚，也沒有對佛教的遵從和

70 胡伊青加：《人：遊戲者》：「作為一種特殊行為方式的遊戲，作為一種『有意義的形式』的遊戲，以及作為一種社會功能的遊戲……可將遊戲多樣多種的形式視為一種社會結構（social construction）」（頁5），他提到文化本身就是「亞遊戲」（sub specie ludi）（頁6），競賽、表演展示、舞蹈與音樂，化裝舞會等都是社會性遊戲（頁9），而筆者此處談的共作詩自是具備高度社會結構性的遊戲。

71 胡伊青加：《人：遊戲者》，頁11-13。

嚮往，詩人『反應』全部都是頌聖」。[72] 程氏認為造就此兩代區別最主要原因在於文化資本，出於對梁武帝提昇佛教位階的反應。然而筆者以為差別的原因應較程氏所論更為複雜。

梁武帝的佛教信仰確是處理遊寺詩的權力關係與作者心態的關鍵切入點，且應從「轉輪聖王」以及「菩薩皇帝」等相關論述談起。「轉輪王」典出《阿育王經》，乃釋迦受記的轉輪聖王。[73] 佛教傳入中國後，轉輪聖王與傳統聖王政治有了結合，如北魏帝王的如來觀[74] 和此處談的梁武帝「菩薩皇帝」。梁武帝的政教合一，又與同泰寺的建置密切相關，蕭綱〈大法頌〉提到：

> 夾鍾應乎仲春，甲申在乎吉日。將幸同泰，大轉法輪。茲寺者，我皇之所建立，改大理之署，成伽藍之所。化鐵繩為金沼，變鐵綱為香城……上玉翼而捫天。飛銀楹而蔽景。虹拖蜿垂。承甍繞楹……（蕭綱〈大法頌〉）

> 湛湛奕奕，轔轔赫赫，出乎大通之門。天子降雕輦之貴，行接足之禮。頂拜金山，歸依月面。如聞萬歲之聲，若觀六變之動，於是乃披如來之衣，登獅子之座。（蕭綱〈大法頌〉）

除了注意到「虹拖蜿垂」等句與蕭綱〈望同泰寺浮圖〉詩中的「飛幡雜晚虹」寫景句頗為類似之外，寫梁武帝如何以皇帝之尊而呼應聖王信仰。顏尚文曾對蕭衍一連串改造阿育王寺塔、出佛舍利髮爪、設無礙喜

72 程建虎：《中古應制詩的雙重觀點》，頁 142-145。

73 《阿育王經》：「此兒者我入涅盤百年後，當聲波吒利弗多城，王名阿育，為四分轉輪王，信樂正法……我入涅盤後，當生孔雀姓，名阿育人王，樂法廣名聞」，引自《大正藏》冊 50，頁 131-132。據《歷代三寶紀》：天監十一年《阿育王經》初翻，梁武帝「躬自筆受」，《大正藏》冊 49，頁 98。

74 康樂，〈轉輪王觀念與中國中古的佛教政治〉，《中央研究院歷史語言研究所集刊》卷 67 期 1，1996 年 3 月，頁 109-142。

食法會等，以轉輪王自居的事蹟與前後因果，有完整的討論。[75]但筆者更重視的是蕭綱集團如何面對蕭衍以轉輪王的政教合一帶來的權力位置，和原本以服膺權力、歌頌功德為主旨的遊寺詩轉變。

上面所引〈大法頌〉提到車駕「出乎大通之門」，因應同泰寺建寺，蕭衍於臺城北面開「大通門」，位置上與同泰寺相對，而語言上「大通」即為「同泰」的反語，彼此音聲相協，取佛教與現世得以「大通」[76]之意。且同泰寺的「樓閣臺殿，擬則宸宮」[77]，這正是空間研究談到的：「神聖空間中部分得以象徵或模擬全體，並得到全體的法力」[78]，放進本章脈絡中：政治與宗教權力彼此相涉，相互打通，兩個世界背後的雙重權力得以相互流動。

從這樣的空間配置，回頭看前文提過的「望同泰寺浮圖」，王臺卿的詩為何要說「讚善資哲人，流詠歸明兩」，意向性就更為彰顯了，這不僅是一般應制的歌功頌德，更包含了視線眺望中的兩層權力以及其相互會通、滲透的痕跡。而在其他共作詩中，也可以發現這種「聖與俗」、象徵「國家權力」與「宗教權力」的空間如何被並置、互相注解：

> 岧岧凌太清，照殿比東京。長影臨雙闕，高層出九城。……
> 雖連博望苑，還接銀沙城。天香下桂殿，仙梵入伊笙。（庾信〈奉和同泰寺浮圖詩〉）

---

75 相關論述筆者參酌顏尚文，《梁武帝》（臺北：東大圖書公司，1999），頁 288-303。顏尚文除《梁武帝》書外，其〈梁武帝受菩薩戒已捨身同泰寺「皇帝菩薩地位的建立」〉（《東方宗教研究》期 1，1990 年 10 月）文中亦有論及，頁 43-89。

76 〔北宋〕司馬光，《資治通鑑‧大通元年》（北京：中華書局，2004）：「上作同泰寺，又開大通門對之，取其反語相協」，頁 4723；顏尚文，《梁武帝》：「……武帝捨身時，須由臺城大通門通向同泰寺……接著改年號『大通』，似乎向全國宣告因為皇帝經由捨身的儀式，而大大打通皇宮寺院的兩個世界」，頁 272。

77 〔唐〕釋道宣，《續高僧傳》，引自《大正藏》冊 50：「於臺城北，開大通門，立同泰寺。樓閣臺殿，擬則宸宮，九級浮圖，迴張雲表」，頁 427。

78 Yifu Tuan (段義孚), *Space and Place: The Perspective of Experience*, p. 113.

副君坐飛觀，城傍屬大林。王門雖八達，露塔復千尋。……

（王訓〈奉和同泰寺浮圖詩〉）

即便臺城宮門四通八達，然而「大通」經同泰寺的這條徑路顯然就是一條超越世俗而通往佛教信仰之道，然而這樣的路徑、或視線、或目光聚焦點，卻又總是會出現集團領袖、以及集團領袖背後更重要的國家、政治與皇權等象徵——就像王訓不能忽略「副君」的存在；像庾信詩中用以比附聯想的「東京」。兩重權力確實出現在遊寺詩應制之中，而本章更希望能論證之處在於：此兩者權力如何交滲、彼此又有何關聯？此處以蕭統與僚臣共作的「鍾山解講詩」為例。

（二）雙重權力的交涉：蕭統集團「鍾山解講詩」

和蕭衍、蕭綱相提，蕭統對佛教造詣領略同樣深刻。《廣弘明集》有〈昭明太子解二諦義章〉、〈諮身法義〉等文，可知蕭統曾於慧義殿主持「二諦義」、「身法義」的討論。[79] 至於「鍾山」更是一神異空間，秦皇時對鍾山即有超現實記載，而蕭衍家僧釋保志圓寂後，蕭衍以錢二十萬於鍾山定林寺前崗葬寶誌[80]，並於此立開善寺，蕭統作〈開善寺法會詩〉，此詩即是典型的「三段式」結構，先敘山水、次寫法會，最後歸於崇佛思維。

關於「鍾山解講」應制，共作者除蕭統，有陸倕（470-526）、蕭子顯（487-537），和劉孝綽（481-539）、劉孝儀（484-550）兄弟。蕭統詩如下：

清宵出望園，詰晨屆鍾嶺。輪動文學乘，笳鳴賓從靜。暾出岩隱光，月落林餘影。紆紛八桂密，坡陁再城永。伊予愛丘壑，

---

79 此點前文已徵引，見《廣弘明集》卷 19、21。

80 事蹟見〔梁〕釋慧皎，《高僧傳》，引自《大正藏》冊 50，頁 394；〔宋〕張敦頤，《六朝事蹟類編》（臺北：廣文書局，1970），頁 176。

登高至節景。迢遞覩千室，迤邐覲萬頃。即事已如斯，重茲遊勝境。精理既已詳，玄言亦兼逞。方知蕙帶人，囂虛成易屏。眺瞻情未終，龍鏡忽遊騁。非曰樂逸遊，意欲識箕潁。（蕭統〈鍾山解講詩〉）

蕭統另有〈和武帝鍾山遊大愛敬寺〉，此處的「重茲遊勝境」來看，這次鍾山聽講之行，對蕭統與僚臣頗為熟悉了。「解講」指止講而解散法座，故此次遊覽不僅是身體活動的告一段落；也是心靈與體悟的統整。如果說旅行是出於對「有所不同」的追求[81]，蕭統此詩即點出親身所感的遊前與遊後差異。在詩末，蕭統作出一否定歡愉與享樂的結論：「非曰樂逸遊，意欲識箕潁」，箕山、潁川相傳是許由歸隱之地。[82] 遊覽是快樂的，但作者卻以這樣的樂並非目的而予以否定。這種「因樂而禁樂」的書寫，某程度帶有自我反身性（self-reflexivity），意即是作者並不希望此遊寺即色的結果成為遊覽和遊戲的歡愉，但它卻已然發生而被敘述出來了。

「鍾山解講」這組詩當然與身體行動、文學遊戲都有關聯，但筆者更重視他的權力結構與象徵。在這組應制詩中有一個頗明確的敘述視角，是每個作家多少都提到的：即車駕的壯盛，如蕭統「輪動文學乘，笳鳴賓從靜」，而共作的蕭子顯「金輅徐既動」、劉孝綽「翠蓋承朝景」或孝儀的「林開前騎騁」等詩句，都在表現車駕壯盛華麗，管樂的悠揚旋律。旅遊車隊的盛壯所帶來的崇高感，音樂帶來的肅穆感，給予了作家們強烈的感受，而這種壯盛的隊伍代表的是朝聖旅程的堅定和虔誠，卻同時也是政治的、國家或軍事性的威武與雄壯。

除此之外，劉孝綽、陸倕的共作詩也有值得注意之處，此處節錄其

---

81 Orvar Löfgren, *On Holiday: A History of Vacationing*, p. 8.

82 〔梁〕蕭統，《文選》:「《呂氏春秋》曰：昔堯朝許由於沛澤之中，曰：請屬天下於夫子。許由遂之箕山之下」（頁 839）、「昔堯朝許由於沛澤之中，請屬天下於夫子，許由遂之潁川之陽」（頁 1020）。

首尾如下：

> 御鶴翔伊水，策馬出王田。我後遊祇鷲，比事實光前。……停鑾對寶座。辯論悅人天。淹塵資海滴，昭暗仰燈然。法朋一已散，笳劍儼將旋。邂逅逢優渥，託乘侶才賢。摛辭雖並命，遺恨獨終篇。（劉孝綽〈和昭明太子鍾山解講詩〉）

> 終南鄰漢闕，高掌跨周京……副君憐世網，廣命萃人英。道筵終后說，鑾轡出郊坰。雲峯響流吹，松野映風旌。睿心嘉杜若，神藻茂琳瓊。多謝先成敏，空頒後乘榮。（陸倕〈和昭明太子鍾山解講詩〉）

劉孝綽這首詩的開頭，用了兩個典故「御鶴翔伊水」、「策馬出王田」，分別是仙人王子喬的「御鶴翔於伊、洛之上」[83]和悉達多王子的「策馬出於王田」，用典側重於王子喬、悉達多都具有王子身分，從「比事實光前」來看，劉孝綽是要歌頌太子功德，然而頌德卻不離佛道事蹟；至於陸倕的「終南鄰漢闕，高掌跨周京」[84]也有空間性的政治寓言，他強調自已因「副君憐世網，廣命萃人英」，所以才得以參與集團同遊，但與遊寺最終歸於佛教義理或體悟有些不同，這次行旅所感受的飄渺仙境氛圍，反過來強化了他的權力從屬位置，其身體行動、觀看與感受，都呼應了這樣的敘事和感受。

從結構來看陸倕的詩，是一種從「群」以至於「己」的敘事架構，陸倕首先寫鍾山與臺城的相對位置（「復此虧山嶺，穹窿距帝城」），其次寫鍾山仙靈氣氛以及遊寺所觀所見（「網戶圖雲氣，龕室畫仙靈」），

83　據《列仙傳》：「王子喬好吹笙，作鳳凰鳴，遊伊洛之間，道士浮邱公接以上嵩山……告我家七月七日待我緱氏山頭，是日，果乘白鶴駐山嶺……」，引自〔北宋〕李昉，《太平御覽》，頁 278。

84　王文進認為，漢代的歷史地理圖騰作為借代，在南朝詩很常見，王文進，《南朝山水與長城想像》（臺北：里仁書局，2008），頁 166。

在歌頌太子後，才寫到自己於勝景場所感受到的「風」、「流」、「映」、「響」，而最後表述他於此次奉和共作中，個人的創作意義，相對於劉孝綽「擒辭雖並命，遺恨獨終篇」詩成較遲的惋惜，他以「多謝先成敏」謙虛地回應。

而這種權力架構如何和遊寺發生關聯？筆者以為在集團共遊或應制中，政治的權力位置始終存在，因此歌功頌德是必然出現的題旨。然而與遊寺以至於佛教傳播的議題結合來看，山靈毓秀的風光景色，攀援登臨的淨土追尋、觀看與身體朝聖，原本在於以清曠神麗、以宇宙向上的身體觀強化宗教信仰，卻同時強化了政治以及對集團領袖的信仰。於是遊寺、聽講伴隨而來身體的登高遠眺；心靈的淨化、洗滌，確實呼應了佛教義理，但同時也再次召喚對集團領袖的感激與歌頌、以及當時政權皇權趨勢的服膺與認同。從最表面的視角也可以發現這種政治權力位置的分佈——如蕭統的遊山視線：「登高至節景」、「迢遞覩千室」，都顯示出俯瞰而下之視角；至於「遊駕陟層城」、「金輅徐既動，龍驂躍且鳴」這類詩，就是隨著車駕節節攀高的敘事了，而這樣的敘事隨著山頂或寺廟逐漸接近而強化，雙重權力即二而合一了。

這種政治與宗教的二重權力相互鞏固的狀態，自然也不僅表現於「鍾山解講」，前文曾談過的「往虎窟山寺」，其中陸罩的應制詩也頗能表現此特徵：

> 鷄鳴動睟駕，柰苑睠晨遊。朱鑣陵九達，青蓋出層樓。歲華滿芳岫，虹彩被春洲。葆吹臨風遠，旌羽映九斿。喬枝隱修逕，曲澗聚輕流。徘徊花草合，瀏亮鳥聲遒。金盤響清梵，涌塔應鳴桴。慧雲方靡靡，法水正悠悠。實歸徒荷教，信解愧難詶。
> （陸罩〈奉和往虎窟山寺詩〉）

「鷄鳴動睟駕，柰苑睠晨遊」、「朱鑣陵九達，青蓋出層樓」無疑是第一重政治的權力；而隨著作者的步履的深入，逐漸接觸到山寺的清梵頌唄、法器鳴響，他才開始描敘接受到的第二重的宗教權力。世俗權力和神聖權力彼此互涉、包容，就像劉苑如所提的：人間建造的園林或伽藍表達了「佛教理想國在人間的一時實現」[85]，佛國信仰卻也反過來強化了人間的權力。

諸如此雙重權力相互強化的例證不少，也有與遊寺詩無關者，如臺城內部太子所居的「玄圃」[86]，以及御園「華林園」[87]，它們都是同一場所融會了政治與宗教權力的代表。最顯著的例子就像蕭子雲（487-549）〈玄圃園講賦〉，描寫了太子於玄圃聽講的狀況：「清宮廣闢，宿設宵張。華燈熠曜，火樹散芒」、「文衞濟濟，僧徒肅肅」[88]，「文衛」屬於國家權力的展現；「僧徒」代表佛教力量的現形，這雙重權力像是平行空間，交錯重疊在一起了。

五、小結：遊寺題材的文化意涵

就上述所論，本章論述了遊寺題材隱含的「遊覽」、「遊戲」與「權力」三種文化意涵，此處就此三者進行小結：

（一）過去支遁有「即色遊玄」之說，外在物色能夠強化佛理的體悟。蕭馳曾論析「色」這個概念，認為「色」原本即佛教語，東晉後「色」才有天地景物光影變化之義，「人們對即時即刻景色變化的敏感，藉延伸佛學語彙表達」。[89]「遊寺詩」恰巧代表了山水遊覽與佛教義

---

85 劉苑如，〈佛國因緣——《洛陽伽藍記》中佛寺園林的自然與文化再探〉，《臺灣宗教研究》卷8期1，2009年8月，頁31-36，此句引自頁32。

86 「玄圃」本指神人居所，張衡〈東京賦〉稱「左瞰暘谷，右睨玄圃」，齊代文惠太子蕭長懋曾經營玄圃：「開拓玄圃園與臺城北塹等，其中樓觀塔宇，多聚奇石，妙極山水」，〔梁〕蕭子顯，《南齊書》卷21，〈文惠太子列傳〉，頁401。

87 齊永明中，釋寶誌「迎入華林園，尋住東宮後堂」（〔清〕嚴可均引《南史・隱逸列傳》，《全上古三代秦漢三國六朝文》，頁1901），此後「華林園」與佛教有了密切關聯，蕭綱亦於此處蒙戒。

88 值得注意的是：大賦的鋪張與聯類，原本就與帝國的中心與權力相關，然此賦卻同時將國家權力與聽講而來的宗教權力結合。

89 蕭馳，《玄智與詩興》（臺北：聯經出版社，2011），頁237。

理的結合，作者進入佛寺空間同時也進入物色世界，我們發現南朝士人遊覽時，身體與目光對外界的接受，更凌駕於心靈的體悟與佛理，就像王融的這首詩：

道勝業茲遠，心閒地能隟。桂橑鬱初裁，蘭墀坦將闢。虛檐對長嶼，高軒臨廣液。芳草列成行，嘉樹紛如積。流風轉還逕，清煙泛喬石。日汩山照紅，松暎水華碧。暢哉人外賞，遲遲眷西夕。（王融〈棲玄寺講聽畢遊邸園詩〉）

「道勝業茲遠」之後，詩的內容再與佛教體驗無關，外在的現實世界的欣然物色，芳草嘉樹共構的生機盎然，在詩中密集呈現。雖說「空不異色，色不異空」[90]，然而物色的動感與生命力卻又那麼真實地存在，觸動著創作者，而遊寺的過程中——遊覽所見的「色／空」雙重意義，成了遊寺詩獨特的標誌，也表現了南朝宗教文學之意義。

（二）「遊覽」之「遊」原本即有自在活潑、不受拘束的遊戲意味，因此「遊覽」也可視為遊戲的一種。而本章談的文學遊戲不僅是身體、行動的，更包含詞彙、形式意義的。眾所周知，文學集團的應制共作本來就有遊戲、競賽的意味。而從上述討論來看：作者除了以巧構形似之言來描敘名山景色或寶剎浮圖裝飾之外，熱衷於詞彙藻飾的作者，更大量運用佛教事數的繁富與藻麗，使它們形構出一種文字陌生化與量詞化的特色。過去研究提到，應制詩中數量詞特別受到作家青睞，因數量詞可以形成「形式上的整齊、有序」，而這種秩序當然有權力意義，進一步加強詩歌肅穆、莊重、擴大的氣氛，象徵秩序的美感。不過筆者認為更重要的是這些數目本身即有遊戲意涵，而在遊寺詩中如「八解」、「六塵」、「五惑」、「十念」這些概念複雜的事數、量詞，經過作家的拼貼、脈絡化與去脈絡化，扮演了詩中的對偶或雕飾的詞彙，重新進入一首詩的脈絡。

---

90 〈摩訶般若波羅蜜經〉，引《大正藏》冊 8，頁 223-1。

（三）當代文化研究提示：無論空間遊覽、觀看或遊戲，其行動時的相對位置、目光與內在秩序，都寄寓且象徵了權力關係。即便過去認為文學集團的應制共作，原本就以歌頌功德為主旨[91]，表示出政治與階級權力位置，但遊寺、崇佛詩卻又代表宗教與神聖的權力。筆者發現：宗教的權力作為強化政治的權力而存在，這一方面與蕭衍「菩薩皇帝」政教結合的宣示有關；二方面身體攀臨的朝聖、車駕的位置與視線、應制共作的競爭、以及聽講、齋戒等活動，在在強化也穩固了權力結構。於是宗教與政治的雙重權力不但互相滲透、更互相強化。更重要的是，遊寺所在的空間更展現了集體性的「文化價值與心理認同」[92]，空間成為了權力，而雙重權力寄寓於空間中，互為表裡，作家同時服膺於超越的宗教權力與現世的政治權力。

本章宗旨在於探討南朝文學集團的遊寺詩應制共作的文化意涵，這些詩自然與佛教信仰與傳播有關，卻又不僅是宗教的意義。因此，從遊覽、遊戲、權力這三層意涵切入，談詩中的內容、視角，談文字表面的雕飾和對偶，也談更內在的秩序與權力，這是對遊寺題材的新論之所在。遊寺題材一方面與空間想像、物色遊覽的經驗有關；一方面與拼貼術語的遊戲有關；然而在此遊戲以外，又透顯出複雜的權力架構。這也是過去談遊寺題材未曾注意的面向。

（本章原載於《政大中文學報》第21期，頁97-130。原題名〈即「寺」遊玄：論南朝文學集團遊寺共作的文化意涵〉，後經部分修改）

91 先秦至魏晉的文學集團如襄王宋玉集團、梁王兔園的集團共作中，皆有歌頌功德或勸進領袖的內容，像宋玉〈風賦〉、《西京雜記》載枚乘〈柳賦〉等，《西京雜記》引賦有真偽問題，此處暫且不論。關於同題共作的頌德模式，沈凡玉，《六朝同題詩歌研究》有詳細歸類，頁430-453。

92 畢恆達，《空間就是權力》（臺北：心靈工坊，2001），「（空間）一方面滿足人類遮蔽、安全與舒適的需求，一方面更展現了人們在某時某地的社會文化價值與心理認同」，頁2。

第五章

「邊塞」題材新論：南朝邊塞詩的起源商榷

王師攻其外柵，城陷，（王）褒從元帝入子城，猶欲固守。俄而元帝出降，褒遂與眾俱出。見柱國于謹，謹甚禮之。褒曾作〈燕歌行〉，妙盡關塞寒苦之狀，元帝及諸文士竝和之，而競為淒切之詞。至此方驗焉。（令狐德棻《周書・王褒傳》）[1]

梁奉朝請吳均有才器，常為〈劍騎詩〉云：「何當見天子，畫地取關西」。高祖謂曰：「天子今見，關西安在焉？」均默然無答。均又為詩曰：「秋風瀧白水，鴈足印黃沙。」沈隱侯約語之曰：印黃沙語太險。均曰：「亦見公詩云：『山櫻發欲然』」。約曰：「我始欲然，即已印訖」。（楊松玠《談藪》）[2]

---

1 〔唐〕令狐德棻，《周書》卷 41，〈王褒傳〉，頁 730-731。

2 據〔北宋〕李昉《太平廣記》（頁 1483）載，此條出於楊松玠《談藪》。

一、南朝「邊塞詩」起源——未竟的爭論

相對前一章談的寺廟空間，乃作者親身履歷，對於南朝作家而言，邊塞空間、尤其是邊塞詩中的漢代地理與符號，則全然出於想像，與下一章的閨閣空間類似，乃是一種空間擬代的書寫題材。若根據蕭澄宇、譚優學對於「邊塞」以及「邊塞詩」的定義，「邊塞」指的是「長城一線，及隴西河右的邊塞之地」[3]，也因此，「邊塞詩」的內容則必須描寫邊塞風光、戰爭場景，或與行軍遠行相關的送別閨怨。也因此，南朝——尤其是梁陳之際，出現的許多邊塞題材的詩歌作品，就受到學者的注意。

其實若純粹從「題目」來考察，南朝並沒有那麼多作品得以歸進「邊塞詩」。樂府如〈從軍行〉、〈白馬篇〉有其限定題材與套語以外，梁陳的創作者常常是將邊塞題材與意象，鑲嵌入和「邊塞」關係不大的詩題，例如像是「贈答」、「詠物」、「懷古」這類的主題。這也就讓我們在考察「南朝邊塞詩」的過程中產生了許多疑惑。而其中最關鍵的問題在於——何以在南北朝分裂的政治狀態下，在偏安江南的空間之中，會誕生出這樣去描寫邊塞題材的詩歌？於是，本章希望能針對「南朝邊塞詩」的起源進行探討。當然，放入本書脈絡，筆者認為這樣的起源終究是出於文學集團的集體遊戲。

南朝詩歌在文學史的發展中經歷了劇烈的起伏。盛唐詩人以南朝詩歌為臨摹致敬的對象，但之後的文學批評，則針對南朝詩風的「流麗」，衍生出「飣餖」、「抽黃對白」[4]等負面批評。而從這個角度來解釋

3 參見譚優學，〈邊塞詩泛論〉（《唐代邊塞詩研究文選粹》（蘭州：甘肅出版社，1988）），譚定義的邊塞詩主要集中在極西與極北，頁 2。而田曉菲，《烽火與流星：蕭梁王朝的文學與文化》根據這個意見提到，「遼西和燕地也在邊塞詩中占有一席之地」，頁 252，將東邊的位置標誌出來。

4 〔明〕袁宏道，〈雪濤閣集序〉，《袁中郎全集》（臺北：世界書局，1964）：「矯六朝駢麗飣餖之習者，以流麗勝，飣餖者固流麗之因也」頁 6；〔明〕謝臻，《四溟詩話》，引自〔清〕丁福保，《歷代詩話續編》：「六朝以來，留連光景之弊，蓋自

梁陳「邊塞詩」的盛行，也很自然地就往「為文藻飾」、「典故盛行」、「因難見巧」等等角度來解釋。但這樣的說法雖解釋了邊塞詩的成因，而它的表面起源確實也與遊戲有明顯關係，但研究者並不以此為滿足。到了最近幾年，南朝邊塞詩成因的探討，仍然是研究者熱衷的焦點。

就筆者所見，像王文進提出南朝作家對於前代的「大漢圖騰」所興發的「歷史想像說」，並表現出南方士人希望能收復失土的渴望；像田曉菲提出的「文化再現說」，借用性別研究的理論，認為南朝作家的邊塞詩書寫，乃在於透過「北方他者」來界定「南方主體」的說法。[5]這些看法若與過去的「隸事遊戲」或「繁藻對偶」的解釋，更直指了創作者幽微的創作心態。

但進一步來說，這些針對南朝邊塞詩起因而衍生的意見與論述，彼此之間又分明有所差異。論述的差異形成對話、形成論爭，但這場論爭目前顯然還未真正完成。因此，筆者此章談的「邊塞題材」，重點並不放在對南朝邊塞詩的美學探究或內容賞析，而是希望立基於學圈對於「南朝邊塞詩成因」的討論以及相關成果，作為主要的切入點與論述重點，希望先對幾位學者關於邊塞詩成因的說法，進行討論，再進一步探討他們學說的背景脈絡，進而再回歸到南朝邊塞詩的文本，對於這些作品的起源與意義，進行新論。

我們知道，人文學科的研究並非在於追求某種「定論」與「定律」，而是立基於前行學者的視野之上，進而觀察立論與求證。筆者此處不敢說解決了南朝邊塞詩的起源問題，而只是就目前所見的材料、文獻與前行研究成果，試圖作一貼近真實的論證。在本章下面所分的兩個章節，首先歸納過去對於「南朝邊塞詩」起因的相關意見、以及其意見的背景脈絡；再者舉出實際的邊塞詩和邊塞詩作者的風格，以為實例，

三百篇比興中來，抽黃對白，自成一體」，頁 1138。

5 王文進從 1988 年起發表一系列論文，最主要著作為《南朝邊塞詩新論》以及《南朝山水與長城想像》兩書；而田曉菲則在《烽火與流星》書中的第七章〈「南、北」觀念的文化建構〉一文中提出此說法，下文會詳細歸納評述。

最後推導出本文的結論。就筆者看來，即便南朝邊塞詩的作者或許有各種複雜的創作心態，但並沒有足夠的文獻得以證明。而邊塞題材最明確也實際的成因，仍然是一種語文和空間想像的遊戲。只是這樣的遊戲並不能說毫無意義——因為面對動盪偏安的版圖，那對故土的想像遊戲，就成了抵抗現實世界的方法。

二、遊戲、模仿、想像與再現——四種前行研究的整理

（一）劉漢初的「以文為戲說」

劉漢初〈梁朝邊塞詩小論〉[6]題名為「小論」，全文篇幅並不長，共分五個章節，首節追溯戰爭詩與相關題材的歷史淵源；第二節談南朝第一個大量創作邊塞詩的作者鮑照（田曉菲也持同樣的意見，認為南朝最早作邊塞詩的是鮑照）；第三節整理劉宋至隋可納入邊塞題材的詩歌，並提出邊塞詩表現的問題意識；第四節提出「以文為戲」的成因推測，最後引用社會學家高夫曼（Lucien Goldmann）的「世界觀」理論，說明梁代作家無法自外於大環境的貴遊集團運作，並進而引用「作者主觀意圖」與「作品客觀意義」兩者的區分（這是接受美學的說法），他說作品的這種「客觀意義」，「是獨立於作者意圖之外，甚至有時會違反作者原來的意願」[7]，因而劉漢初作結論說：「文學對世界的觀點的表達方式，是屬於一個社會團體或社會階級的社會事實，是一個對現實整體和眾多個人思想的結構緊密、協調一致的觀點」。[8]

上述關於劉漢初的論述以及他對理論的引用，說起來其實有些曲折，他一方面提出南朝邊塞詩的風格與特色其實是「非經驗」的，但另

6 劉漢初，〈梁朝邊塞詩小論〉一文收錄香港大學中文系主編，《魏晉南北朝文學論集》，頁 69-82。
7 劉漢初，〈梁朝邊塞詩小論〉，頁 82。
8 劉漢初，〈梁朝邊塞詩小論〉，頁 82。

一方面，他發現這種集體的「非經驗」寫作，其實就是一個整全的、結構緊密的、協調的現實整體。用更理論化的觀點來說——也就是我們主體所接受的「現實」(reality)。[9]

田曉菲對劉漢初的反駁是比較直接的，她以「這種情形（於社交活動以文為戲）本身並不足以說明為什麼梁朝詩人特別喜歡寫作邊塞題材」[10] 來反駁劉漢初的論點。兩者之間其實沒有太多對話。如果拿劉漢初的持論和王文進比較，似乎可討論的地方更多。劉漢初這篇論文稍晚於王文進的〈邊塞詩形成於南朝論〉、〈南朝邊塞詩的類型〉等論文，他對於王文進的南朝邊塞詩起因論已經有了初步的回應。劉漢初提到他對王文進說法的認同與「進一步」的思索：

> 有關這個問題（南朝邊塞詩成因）的解釋，王文進有頗為新穎的說法。他認為南朝人的空間意識往往把江南視作中原，把建康比附長安，在時間上也動輒以漢朝和匈奴之役自況。……南朝人寫邊塞詩，主要仍是出於現實生活的經驗，只是在表現之際運用了時空想像力，把今昔遠近相互滲透反映。這樣說是可以講得通的。現在可以進一步思索下列這些問題：梁朝人寫邊塞詩絕大多數用樂府舊題，如果要寫實的經歷為什麼不用普通五、七言體，那豈不是要自由得多？[11]

其實王文進後來也針對「經驗主義」提出了質疑與商榷，但就劉漢初此處的徵引與論述，他顯然對南朝邊塞詩的發生有所不同解釋。劉漢初說何以這些邊塞戰爭詩寫征途艱困、寫閨婦相思、寫戰事聲勢之盛，卻

9　精神分析對「現實」有更深刻的體驗，拉岡（Jacques Lacan）就把「現實」與「真實域」(the Real）區分來看。也就是說，集團意識中的「現實」未必等同於真實，但它既已存在。

10　田曉菲，《烽火與流星》，頁 252。

11　劉漢初，〈梁朝邊塞詩小論〉，頁 78-79。

「少有涉及戰爭慘烈殘忍的一面，更不要說厭戰的思想了」。[12] 也基於此提出了他的「以文為戲」的觀點。

劉漢初的這個論述是很敏銳的，只是從論述的順序與依據來說，劉漢初的「進一步思索」並回到「以文為戲」這個論述主軸，其實反而是「退一步」的。劉漢初說的——因鮑照的文字遊戲（此處專門指涉的是鮑照〈建除詩〉，本書的第一章將之歸為語文遊戲題材）加上梁代詩文酬唱、借古詩舊題而「賦得」、「應詔」的貴遊文學活動，這應該是第一序位的創作活動與表述方式；至於藉著雄健的邊塞題材，在長安、祁連、甘泉、朔方古地名或古將軍名作為「能指」（signifier）[13]，指向背後的「大漢圖騰」、「歷史想像」與「收復失土」的欲望，是邊塞題材的第二序位，這與關於創作者的心靈圖景相關。[14] 劉漢初談外在的邊塞詩成因；而王文進則談內在的邊塞詩成因，此即兩位研究者最大的差異。

（二）閻采平的「北朝樂府影響說」

閻采平〈梁陳邊塞樂府論〉[15] 認為南朝邊塞詩的出現與興盛，其實有兩個淵源，其一是曹魏以來的建安風骨傳統；其二則是北朝樂府民歌的影響。這兩個影響一是歷時的，一是共時的，一為縱軸、一為橫軸，兩者共構即造就了南朝邊塞詩的出現。閻采平說曹魏傳統影響梁陳邊塞樂府有三個標誌：

---

12 劉漢初，〈梁朝邊塞詩小論〉，頁 79。

13 此處的「能指」用的是語言學的觀點。也就是符號指向符號的過程。在索緒爾（Ferdinand de Saussure）的語言學認為能指將指向所指（signified），但在後現代的觀點（尤其拉岡和德希達）中，能指只會指向另一個能指。關於語言的問題，亦可參見本書第一章談〈應詔語賦〉的部分。

14 也就是說，「第一序」談的是「怎麼作」，而「第二序」談的是「為何如此作」。

15 閻采平，〈梁陳邊塞樂府論〉，《文學遺產》1988 年期 6，頁 45-54。另外閻采平的博士論文《齊梁詩歌研究》（北京：北京大學出版社，1994）也曾談到相關問題，但單篇論文談的較詳盡，故參酌之。

> 曹魏以來的傳統，對於梁陳諸詩人的擬作邊塞樂府，產生了很大的影響。標誌之一，是梁陳諸家對此前樂府舊題的全面擬作……標誌之二，是曹魏以來邊塞樂府所慣常表現的報國立功之旨，多為梁陳詩人所宏揚……標誌之三，是自曹操以來，邊塞樂府形成了特具的淒苦情調，這種情調在梁陳時期得到了固定和加強。[16]

第一點當然是正確的，但就二三點而言，邊塞題材寫敘事者報國立功的志向或狀寫苦寒淒涼之感，好像是水到渠成，未必一定是受到建安影響。不過南朝詩人對於曹氏父子、王粲以及劉楨的作品確實很熟悉，也將之奉為經典。南朝邊塞詩受建安影響肯定是存在的。但較具爭議的是北朝樂府的影響，閻采平說何以在曹魏之後的兩百年，邊塞題材創作甚少，而到梁陳才復興呢？「（梁陳）邊塞樂府的突然復興和發展，必定還需要一個較強的誘因。在我看來，這個誘因就是在梁陳時期大量傳到南方的北朝樂府民歌所產生的衝擊波」。[17] 接著閻采平就證明北朝民歌樂府傳入中原、進而傳入南方的時代與進程，以證明邊塞題材落在梁陳大量興盛的原因。

不過田曉菲批評閻采平的關鍵點就在於，梁陳的這些邊塞詩其實與北朝民歌在風格、語言、結構等面向上其實很不相似。閻采平並不是沒有舉例證，他舉了蕭綱的〈隴頭水〉和〈隴頭歌〉[18]；舉了陳叔寶的〈紫騮馬〉和〈阿那瓌〉等關聯。梁陳寫〈隴頭水〉的創作者多依附「隴頭」、「隴水」、「聲嗚咽」等意象開展，作品乍看或許有些類似，但陳叔寶的〈紫騮馬〉顯與民歌的直露粗糙有著明顯的不同。同時，閻采

---

16 閻采平，〈梁陳邊塞樂府論〉，頁 46-47。

17 閻采平，〈梁陳邊塞樂府論〉，頁 47。

18 〈隴頭歌〉曰：「隴頭流水，鳴聲幽咽。遙望秦川，肝腸斷絕。」（逯欽立，《先秦漢魏晉南北朝詩》，頁 1020）；〈阿那瓌〉曰：「聞有匈奴主，雜騎起塵埃。列觀長平坂，驅馬渭橋來」（逯欽立，《先秦漢魏晉南北朝詩》，頁 2246）。下引逯欽立集不一一註腳，僅隨文末附作者題名。

平一方面站在傳統經驗主義的立場，批評梁陳邊塞詩作者缺乏真實的經驗，逕寫報國立功的野心，「我們總感到有點滑稽」[19]，說這種詩風是對建安風骨的模擬、強化與保留；但一方面又說梁陳詩人「運用了在寫宮體詩的過程中所積累起來的手段與技巧來處理邊塞題材」[20]，這之間是有些矛盾的。

不過我們可以由此注意到一個問題：似乎寫邊塞題材的作者與宮體詩的作者，幾乎是同一群作者。這個現象代表了什麼？是說這一群作者的兩種創作題材相互影響與滲透？或者他們非常熱衷於一種新變、新體的效果以達成遊戲的新鮮度？此點稍後來談。

（三）王文進的「歷史想像說」

由於王文進、田曉菲的論述較為複雜，故此處用較多篇幅說明與進行對話。王文進自〈邊塞詩形成於南朝論〉一文，開啟了關注南朝邊塞詩的關注。[21] 田曉菲總結王文進的研究成果，將他對南朝邊塞詩的成因界定為「收復失土說」。[22] 不過根據筆者歸納，王文進對南朝邊塞詩的成因除了「收復失土」外，還有「歷史想像」這個面向。這兩個面向相輔相成，互為因果，構築了王所謂「南朝詩人特殊的時空思維」。[23] 即

---

19 閻采平，〈梁陳邊塞樂府論〉，頁 47。

20 閻采平，〈梁陳邊塞樂府論〉，頁 53-54。

21 1988 到 2000 年間，王文進尚有〈南朝邊塞詩中的時空思維問題〉、〈南朝邊塞詩中的閨怨與征怨〉等相關論文發表。值得一提的是，王文進〈邊塞詩形成於南朝論〉發表於 1988 年 10 月舉辦的「第九屆古典文學會議」，較閻采平於《文學遺產》發表〈梁陳邊塞詩樂府論〉（1988 年 12 月）略早，而此篇論文也可視為王文進開啟南朝邊塞詩研究的宣言。

22 田曉菲，《烽火與流星》，頁 252。

23 王文進，〈南朝邊塞詩中的時空思維問題〉，收錄《第三屆魏晉南北朝文學與思想研討會論文集》（臺北：文史哲出版社，1991），頁 187。王先生不僅一次地提到「南朝詩人特殊的時空思維」或「奇特的時空思維」，以強調其特殊性。在《南朝邊塞詩新論》第二章王也詰問，「邊塞詩的出現，對南朝詩壇而言，究竟是不是一個違逆潮流，突兀孤懸的現象？」（頁 31）。

便王文進不全然否定唱和、遊戲的可能，他認為貴遊集團成員的擬代樂府「以樂府古題作為唱和的橋樑」[24]，呈現出「交織著建安風骨與遊宴唱和兩種性格的混聲合唱」。[25] 然而他的基本論述是聚焦南朝邊塞詩大量出現的漢代的邊塞地名與語彙，這些意象不僅是用典，更與作者心靈圖景有關，進而王文進提出南朝士人心目中「大漢圖騰」。

也確實，當代空間研究也注意到空間不但成為古蹟，歷史也往往成為地理。從這個角度而言，任何空間的書寫都有時間性的存在，而時間的流逝與詠懷也必須有空間作為承載體。於是延續著這一條脈絡，王文進指出「大漢圖騰」是身處偏安一隅創作者的一種心靈圖像[26]，是慾望的投射，而隨著這條線索思考，他也就將慾望聚焦到南朝士人「無法忘懷中原故地的證據」[27]、「大漢圖騰的時空思維，在南朝士人所存在的三種意義，其一是南北政權的正統性的爭奪；其次是南方士人的精神寄託；其三則成為隱藏著南朝政治權力角逐之密碼」。[28] 於是王文進從純想像、甚至超現實的邊塞詩寫作，透過其間的解讀，開挖出濃厚的政治寓言。

從文學以及美學的意義而言，創作當然不必要立基現實。現實與非現實的對立其實也是近代文學發展以來持續的論爭。但筆者認為王文進的這種想像說，必須克服的是作者真實經驗的有無。換言之，即便創作不必立基現實，或者說，作品可以完全脫離寫實，描寫超經驗、超感官的對象客體，但這樣的論述是否普遍被南朝的作家與文論所接受？

除了本章開頭所引用的令狐德棻對於蕭繹、王褒的冷嘲熱諷，以及蕭衍對於吳均詩「何當見天子，畫地取關西」的嘲弄以外（他或許未必

---

24 王文進，《南朝邊塞詩新論》，頁 37-38。

25 王文進，《南朝邊塞詩新論》，頁 41。

26 除了「大漢圖騰」以外，另外一種就是王文進稱之為「山水關懷」的「山水詩」，參酌〈南朝文人的「歷史想像」與「山水關懷」〉，《南朝邊塞詩新論》，頁 251-258。

27 王文進，〈南朝士人的時空思維〉，收錄《南朝山水與長城想像》，頁 181。

28 王文進，《南朝山水與長城想像》，頁 181。

注意到，這樣的嘲弄也包含他自身），我們注意到《顏氏家訓》有兩條文獻：

> 文章地理，必須愜當。梁簡文〈雁門太守行〉乃云：「鵝軍攻日逐，燕騎盪康居，大宛歸善馬，小月送降書。」蕭子暉〈隴頭水〉云：「天寒隴水急，散漫俱分瀉，北注徂黃龍，東流會白馬。」此亦明珠之纇，美玉之瑕，宜慎之。[29]

> 何遜詩實為清巧，多形似之言。揚都論者，恨其每病苦辛，饒貧寒氣，不及劉孝綽之雍容也雖然，劉甚忌之，平生誦何詩，常云：「『蘧車響北闕』，懽懽不道車」。又撰《詩苑》，止取何兩篇，時人譏其不廣。[30]

前面一則顏之推強調的是「文章地理，必須愜當」，「大宛國／小月支」或是「黃龍／白馬」這一類句子很明顯都是為了對偶，而尋找出相對應的地名。與前面《談藪》吳均的無言以對，或是令狐德棻對於梁末君臣的幸災樂禍相比起來，顏之推的說法算是很委婉了。他並不是用「經驗主義」去質疑或否定蕭綱、蕭子暉的作品，而挑出「地理愜當」這個小缺失。也就是說蕭綱和他擬代扮裝的「雁門太守」在認同與經驗上到底有什麼樣的雷同、重疊[31]或完全扞格，顏之推倒沒有太多批評，畢竟他也寫過「二十彈冠仕，楚王賜顏色」[32]、「問我將何去，北海就孫賓」[33]這一類第一人稱敘事的擬代作品。

---

29 〔北齊〕顏之推著，王利器集解，《顏氏家訓集解》（上海：上海古籍出版社，1980），頁271。

30 〔北齊〕顏之推著，王利器集解，《顏氏家訓集解》，頁276。

31 王文進從齊梁的「州府雙軌制」，論證南朝的這些諸王領袖，同樣也有邊塞經驗，只是邊塞僅止於荊雍地帶，而藉著自身的邊塞，想像大漢圖騰中的邊塞，就成為南朝邊塞題材創作者的書寫策略。

32 〔北齊〕顏之推，〈古意詩〉，《先秦漢魏晉南北朝詩》，頁2283。

33 〔北齊〕顏之推，〈從周入齊夜度砥柱〉，《先秦漢魏晉南北朝詩》，頁2284。

至於後一則，劉孝綽批評何遜的這首詩題為〈早朝車中聽望〉[34]，「蘧車」根據孫志祖的解釋，是用了「蘧伯玉夜車止闕」的典故。[35]劉孝綽這段批評的話在解釋上有些紛紜，但劉孝綽大概是認為這一句的典故以至於整首詩，都沒辦法表述「車中」此一意象，而成了一篇意象懸空不真切的作品。顏之推這一則軼事是在說劉孝綽因為妒才而有點刻意挑剔。「蘧車響北闕，鄭履入南宮」這兩句原本也僅是典故的拼貼鋪陳，與真實的經驗或描寫未必有所關聯。但我們如果將這類軼事與創作實踐分開來，這幾條文獻都還是觸及了「真實經驗」與「歷史地理現實」的問題。吳均的「見天子」、「畫地取關西」預設敘事者，或說作者角色扮演的對象，當然是漢代的邊關名將。因此當蕭衍以「關西安在」調侃時，這扮裝的遊戲就顯然破綻百出了。

進入創作狀態時，作家可以召喚超經驗、超現實的感受與場景，可以運用拼貼技巧，達成作品的美感。然而進行批評時，評論者卻依舊期望能回歸「真實經驗」。這也就是何以王利器作注時強調「白馬」不在西南氐族，應是北方的白馬津。但蕭子暉的原詩終究只是以拼貼地理版圖為其最主要的意圖，但由此我們也發現到——王文進所說的，「詩人的心靈自由是一切創作力量的根源，即使是大漠邊城，胡笳羌笛，詩人也可以運用超越想像，在江南煙雨中盡情揮灑變化遼闊的大漠景象」。[36]或許這對作者而言是可以接受的，但當作者同時成為評論者，他們又改換一副折衷拘謹的口吻。就像本章開頭所徵引的、沈約對吳均「鴈足印黃沙」這句詩的質疑——印在黃沙的鴈足細小掌紋應當無法覺察，只能是出於詩人的浪漫想像。

---

34 全詩為「詰旦鍾聲罷，隱隱禁門通。蘧車響北闕，鄭履入南宮。宿霧開馳道，初日照相風。胥徒紛絡驛，騶御或西東。暫喧耳目外，還保性靈中。方驗遊朝市，此說不為空」。

35 「懂懂」在解釋時有些爭議，有「不慧」、有「無言者須言」，而按照王利器的說法應該作「辯快」解。

36 王文進，《南朝山水與長城想像》，頁 287。

（四）田曉菲的「文化他者說」

田曉菲過去在《妝點女性：南朝詩中的性別與文學變裝》[37]一書中，曾運用女性主義的「性別越界」、「操演」等研究方法討論南朝詩。[38]在《烽火與流星》的〈「南、北」觀念的文化建構〉一章中，她同樣以女性主義的視角，論南朝邊塞詩的成因，以及「南」、「北」觀念建構的問題。在文中她雖沒有將「性別」特別標舉出來，不過從「南／北」、「漢／胡」、「女／男」、「柔／剛」的一系列對比，以及「文化他者」的論述，我們還是可以看到田曉菲的視角與論述知識背景。而事實上，田曉菲談的邊塞詩其實就隱含了南與北，家園與塞外的「性別二元對立」：

> 我們需要看到：對家園或者女性空間的描述，可以說是邊塞詩一個必要的組成部分。因為它突出了遠在邊塞的男性空間。這個男性空間是對平凡單調家庭生活的逃避與脫離，男性的行動自由與女性狹小拘束的行為空間不僅形成鮮明的對照，而且前者也是只有相對後者才成立的……這樣的寫法也在無意間加深了北方與南方的「性別分裂」。[39]

田曉菲對過去的論述都有些商榷，最後提出「文化他者」這個說法：「對南朝詩人來說，寫作邊塞詩的樂趣在於對北地苦寒富有想像力的鋪張描寫，對他們只在史籍中讀到過的邊遠地名進行一一列舉：這是典

---

37 田曉菲博士論文：XiaoFei Tian, *Configuring the Feminine: Gender and Literary Transvestitism in the Southern Dynasties Poetry*, Harvard University Press, 1998。

38 關於「性別越界」、「操演」、「假仙」等理論，大概包含了依希葛蕊（Luce Irigaray）、巴特勒（Judith Butler）、霍米巴巴（Homi Bhabha）等理論。筆者在關於理論的譯名參酌張小虹，《慾望新地圖》（臺北：聯合文學，1996）。至於相關理論得參酌該理論家原著，如霍米巴巴 *The Location of Culture*、依希葛蕊《此性非一》、巴特勒《性別麻煩》等。

39 田曉菲，《烽火與流星》，頁 255。

型的對「文化他者」的建構，而這種對於文化他者的建構反過來是加強自我文化身分的手段。」[40] 在英文原著中田曉菲用的是「performance」[41] 這個詞，它不僅僅是譯文「欣賞、表演」的意味，女性主義學者巴特勒（Judith Butler）就是從「perform」這個概念，進而發展出她的性別「操演」(performativity）理論。[42]

然而性別操演更深刻的意涵在於，無論男性或女性，都處於自我扮演的劇場，因此田曉菲若要談南朝作家藉著邊塞詩扮演「北方」，進而製作、透過想像被再現出來的一種雄渾威武、苦寒淒切，那麼她必須論述與北方相對的「江南」。南朝作家如何操演南方？她聚焦討論兩個題材——「採蓮」、「吳聲西曲」，且運用了一個在後殖民理論常用的觀念「自我反身性」(self-reflexivity)[43] 來討論「採蓮曲」這一類的作品。她先談沈約以及其擬作者對「田田」這個詞彙的特殊運用脈絡，接著談「採蓮曲」對江南的塑造：

> 「田葉」顯然來自「蓮葉何田田」，而其中的情愛寓意儼然仍在。第三行的「儂歌」用吳語表述方式加強地方特性。這首歌不僅詠唱江南，更詠唱了歌頌江南的詞曲。這樣的自我指稱性指向對江南形象有意識的塑造。[44]

此處的「不僅詠唱江南，更詠唱了歌頌江南的詞曲」，指的應該是最末

40　田曉菲，《烽火與流星》，頁 255-256。

41　XiaoFei Tian, *Beacon Fire and Shooting Star: The Literary Culture of the Liang*, Harvard University Press, 2007, pp. 324-325.

42　Judith Butler, “Imitation and Gender Insubordination” in Diana Fuss (ed.), *Inside/Out: Lesbian Theories, Gay Theories*, New York: Routledge, 1991.「操演」指的就是性別的扮演。巴特勒認為我們生來並無所謂兩性存在，而是男性不斷透過服裝行為去扮演男性，而女性反之。但越是扮演，也就表示出我們原本「不是」此一性別的本質。顯然，田曉菲把男女代換成「北南」，以用同樣脈絡解釋之。

43　「自我反身性」基本上有反思之意味，但後殖民理論將之用來稱「以他者來定義或反射自身」。

44　田曉菲，《烽火與流星》，頁 269-270。

的「世所希，有如玉，江南弄，採蓮曲」，後設地將採蓮女的歌謠與採蓮曲本身連結，進而認為「（採蓮）賦的關鍵，是「物色」與「清空」的同時並存。物色與清空成為江南形象的基本因素，它們相互界定，彼此缺一不可」。[45] 不過就筆者解讀，〈採蓮賦〉是否就都具有清空的意象，以下就蕭綱、蕭繹〈採蓮賦〉來說：

> 望江南兮清且空，對荷花兮丹複紅。臥蓮葉而覆水，亂高房而出叢。……素腕舉，紅袖長。回巧笑，墮明璫。荷稠刺密，亟牽衣而縮裳。人喧水濺，惜虧朱而壞妝。物色雖晚，徘徊未反。畏風多而榜危，驚舟移而花遠。歌曰：「常聞蕖可愛，採擷欲為裙。葉滑不留綖，心忙無假薰。千春誰與樂，唯有妾隨君。」（蕭綱〈採蓮賦〉）

> ……恐沾裳而淺笑，畏傾船而斂裾，故以水濺蘭橈，蘆侵羅攜。菊澤未反，梧台迥見，荇濕沾衫，菱長繞釧。泛柏舟而容與，歌採蓮於江渚。歌曰：「碧玉小家女，來嫁汝南王。蓮花亂臉色，荷葉雜衣香。因持薦君子，願襲芙蓉裳。」（蕭繹〈採蓮賦〉）

蕭綱的〈採蓮賦〉風格清麗細膩，田曉菲說賦中的「物色雖晚，徘徊未反。畏風多而榜危，驚舟移而花遠」，是代表採蓮少女移舟遠去，即將「消失於夜色」[46]，但與後文相對「千春誰與樂，唯有妾隨君」對照，也可能只是採蓮女欲拒還迎的策略。至於蕭繹描寫「恐沾裳而淺笑，畏傾船而斂裾」、「荇濕霑衫，菱長繞釧」，小家碧玉的採蓮女在搖晃的船行過程中驚恐卻又興奮，既擔心衣衫髮釧沾汙纏繞，卻又難掩的青春正

---

45 田曉菲，《烽火與流星》，頁 272-273。

46 田曉菲解釋說，「至此，賦的首句中的特寫鏡頭被顛覆，舟楫乍移，花朵遠離，消失在夜色中……『千春相隨』的許諾，雖然令人欣慰，卻是不真實也不現實的空言」，《烽火與流星》，頁 272。

盛與嬌容媚態，這種姿態反成為男性作者視角的客體與慾望的根源。蕭繹賦末的〈採蓮歌〉也很有意思，顯然與他的賦文及蕭綱的賦末歌都有互文性的軌跡。[47]

總括來說，王文進談南朝邊塞詩的想像性，但這種想像對當時文人而言，其實未必妥切；而田曉菲談缺乏北方經驗的作者，透過文化他者來想像、以至於建構北方。這兩說雖說論述過程並不相同，但兩說都是對「經驗主義」的文學觀進行反省，對過去史論家所說的「江左宮商發越，貴於清綺，河朔詞義貞剛，重乎氣質」[48]的「南文北質」進行修正。文學風格當然不是一灘死水，作者「視通萬里」的想像力也不受限於經驗的限制。王文進批評魏徵《隋書》的文學觀是南北文學的「假性結構」[49]；而田曉菲說這是「統一帝國的新詩學」的想像。這兩種論述看似相背，但卻是從經驗匱乏這相同的思考脈絡延續開展而來的。關於魏徵以及其他史論家對於南朝詩風的批評與政治聯想，本書第六章談「豔情題材」時會再談到。此處說明完這四個前行研究者的說法之後，將實際舉邊塞詩來說明這些南朝作家如何進行經驗的擬代與遊戲。

三、回到邊塞詩的寫作動機——擬代與遊戲

(一)「擬代」的傳統

在前文我們探討了對於南朝邊塞詩成因的幾家說法，也探討了學者論南朝邊塞詩的脈絡以及必須克服的難題。在此處筆者試著歸納前說，

47　蕭繹的〈採蓮賦〉末的歌曰，「……蓮花亂臉色，荷葉雜衣香。因持薦君子，願襲芙蓉裳」，「蓮花」一句顯然是針對前賦的補充，但蕭繹寫來一點也不驚慌失措，反而更添採蓮女的性感與嫵媚，而「芙蓉裳」則是從「涉江採芙蓉」這個典故推陳出新而來，相對於「千春誰與樂，唯有妾隨君」的激情與感性告白，兩首賦末繫歌的感情表現相仿，但一俗一雅，一放一斂，相映成趣。

48　〔唐〕魏徵，《隋書》（北京：中華書局，1973）卷 50，〈文學列傳〉，頁 1730。

49　王文進，《南朝山水與長城想像》，頁 302。

並提出本章對於南朝邊塞詩成因的立場。簡單來說，筆者認為南朝邊塞詩的成因就是一種透過文學創作進行角色扮演的遊戲。其實除了劉漢初的「以文為戲說」之外，王文進也同樣提到「當時的邊塞詩作也的確具有貴遊性質，是一種模擬唱和的作品」[50]，他的「歷史想像」，只是更進一層來論述。從解讀的順序來說，「遊戲說」比起王文進的「心靈圖像」、田曉菲的「文化他者」似乎來得更表面。但我們同樣必須根據現有的文獻資料來檢視——我們是否可以將論述推演到如此深刻的心態與文化現象？

「角色扮演」是一個較現代的用語，對於漢魏南北朝的文學而言，「擬代」這個概念比較符合語境。「擬」是「模擬」、「擬作」的意思，「代」是「代言」、「代作」的意思。梅家玲於《漢魏六朝文學新論：擬代與贈答》書中，試著將過去學者貶抑的「擬代」，賦予新的意義與價值。她認為：「絕大多數作品的完成，乃是出於一份不能自已的、欲對『人同有之情』相參互證的情懷。因此，漢晉以來擬代體的寫作，實係時人重溫過去、參與現時、迎向未來的一種生命體驗，並且在此一深具『創造性轉化』的生命體驗中，以生命印證生命，完成在文學傳統中的積極意義」。[51]

梅家玲運用了作者到讀者的接受理論，也運用了讀者成為作者同時進行「創造性轉化」（此說應是從詮釋學裡的「創造性詮釋」引申而來）的理論，來處理謝靈運〈擬鄴中作〉以及自漢魏晉一系列的「思婦文本」。我們可以特別注意的是她談陸機、陸雲一系列「代作贈答」的詩歌，包括陸機的〈為顧彥先贈婦二首〉和陸雲的〈為顧彥先贈婦往返四首〉。梅家玲說這兩組贈答詩是頗為特殊的作品，「因為『代』人而作，故即使有『自我表白』部分，也因自我主體不定於一，造成某種程

———

50 王文進，《南朝山水與長城想像》，頁 287。
51 梅家玲，《漢魏六朝文學新論》，頁 4-5。

度的曖昧性」。[52] 誠如梅家玲說的，這兩組作品最奧妙之處，就在於藉著虛構的夫贈婦答，召喚了思婦的在場；而當視角轉換成為思婦代言時，亦須同時設想遊子（蕩子）的可能應對。

這一類的作品到了南朝依舊普遍。「蕩子／思婦」或「蕩子／從軍」的意象被緊密的結合，變成了一整套結構與素材。梅家玲在分析陸機兄弟的擬代詩時，也運用到了巴特勒的「操演理論」和拉岡「欲望的小他者」和「能指鏈」等理論，分析女性被代言、被表演以至於主體被塗改或缺席的可能性。[53] 但回到詩歌的創作動機與成因，二陸的比喻性贈答，自然是一種超越經驗、假鳳虛凰的角色扮演，而在這樣的扮演之中，創作者一方面滿足遊戲與扮裝的愉悅，一方面也完成了情感的托寓與作品的美感。而此自漢至晉，續續不絕「思婦／蕩子」的角色扮演，發展到了在梁陳，在蕭繹、庾信等詩人脈絡中，就進一步與邊塞題材結合：

> 燕趙佳人本自多，遼東少婦學春歌。黃龍戍北花如錦，玄菟城前月似蛾。如何此時別夫婿，金羈翠眊往交河。還聞入漢去燕營，怨妾愁心百恨生。漫漫悠悠天未曉，遙遙夜夜聽寒更……（蕭繹〈燕歌行〉）

> 代北雲氣晝昏昏，千里飛蓬無復根。寒鴈嗈嗈渡遼水，桑葉紛紛落薊門。……願得魯連飛一箭，持寄思歸燕將書。渡遼本自有將軍，寒風蕭蕭生水紋。妾驚甘泉足烽火，君訝漁陽少陣雲。自從將軍出細柳，蕩子空床難獨守……（庾信〈燕歌行〉）

52　梅家玲，《漢魏六朝文學新論》，頁 285。

53　相關的論述參見梅家玲《漢魏六朝文學新論》，頁 146-149。梅家玲在頁 148 的註腳 54 提到，「孟悅、戴錦華認為：女性形象變成男性中心文化中的『空洞能指』……」這其實是拉岡理論的延伸，能指指向另外一個能指，形成能指鏈（signifier chain），但慾望的缺口卻是空無而無法被符號化的內核。拉岡稱此為「小他物」（object petit a）。

「燕歌行」此一題目也很特別，《樂府古題要解》說這題目是在抒發「時序遷換而行役不歸，婦人怨曠無所訴」[54]的情懷，但曹丕原詩和「燕地」[55]其實沒什麼關係。陸機、謝靈運、謝惠連都曾作〈燕歌行〉，「秋」與「寒」大概是這一首樂府的套語，但實際提到邊塞的地理位置，要屬蕭子顯的詩。[56]在蕭繹、庾信的詩歌中，他們把「燕」和「思婦」進行結合、發揮了曹丕原創的「怨曠」，且增添雄健的塞外風光。事實上，像「蕩子／少婦」的這種角色擬仿，對蕭繹、庾信來說很熟悉。本書第二章談詠禽鳥題材時，也提到蕭繹、徐陵、庾信的另一篇共作〈鴛鴦賦〉。在那篇賦中，「鴛鴦」的意象被與閨閣、豔情題材緊密連結在一起。[57]徐陵拼貼幾個典故，庾信則把寫梁武帝〈河中之水歌〉中的盧家少婦形象，進行了顛覆拆解。原本「十三織綺、十四採桑」的莫愁，成了深宮閨怨、獨守空牀的犧牲品，只羨鴛鴦不羨仙。

上述兩首〈鴛鴦賦〉中，徐、庾代言的盧姬與少婦之所以「生別離」、「守空牀」，正是因為良人的遠行所致。男人的遠行（甚至不一定是田曉菲所謂的北方）和佳人的深閨，成為這一類擬代角色的基本格式，而從這一類「邊塞／閨怨」的詩歌中，我們似乎也看到雙重視角的跳躍，王褒的視角比較典型，誠如梅家玲所說的相互擬代，彼此扮裝，

---

54 〔唐〕吳兢，《樂府古提要解》，收錄〔清〕丁福保，《歷代詩話續編》，頁 28。

55 如果我們看譚優學對「邊塞詩」的定義，他認為邊塞通常是指「極西」與「極北」。但寫「燕地」或寫「薊北」等東北極地，在南朝也經常出現，這顯然是從樂府題名衍生出來的。

56 〔梁〕蕭子顯的〈燕歌行〉曰：「風光遲舞出青蘋，蘭條翠鳥鳴發春。洛陽梨花落如雪，河邊細草細如茵。桐生井底葉交枝，今看無端雙燕離。五重飛樓入河漢，九華閣道暗清池。遙看白馬津上吏，傳道黃龍征戍兒。明月金光徒照妾，浮雲玉葉君不知」。「遙看白馬津上吏，傳道黃龍征戍兒」也充滿想像性，不過蕭子顯還是加了「遙看」說明地理的非經驗性，也強化詩歌本身的可經驗性。

57 〔梁〕徐陵賦：「皇之季女，織素之佳人。未若宋王之小史，含情而死。憶少婦之生離，恨新婚之無子。既交頸于千年，亦相隨于萬里」；〔梁〕庾信賦：「盧姬小來事魏王，自有歌聲足繞梁。何曾織錦，未肯挑桑。終歸薄命，著罷空牀」。兩賦皆引自〔清〕嚴可均，《全上古三代秦漢三國六朝文》，頁 3431-1、3927-2。

「屬國小婦猶年少，羽林輕騎數征行。遙聞陌頭採桑曲，猶勝邊地胡笳聲。胡笳向暮使人泣，長望閨中空佇立」；蕭繹詩中的少婦本居燕地，但「黃龍戍北」、「玄菟城前」、「入漢去燕營」，卻混合了離人的視角和思婦的想像。令狐德棻說〈燕歌行〉的寫作動機是「競為淒切」，而這場「裝扮苦寒的遊戲」，到頭來卻變成真實人生。

當然在〈燕歌行〉共作中確實有遊戲的性質，王褒和蕭繹都沒有提到太多邊地名，重點也不在召喚漢帝國的雄壯，像蕭繹的「春朝那堪上春臺」等句，和他的〈春日詩〉有點接近。而庾信也依舊以他一貫的典故拼貼[58]來作〈燕歌行〉，像「魯連飛一箭」、「秦嘉」、「韓壽」等典故，與全詩脈絡搆不太上邊。或許這首詩只能作為小樣本，但我們不該忽略「擬代」在文學史的傳統，以及對於當時創作者的意義。在當代的性別研究成果中，也談到越界的扮裝與主體的隱蔽可能帶來快感與深層意義，但我們回到中國古典文學與文化的傳統來說，「擬代」是我們去理解「南朝邊塞詩成因」的一種原因。

（二）以文遊戲

除了「擬代」這個創作動機以外（其實「擬代」就有濃厚的遊戲性），筆者認為南朝邊塞詩一個明確的成因，就是劉漢初提出的「以文為戲」。不過從這個路徑思考，確實也會遭遇到田曉菲所說的「遊戲何以集中於邊塞題材」的問題，且相較於「欲望投射」與「定義他者」等解釋，「以文為戲」似乎顯得太過於單薄。但我們可以從以下三個面向進行思考：1. 有沒有以其他題材作為遊戲的例證？ 2. 同樣歸為邊塞詩的作品中，有沒有邊塞語彙比例多寡的差別？ 3. 有沒有對於「遊戲」此一概念更深入的解釋？

58　從庾信的詩賦作品來看，庾信特別喜歡以拼貼人名的方式呈現典故。像〈哀江南賦〉、〈小園賦〉都是典型的例證。以〈小園賦〉來說，一共四十八對句，以古人名直接對仗就有十四句之多。

關於第一個問題，筆者注意到劉漢初在判定梁陳邊塞詩的一個獨特觀點，他把蕭繹的〈將軍名詩〉和張正見的〈星名從軍詩〉歸進邊塞詩。[59]〈星名從軍詩〉從題目、從內容來說或許可以歸進邊塞詩，雖然它很明確的是首以語文遊戲題材之作。詩的用詞為了鑲嵌星名，以至於像「刁斗出祁連」、「井泉含凍竭」等意義都不甚通順。我們如果逆推作者的創作順序，大概是先預設了「刁斗」、「井泉」等詞彙[60]，才決定選擇邊塞題材作為承載的體裁。[61]而至於蕭繹的〈將軍名詩〉，顯然是和他的〈宮殿名詩〉、〈姓名詩〉、〈屋名詩〉、〈獸名詩〉、〈鳥名詩〉、〈樹名詩〉、〈草名詩〉、〈針穴名詩〉、〈龜兆名詩〉等，為一系列遊戲之作。這類作品的動機很明確是出於遊戲，以後設的思維模式，以詩為體裁，內容卻像是一篇五言的小型類書。要說這一類連語句詞彙都有些矯造刻意的作品，會有什麼弦外之意，其實也是有些困難的。

從這個角度來說，要說梁陳的創作者「以文為戲」的對象集中於邊塞詩，其實也不甚精確。拿劉漢初作為例證的另一個邊塞詩作家張正見來說，他的〈賦得日中市朝滿〉、〈賦得岸花臨水發詩〉、〈賦得風生翠竹裡詩〉、〈賦得佳期竟不歸詩〉、〈浦狹村煙度〉、〈秋河曙耿耿詩〉等詩，其實都有遊戲的性質，我們可舉其中兩首來談：

> 揚雲不邀名，原憲本遺榮。草長三徑合，花發四鄰明。塵隨幽巷靜，嘯逐遠風清。門外無車轍，自可絕公卿。（張正見〈賦得落落窮巷士詩〉）

---

59 王文進和田曉菲在談邊塞詩的時候，幾乎沒有特別談蕭繹、張正見的〈將軍名詩〉。從論述策略來說，劉漢初之所以這樣分類大概也與要論成「以文為戲說」有關。

60 更細一點來說，作者應該先預設「（北）斗」、「井（宿）」等字，然後聯想詞，再由詞組成詩句。

61 從這種創作流程來思考，我們似乎更容易理解創作者的創作動機與作品的成因。像鮑照之所以會把〈建除詩〉寫成邊塞詩，也是因為像「危」、「開」、「破」等字，原本就較適合與雄壯開闊的詞彙結合。由字組成詞，由詞組成詩句，鮑照的〈建除詩〉也就成為了邊塞題材。

> 良人萬里向河源，娼婦三秋思柳園。路遠寄詩空織錦，宵長夢返欲驚魂。飛蛾屢繞帷前燭，衰草還侵階上玉。銜啼拂鏡不成粧，促柱繁絃還亂曲。時分年移竟不歸，偏憎寒急夜縫衣。流螢映月明空帳，疎葉從風入斷機。自對孤鸞向影絕，終無一鴈帶書回。（張正見〈賦得佳期竟不歸詩〉）

左思的〈詠史詩〉原句是「落落窮巷士，抱影守空廬」，寫窮士的潦倒窮困，但張正見緣題作詩，把窮士寫成了隱士。這種互文遊戲藉著文本與文本的縫隙，得到愉悅之外，作者更藉著自身的再詮釋與創造性轉化，讓自已的作品更增添了意境、修飾與美學的厚度。至於庾肩吾原詩的「佳期竟不歸」其實是沒有原因的。花開花落，春去春來，思婦不解良人錯過佳期歸返的原因。但經過張正見的解釋，這個故事再度成了「良人／娼婦」的邊塞題材，只是角色扮演的對象變得更具戲劇張力。[62] 從這個角度來說，說南朝創作者只拿邊塞詩作為遊戲，或許未必精確，而是「邊塞」本身很適合作為創作遊戲的題材。

從上面談的蕭繹和張正見大量的遊戲之作，我們或許可以聯想的是「作者」與「邊塞詩」的成因關係。也確實在談南朝邊塞詩時，我們會特別注意到幾個作者，像劉宋時的鮑照；像梁時的吳均、蕭綱、蕭繹、劉孝威，以及陳時的張正見、陳叔寶、徐陵。他們的作品就占了所有南朝邊塞詩幾乎二分之一[63]，且他們都是貴遊文學集團中的領袖或重要成員。除了集中在幾個作者以外，我們還可以注意詩中的「邊塞關鍵詞」與其比例。我們可以舉〈隴頭水〉這一題樂府來看：

62　「娼婦」顯然是從古詩〈青青河畔草〉延伸出來的意象，林文月和梅家玲都談過娼婦／良婦，蕩子／良人的種種對比（參見林文月，《中古文學論叢》〔臺北：大安出版社，1989〕，頁 123-158；梅家玲，《漢魏六朝文學新論》，頁 119-120）。但此處顯然是一享受過風月場、慣看歌臺舞榭的「娼婦」，對應遠行萬里，去黃河源頭塞外的「良人」，這兩造的角色扮演一開始就設定出極端的衝突，足具戲劇張力。

63　根據王文進、劉漢初的統計，南朝的邊塞詩或含有邊塞題材確定為 144 首，其中上述這些作家占了 71 首。

從軍戍隴頭。隴水帶沙流。時觀胡騎飲。常為漢國羞。釁妻成兩劍。殺子祀雙鈎。頓取樓蘭頸。勿令如李廣。功多遂不酬。（劉孝威〈隴頭水〉）

隴頭征人別。隴水流聲咽。只為識君恩。甘心從苦節。雪凍弓弦斷。風鼓旗竿折。獨有孤雄劍。龍泉字不滅。（車馥〈隴頭水〉）

高隴多悲風。寒聲起夜叢。禽飛暗識路。鳥轉逐征蓬。落葉時驚沫。移沙屢擁空。回頭不見望。流水玉門東。（陳叔寶〈隴頭水〉）

隴底望秦川。迢遞隔風煙。肅條落野樹。幽咽響流泉。瀚海波難息。交河冰未堅。寧知蓋山水。逐節赴危絃。（顧野王〈隴頭水〉）

隴阪望咸陽。征人慘思腸。咽流喧斷岸。遊沫聚飛梁。鳧分歛冰彩。虹飲照旗光。試聽鐃歌曲。唯吟君馬黃。（謝燮〈隴頭水〉）

上面這五首詩我們可以依據風格以及邊塞關鍵詞的比例，很明確地將之區分為劉孝威、車馥一組，以及陳叔寶、顧野王、謝燮另外一組。劉、車的詩每聯每句都與邊塞意象密切相關，但像是陳叔寶的「禽飛暗識路」、「落葉時驚沫」[64]；顧野王「幽咽響流泉」；謝燮「鳧分歛冰彩，虹飲照旗光」，都和一般寫景、寫秋色或寫山水的詩歌無異。這當然是出於作家的不同寫作習性使然。但我們必須注意的是，這也就顯示出雖然我們可以從南朝諸詩歌題材中分出「邊塞」一類，但仍需強調其比例輕重的不同。也就是說「南朝邊塞詩」也並非是如鐵板一塊的僵化概念，

64 像是「高隴多悲風」根本只是從「高臺多悲風」轉化而來，充分顯示陳叔寶對於隴地的毫無經驗性。

我們可以區分出一類「邊塞詩作者」，或一類「邊塞詩況味」。[65] 像上述的陳叔寶、顧野王，也只不過是用寫普通詩的技巧或語彙，稍加代換，就完成了他們的「邊塞詩」，算不上純粹的邊塞詩作者，其作品也沒有什麼邊塞詩風與況味。

除此之外，筆者以為前言引述被蕭衍諷刺的吳均，很值得我們注意。吳均顯然是一個徹底的邊塞詩作者，他現在詩作中的邊塞題材與意象比例甚高，我們拿他的〈入關〉來說，這就是一首飽含邊塞況味（甚至可以說過多了）的作品，戲仿邊塞的密度非常高。「羽檄起邊庭，烽火亂如螢。是時張博望，夜赴交河城。馬頭要落日，劍尾掣流星。君恩未得報，何論身命傾」，每一聯都鑲嵌了邊塞意象。甚至進一步來說還可以發現到，吳均的許多不屬於邊塞詩的作品，都運用了邊塞詩的詞彙與技巧、呈現出邊塞詩的風格，此處舉以下幾首：

> 有客告將離，贈言重蘭蕙。泛舟當泛濟，結交當結桂。濟水有清源，桂樹多芳根。毛公與朱亥，俱在信陵門。趙瑟鳳凰柱，吳醥金罍樽。我有北山志，留連為報恩。夫君皆逸翮，摶景復凌騫……（吳均〈酬別江主簿屯騎詩〉）

> 清晨發隴西，日暮飛狐穀。秋月照層嶺，寒風掃高木。霧露夜侵衣，關山曉催軸。君去欲何之，參差間原陸。一見終無緣，懷悲空滿目。（吳均〈答柳惲詩〉）

> ……行衣侵曉露，征舠犯夜湍。無因停合浦，見此去珠還。（吳均〈贈貴陽王別詩三首之二〉）

> 樹響浹山來，猿聲繞岫急。旅帆風飄揚，行巾露沾濕。深浪闇蒹葭。濃雲沒 城邑……（吳均〈贈貴陽王別詩三首之三〉）

---

65 「邊塞詩況味」指的就是在題材或題目都屬於邊塞詩，而其中內容又句句言（或說戲仿）邊塞。

上述的這幾首詩中，如「我有北山志，留連為報恩」、「清晨發隴西，日暮飛狐谷」、「霧露夜侵衣，關山曉催軸」、「深浪闇蒹葭，濃雲沒城邑」等句，也都過渡了邊塞詩的技巧、語彙與況味。尤其是贈別詩中的「行衣」、「征舠」，「猿聲急」、「夜侵衣」等，若略微置換標目，再代入幾個邊關的地名、將軍名，就可以完全等同於邊塞詩了。如果說本書第一章談的語文遊戲，像「郡縣名」、「將軍名」這一類題材，都只是創作遊戲與練習，那我們或許可以推測，吳均對於邊塞意象的熟悉，也已經侵入了他其他題材的詩歌之中。那麼無怪乎在本章開頭所引的《談藪》軼事之中，他會成為被梁武帝揶揄的對象。

最後我們必須問的是，是否回到「以文為遊戲」的這個說法，可能會降低邊塞詩的意義呢？其實這一點，本書於導言部分就已經提過了。由於當代遊戲理論發現，遊戲本身即有複雜的意涵與寓意，若放回到六朝的語境，筆者認為南朝作家藉著角色的扮演、形象的變裝、詞彙與意象的拼貼、挪用與想像，其實是希望能夠開展出一套新變的風氣與集體氛圍。

我們知道南朝作者經常在背誦、抄寫相關的知識、地名與郡縣變化，他們對這些漢代地名或意象有某程度上的熟悉，但即便「熟悉」[66]，這樣的拼貼與書寫仍是新奇的、是以遊戲為出發點的。一旦進入遊戲狀態，作者既能角色扮演、又認真投入。[67] 我們姑且不論這遊戲與歡樂的背後是否隱含有對北方失土的想像；或預視了一切終將消逝的感傷，至少在當下，作者獲得了一種新鮮的書寫與閱讀經驗。而從第一章談的語文遊戲詞彙的拼貼，更進一步延伸到對異域空間的想像，遊戲

66 我們如果反身來思考，「陌生」固然能夠製造出新奇感，但南朝作者對這些地名與歷史意象的熟悉，並不代表他們親身經歷。這種典籍與真實經驗的落差，讓創作者逞炫知識，拼貼時空意象，以達成新奇與愉悅感。

67 這是胡伊青加著，《人：遊戲者》書中的說法，胡氏舉兒童遊戲的例子：兒童都知道他在「玩」與「扮演」，卻又假裝忘卻這種「扮演」，以便更真實地投入遊戲（頁 10-12）。

性則更為加強。綜觀上述，筆者認為南朝邊塞詩應當起源於遊戲，或許對作者而言，還有其他深刻的心靈層面，但我們也難以證明。而筆者以為這樣的結論並非了無新意，而是回到作品、回到作品誕生的時空環境與背景，就現有的資料與文本內部的狀態進行推測。[68]

四、小結：遊戲者的心靈圖景

柯慶明提到唐代的邊塞詩開展出一種「異域情調」，拓展了中國古典詩歌。[69]王文進也提到南朝詩歌在「山水」、「田園」、「詠物」等細膩情調之外，卻能開展出邊塞題材，這非常耐人尋味。筆者由此開展論述，根據以上所論，本章歸納出兩點作為小結：

（一）本章先針對劉漢初的「以文為戲說」、閻采平的「北朝樂府說」、王文進的「歷史想像說」和田曉菲的「文化他者說」，在這幾種說法中，筆者特別重視「歷史想像說」和田曉菲的「文化他者說」，王文進認為南朝邊塞詩起源於對北方失土以及大漢圖騰的緬懷與想像，而田曉菲則認為南朝作家想像北方的苦寒，以建構北方成為文化他者。故王文進著重否定經驗主義，而田曉菲則費力談南朝作家如何操演北方與南方。但筆者認為兩說雖有見地，卻仍有可商榷處。就幾則文獻而言，南朝作家並不認為想像北方是全然正確的，如《談藪》與《顏氏家訓》的對話；而所謂以〈採蓮曲〉、〈採蓮賦〉建構南方的空無，在文獻上解讀似乎也略微牽強。因此，綜觀此四種說法，筆者仍選擇認同於劉漢初的「以文遊戲說」，並通過兩個面向來說明南朝邊塞詩成於「遊戲說」的可能。

（二）筆者從兩個面向說明南朝邊塞詩應當源自遊戲，首先是回歸

---

68 我們當然可以依據文學作品，進行政治的、社會或文化的觀察，但我們同樣可以回歸最原始的創作動機、作者的創作心態、創作過程與目的進行研究。

69 柯慶明，〈略論唐人絕句裡的異域情調——山水詩與邊塞詩〉，收錄呂正惠編，《唐詩論文選集》（臺北：長安出版社，1985），頁 111。

到南朝詩的書寫背景，我們發現這些貴遊集團的成員對於「寫作遊戲」早就習以為常，邊塞題材只不過就像「郡縣名」、「藥名」、「六甲詩」這種得以鋪排、拼貼、達成文字蒙太奇的一種趣味，像本書第一章討論過的鮑照〈建除詩〉，就是在語文遊戲同時過渡邊塞之作。田曉菲認為遊戲難以解釋何以邊塞詩興起，但事實上其他單純的地名拼貼、空間想像遊戲的題材也不少（如本書其他章所論的閨閣詩或佛寺詩）。第二是南朝一百多首邊塞詩、或與邊塞題材、邊塞意象相關作品中，有二分之一集中在鮑照、吳均、蕭綱、蕭繹、陳叔寶、張正見等作家。[70] 而這些作家同時也很熱衷語文遊戲題材的寫作。更值得注意的是吳均，他特別喜歡運用「邊塞」的詞彙與意象於他的詩歌中。

研究者認為邊塞詩不應當起源於遊戲，這恐怕與對遊戲的偏見有些關係。但事實上，遊戲有後設、有扮裝與越界的意義。且此處要說明的是：筆者並不完全否定了王文進、田曉菲對於創作者心靈、集體意識與文化反身性的探索，而他們的這些解釋，在當代的文學創作與文學研究領域，也得到了呼應與證實[71]，證明了文人心態的變化與認同。這樣的解釋可能延伸到了遊戲以外更遠的脈絡，但放回本書——對邊塞空間

---

70 假設南朝詩人嘗試的邊塞詩寫作，是包含了收復失土的慾望投射，或建構北方雄渾的目的，那麼邊塞題材不應該只集中在幾個作者。如果說現今對南朝的詩歌有所缺佚，但上述這些詩人卻也不是詩歌保留最多的。像沈約、謝朓這種作品保存甚豐富的重要詩人，反而沒有什麼邊塞詩作。足以顯現「邊塞詩」與「邊塞情境」的樂府舊題創作，應當產生於是某一時期的流行，或某特定作者的獨特愛好。

71 在前面朱天心的《擊壤歌》（臺北：聯合文學，2001）書中，敘事者小蝦於淡水河畔感嘆「多像揚子江」，其中自有的國族寓言與想像；而在龍瑛宗的〈植有木瓜樹的小鎮〉與〈東京的烏鴉〉兩文中，烏鴉作為北方（東京）的意象，正好對應木瓜樹用以象徵南國（臺灣）。朱天心身為外省第二代作家，稍早的作品自然受到黨國意識的召喚，「收復失土」（變色的神州）理當是朱寫作當時、臺灣的集體意識；至於龍瑛宗的作品也早有研究者將之界定為「後殖民」與「文化他者」的論述證據。若我們相信創作者的心靈與大環境的關係是內化的相互感激、有著自古不變的共性，那麼以今論古，朱天心的例證說明了王文進的說法，而龍瑛宗的例證則對應了田曉菲的說法。

的想像若確屬於遊戲，加上前後兩章所談「遊寺」、「豔情」又與的「佛寺空間」、「閨閣空間」有關。即便是作者親身經歷、或有經驗可聯想，但將空間書寫與再現的同時，仍必然透過想像，這樣的想像、拼貼、挪用，就是遊戲最關鍵也最深刻之處。雖存在於真實世界之中，卻也能逃逸於真實世界之外。

（本章原載於《漢學研究》第29卷第1期，頁281-312，題名〈經驗匱乏者的遊戲——再探南朝邊塞詩成因〉，經筆者大幅修改）

第六章

「豔情」題材新論：梁陳豔情詩的三種類型

> 我們該記得從梁簡文帝當太子到唐太宗宴駕中間一段時期，正是謝朓已死，陳子昂未生之間一段時期。這其間沒有出過一個第一流的詩人。那是一個以聲律的發明與批評的勃興為人所推重、但論到詩的本身，則為人所詬病的時期。沒有第一流詩人，甚至沒有任何詩人，不是樁罪過，那只是一個消極的缺憾。但這時期卻犯了一樁積極的罪。它不是一個空白，而是一個汙點。（聞一多〈宮體詩的自贖〉）[1]

> 抒情詩的存有世界是要於變幻中被顯示出來的，而此中的所謂變幻並不是指事物底客觀變化，而是指自我（das lch）的內在搏動性。此中唯一能捕捉到的，就只有過渡性本身……每一個新的瞬間都得創造一嶄新的形式。（Ernst Cassirer《人文科學的邏輯‧文化之悲劇》）[2]

---

1 聞一多，〈宮體詩的自贖〉，收錄《聞一多全集》（香港：遠東圖書公司，1968），頁 18，此論前半段大概是從沈德潛的意見而來，「齊人寥寥，謝玄暉獨有一代，以靈心妙悟，覺筆墨之中，筆墨之外，別有一番深情名理」，而此說可能是從《南齊書》的「沈約常云：『二百年來無此詩（指謝朓）也。』敬皇后遷祔山陵，朓撰哀策文，齊世莫有及者」而來。

2 卡西勒（Ernst Cassirer），關子尹譯，《人文科學的邏輯》（臺北：聯經出版社，1986），頁 202。

一、「豔情」與「宮體」

（一）宮體中的豔情詩

關於宮體與豔情題材的區別，過去學者也曾有過相關討論。從歷史文獻來看，「宮體」之名初次出現是在《梁書・徐摛傳》，而它代表的是一種與傳統有別的新體類，而這又與徐摛「好為新變」有密切關聯：

> （徐）摛幼而好學，及長，遍覽經史。屬文好為新變，不拘舊體。……文體既別，春坊盡學之，「宮體」之號，自斯而起。高祖聞之怒，召摛加讓，及見，應對明敏，辭義可觀，高祖意釋。（《梁書・徐摛傳》）[3]

這段表現了梁武帝從對宮體的陌生到理解進而「意釋」的過程，加上宮體在當時的流行，直接將宮體視為豔情、閨閣題材，或許有些偏頗。關於這個問題，當代學者也有相關的討論。曹旭認為宮體是蕭綱文學集團於東宮時期所製新體，但其名卻沒有出現在集團成員、創作者的宣言、書信或片言裡。[4]田曉菲也是用「北人的裁決」來談爾後的史論家如何將宮體與「衽席之間」連結，「戲劇化地誇大了宮體的負面價值」。[5]

而臺灣學者如林文月曾歸納「宮體詩人」的整體風格與題旨，說他們的詩「有一種新的風格，綺豔的、輕柔的」、「他們揚棄了人生嚴肅的一面，將重心放置在人生情趣的一面」。[6]王次澄更明確地談到「宮體」不應該是一種「體式」而是一種「風格」。她將宮體與齊之「永明」，宋之「西崑」、明之「臺閣」等同觀之，並說：「故宮體之號，實就詩風而

---

3 〔唐〕姚思廉，《梁書・徐摛列傳》，頁 446。

4 曹旭，〈論宮體詩〉，收錄歸青，《南朝宮體詩研究》（上海：上海古籍出版社，2006），頁 2。

5 田曉菲，《烽火與流星》（北京：中華書局，2010），頁 130。

6 林文月，〈梁簡文帝與宮體詩〉，《純文學》卷 1 期 1，1967 年 1 月，頁 91。

言，而非專指題材也」。[7]

不過我們也發現到，另有一些學者認為「宮體」的主要內容就是關於女性、閨閣的豔情題材，如王運熙、楊明於《魏晉南北朝文學批評史》中說：「所謂『宮體』，主要以女子為歌詠對象，描繪其體貌、神情、服飾、用具、歌容舞態、生活細節以及男女豔情等」[8]，這是全然從書寫女性題材而下的定義，將「宮體」等同於「男女豔情」題材；而歸青認為「宮體詩流行於梁代後期以迄初唐，以蕭綱為代表，以輕豔為特徵的新變體艷詩」[9]；洪順隆則認為：「宮體詩名稱成立於簡文帝在東宮期間，指的是那個時期，以他為中心的春宮文學集團的部分作品，它之所以在當時人注目，主要的，當然是題材集中於宮闈婦女，主旨在乎表現娛樂的色情享受」[10]。大概就是將「宮體」與男女豔情、與情慾書寫聯繫在一起的觀點。

關於如此分歧，田曉菲作了相關回顧，並提到二十世紀研究者對於宮體詩與豔情詩混為一談的誤解，以及胡念貽、曹道衡與周勛初的爭論。[11] 但即便歌詠女性與豔情的詩只是宮體詩的一小部分（根據胡的統計：豔情詩占蕭綱現存詩作的三分之一，占蕭繹現存詩作的四分之一），因此田曉菲認為「宮體詩的定義，不應該是『關於女性與豔情的詩歌』，而應該是關於定力、關於注意力，關於凝神觀看物質世界的新方式詩歌」。[12]

故放在本書脈絡，「宮體」可能是一個太過廣泛的體類概念，難以更精確的界定。故本章以「豔情題材」作為主軸，希望能專就蕭綱、徐陵以及陳叔寶詩歌中「豔情」此一題材，進而探究。以蕭綱或蕭繹的作

7　王次澄，《南朝詩研究》（臺北：花木蘭出版社，2009），頁 190。

8　楊明、王運熙，《魏晉南北朝文學批評史》（上海：上海古籍出版社，1989），頁 297。

9　歸青，〈宮體詩界說辨〉，《華東師範大學學報》期 6，2000 年 6 月，頁 48。

10　洪順隆，《從隱逸到宮體》（臺北：文史哲出版社，1984），頁 150。

11　田曉菲，《烽火與流星》，頁 156。

12　田曉菲，《烽火與流星》，頁 173。

品來看，他們確實還有其他遊覽、餞宴、詠物、詠節令等題材，但豔情題材與之相比，又與遊戲性更為接近——閨閣的玉軟溫香，女性的行動神態，在男性作者的凝視與想像中再現形成了一齣有機的劇場。

過去研究者經常認為宮體或豔情描寫的是「乏味的靜物畫」[13]，是一種缺乏精神與情感內涵的形象。[14] 但無論其內涵或其價值，至少對筆者所選取的三個作者——蕭綱、徐陵、陳叔寶而言，豔情詩是他們非常重要的文學素材之一，而它除了代表新變、代表一套新經典之外，更是他們日常生活的一部分、或是說生命經驗的呈顯。因此，本章聚焦於談梁陳之際三個作家的豔情詩，探討它們豔情詩代表的三種類型。

(二)「豔情詩」的傳統與發展。

關於「情」的探討，過去多從〈樂記〉「情動於中，故形於聲」[15] 或〈詩大序〉「在心為志，發言為詩，情動於中，而形於言」[16] 而來。但值得注意的是，《文選》辭賦之下有「情」[17] 一類，而此「情」並非指廣義情感，專門收錄男女豔情與情慾題材的辭賦。

研究者也注意到從〈樂記〉、《呂氏春秋》以及〈七發〉，都可以解讀出情慾的態度，以及其洩導的方式。其中如〈禮運〉或〈樂記〉中對於人之慾望的敘述，也值得我們注意：

---

13 Cynthia Chennault, "Odes on Objects and Patronage in the Early Qi." in Paul W. Kroll and David R. Knechtges (eds.), *Studies in Early Medieval Chinese Literature and Cultural History: in Honor of Richard B. Mather and Donald Holzman*, Provo, Utah: T'ang Studies Society, 2003, p. 392.

14 張淑香提到：「由於宮體詩只著眼於女性的感官美以及其感覺性的想像與暗示，而不涉及任何情感或精神的內涵，故而其中的女性，只是一個客觀的美感對象，而有被物化、被靜態化的傾向，彷如置身於圖畫之中一樣。張淑香，〈三面「夏娃」——漢魏六朝詩中女性美的塑像〉，收錄《抒情傳統的省思與探索》，頁 150。

15 〔清〕阮元校注，《十三經注疏：禮記》，頁 663-2。

16 〔清〕阮元校注，《十三經注疏：詩經》，頁 13-2。

17 在「情類」下包括宋玉〈高唐賦〉、〈神女賦〉、〈登徒子好色賦〉和曹植〈洛神賦〉，參見〔梁〕蕭統，《文選》，頁 6。

何謂人情？喜、怒、哀、懼、愛、惡、欲，七者，弗學而能。……飲食男女，人之大欲存焉。死亡貧苦，人之大惡存焉。故欲惡者，心之大端也。(《禮記・禮運》)[18]

人生而靜，天之性也；感於物而動，性之欲也……人化物也者，滅天理而窮人欲者也。於是有悖逆詐為之心，有淫泆作亂之事。(《禮記・樂記》)[19]

這兩段分別寫男女之情慾，以及情慾作為人性的必然，同時我們注意到，漢代人對於情慾多半以疏導而不以壓抑，如龔鵬程在解釋嵇康的「情不繫於所欲」論點時即提到：「漢人對情的節制，通常並不以壓抑禁迫為事，而常採取順情以理情的辦法」[20]。而這樣「發乎情，止乎禮儀」的方式，最終的目的仍是要化解情慾或超越情慾。[21] 鄭毓瑜延伸龔鵬程此論，進一步說明像「七體」這樣先縱慾再戒之的作品：「枚乘〈七發〉以降的『七體』作品，都是先說縱欲之事，後戒之以禮義」。[22] 除了〈七發〉之外，我們也應當注意到《文選》情類下兩篇賦，〈神女賦〉、〈登徒子好色賦〉的關鍵轉折：

含然諾其不分兮，喟揚音而哀歎。頩薄怒以自持兮，曾不可乎犯干。……歡情未接，將辭而去。遷延引身，不可親附。似逝未行，中若相首。(〈神女賦〉)

徒以微辭相感動，精神相依憑，目欲其顏，心顧其義，揚詩守

18 〔清〕阮元校刊，《十三經注疏：禮記》，頁 432-1。

19 〔清〕阮元校刊，《十三經注疏：禮記》，頁 666-2。

20 龔鵬程，〈從《呂氏春秋》到《文心雕龍》——自然氣感與抒情自我〉，《文學批評的視野》(臺北：大安出版社，1998)，頁 700-701。

21 龔鵬程，〈從《呂氏春秋》到《文心雕龍》——自然氣感與抒情自我〉，頁 700-701。

22 鄭毓瑜，〈從病體到氣體——「體氣」與早期抒情說〉，收錄柯慶明、蕭馳編，《中國抒情傳統的再發現》，頁 69。

> 禮，終不過差。(〈登徒子好色賦〉)

過去研究者也注意到《文選》的情賦與宮體豔情詩之間的關聯[23]，而在面對即將而來的慾望之前，以禮、以精神性的主體作為修正與防範，這是士人面對情慾的標準模式。相對來說，在民歌、樂府中的情慾、豔情題材——如我們熟悉的〈相逢行〉、〈陌上桑〉，就顯得直露而坦率。然而這些經典相對於前面提的〈樂記〉或〈七發〉，始終沒有正式進入文學經典，而一直要到《玉臺新詠》的選輯，豔情題材才建立起一套與六經典墳全然不同的系統，一種新體的派勢。

前文已經提到，豔情題材應當只能算「宮體」的其中一部分。但豔情詩的嘗試同時也滿足蕭綱提倡新體的「新」與「變」，那麼徐陵《玉臺新詠》的編選，則進一步將歷代豔情詩納入經典之中。這樣的選集代表的是豔情並非蕭綱等人創造，而是歷來經典中早已存在的題材。在劉肅《大唐新語》有一段關於蕭綱晚年悔其少作的說法：

> 劉肅《大唐新語》曰：「梁簡文為太子，好作豔詩，境內化之。晚年欲改作，追之不及，乃令徐陵為《玉臺集》，以大其體。」(《四庫總目提要》)[24]

田曉菲說「在現存的早期資料中，我們看不到任何蕭綱『悔其少作』或『晚年改作』的跡象」，陳大道也認為此段僅能看出徐陵在蕭綱授意下編《玉臺新詠》，但並非專以閨情為收錄對象。筆者以為此事無論真偽，都表現出《玉臺新詠》確實替歷代豔情詩找到了一脈「大」的傳統，因而能「大其體」，畢竟選集的編纂，就表現了編者將作品經典化的心態。

本章開頭徵引了一篇著名論文，即聞一多的〈宮體詩的自贖〉。文

---

23 如許東海，〈論《昭明文選》「情」賦及其諷喻色彩在六朝文學史的意義〉，收錄《風景・夢幻・困境：辭賦書寫新視界》(臺北：里仁書局，2008)，頁 136-145。

24 〔清〕永瑢等編，《四庫總目總目提要》(上海：商務印書館，1933)，頁 4123。

中將宮體（應當是聚焦其中的豔情）視為一個「汙點」。[25]不過筆者以為聞一多的論述，仍對筆者頗有啟發。因為他說這段宮體詩的歷史「不是一個空白，而是一個汙點」，文學史發展是線性結構，若豔情扮演了其中的一個線段，那麼本章即希望將幾個豔情題材作者的脈絡性梳理出來。章太炎《國故論衡》曾說：「簡文帝初為新體，床笫之言揚於大庭」[26]，這同樣是以道德主義對文學作品的指責，將作品貼上道德的標籤、甚至將之與國家興衰連結，這都只是文化神話，豔情或許也是空間想像、是擬代遊戲的一種面向，日本學者福井佳夫也確實認為南朝艷詩在修辭、在技法以及目的都具備遊戲性。[27]然而以蕭綱而言，他提倡豔情詩有何意義？筆者認為這與他的文學主張有密切關係。

二、雕飾主義者：蕭綱

（一）「有情的」經典

陳世驤於〈中國詩字原始觀念析論〉引申〈詩大序〉，認為詩歌的定義是「韻止於心，發之為言，而還帶有舞蹈歌詠同源同氣的節奏的藝術」[28]，而在其後的〈原興：兼論中國文學的特質〉文中，進一步認為「興」所帶有「反覆迴增」的本質，比「詩」更屬於「原始會意字」，帶有「神采飛逸的氣氛」。[29]王德威說陳世驤之所以重視「興」，在於他發現《詩經》時代後，純粹清晰的詩歌聲音逐漸衰弱，寶變為石，化

---

25 聞一多，《聞一多全集》，頁 18。王瑤也有類似說法，說「從鍾嶸『文章殆同書抄』的大明初至初唐為止，謝靈運已經過世，陳子昂還沒出生，惟謝朓堪值得一提」，王瑤，《中古文學史論》，頁 118。

26 章太炎，《國故論衡》（上海：上海古籍出版社，2003），頁 84。

27 〔日〕福井佳夫，《六朝の遊戯文學》，頁 491-496。

28 陳世驤，〈中國詩字原始觀念析論〉，收錄《陳世驤文存》（臺北：志文出版社，1972），頁 47。

29 陳世驤，〈原興：兼論中國文學的特質〉，收錄柯慶明、蕭馳編：《中國抒情傳統的再發現》，頁 45-46。

金成鐵，因此陳晚年致力目標就在於「正本清源，找回應迴旋不去的『興』的聲音」。[30]

若按照陳世驤精神與自然的定義，「情」似乎會與詞藻雕飾相悖，但我們知道梁陳文壇對於雕飾頗為熱衷，更弔詭的是，蕭綱或鍾嶸又對於「吟詠性情」頗為重視。[31] 蕭綱也曾經對《詩經》有過評點，在〈墓門〉這一篇下，他對於「詩」的本質，提出了一與〈大序〉既有所承卻又有轉化的定義，主要針對「歌以訊之」這段話：

> 詩者，思也，辭也。發慮在心謂之思，言，見其懷抱者也。在辭為詩，在樂為歌，其本一也。[32]

田曉菲說蕭綱發現，一首詩也可以僅僅只是言辭，「言辭可以『見其懷抱』，但是言辭不等於『懷抱』，懷抱必須有待『言辭』才能表現」[33]，所以她認為蕭綱此論成為一種 Stephen Owen 所說的「另類聲音」：「詩歌不是情感的表現，而是『再現』」。[34] 筆者以為此論可與蕭綱〈與湘東王書〉的著名主張合觀之：

> 比見京師文體，懦鈍殊常，競學浮疏，急為闡緩。玄冬修夜，思所不得，既殊比興，正背風、騷。若夫六典三禮，所施則有地；吉凶嘉賓，用之則有所。未聞吟詠情性，反擬〈內則〉之篇； 操筆寫志，更摹〈酒誥〉之作； 遲遲春日，翻學《歸藏》； 湛湛江水，遂同《大傳》。（蕭綱〈與湘東王書〉）[35]

---

30 王德威，〈有情的歷史——抒情傳統與中國文學的現代性〉，頁 57。

31 關於梁代文論中論及「性情」的部分，由於離本書主題較遠，難以於此處陳述，可請參酌拙著：〈「三派說」的商榷：從梁代文論對「雕飾」的看法談起〉有初步討論，《東華漢學》，頁 59-88。

32 〔唐〕成伯璵，《毛詩指說》，引自〔清〕馬國翰：《玉函山房輯佚書》（上海：上海古籍出版社，1989）卷 16，頁 48。

33 田曉菲，《烽火與流星》，頁 237。

34 田曉菲，《烽火與流星》，頁 237。

35 〔梁〕蕭綱，〈與湘東王書〉引自〔清〕嚴可均：《全上古三代秦漢三國六朝文》，蕭綱此論的「既殊比興」和「未聞吟詠情性」，應當是與「詩言志」、與「抒情」最相關的論點。〈內則〉為《禮記》一章，〈酒誥〉為《尚書》一篇，蕭綱此論反對過度遵從「經典」的文學主張，一般認為指的就是以裴子野為代表的「守舊派」，顏崑陽就認為蕭裴兩方主要爭議在於「『質』與『文』的兩極化之爭」。[36] 但若將此段與鍾嶸反對「用事」的論述一比較：「古今勝語，多非補假，皆由直尋」、「拘攣補衲，蠹文已甚」[37]，會發現此兩論點其實頗相似。也就是說，蕭綱認為當時文體「懦鈍」肇因於缺乏「性情」，而沉溺對典籍的模擬與臨摹，引用的經典又是那麼嚴肅謹重[38]，這件事本身即背離了《詩》教，殊異了「比興傳統」。

這其實是充滿辯證的概念，也就是蕭綱注意到了一種「具抒情性」、「有情的經典」，而此經典不同於「六典三禮」。「六典三禮」如果是生活的[39]、是立身的法則，那麼「有情的經典」，風騷比興、或陳世驤談的「定」與「止」的言志美感經驗，就應該屬於文章的。這是顏崑陽所謂的「文章／學術」的區分，也是「立身／創作」、「抒情／敘述」的區分。據此我們理解〈與湘東王書〉最後那化用自《莊子》的典故[40]，其意義就更為清晰了：過度的道德主義並不適合鄭衛之邦；而太

頁 3011-1。

36 顏崑陽，《六朝文學觀念論叢》（臺北：正中書局，1993），頁 42。

37 王叔岷箋證，《鍾嶸詩品箋證稿》，頁 97。

38 這讓我們想到蕭綱那句歷來頗具爭議的言論，「立身須謹重，文章須放蕩」，從這個角度來聯想，或許我們可以這樣說，那謹重沉穩的經典應當用來作立身之法，而非作為文章之道。

39 鄭毓瑜在談「宮體」時，特別注重作者將「資產世界觀付諸話語」此論，認為此即他們「真實的生活」，鄭毓瑜，〈由話語建構權論宮體詩的寫作意圖與社會成因〉（《漢學研究》卷 13 期 2，1995 年 12 月，頁 270。此處本章將「現實世界／辭藻文章」區別開來，倒不盡然是反對鄭毓瑜之說，只是鄭論的是作家的呈顯寫作意圖，而筆者是從作家對二者的根本認知來回推。

40 此處筆者指的是「章甫翠履之人，望閩鄉而嘆息」此句，乃是由《莊子・逍遙遊》的「宋人資章甫而適諸越，越人斷髮文身，無所用之」改詞易句而來。

華麗的配件同樣無以施用於越閨之鄉。這可能是蕭綱心理深處對於文學主張的投射，而他試著將此理念向蕭繹陳述了。

從作品來看，筆者以為蕭綱也試圖實踐他心目中的「有情的經典」。或許在他豔情詩中，傳統的、主體的「情」顯得幽微，像張淑香所說：那些美女麗人都被「靜態化」了，但蕭綱也藉著這立基於慾望的「情」之描摹，深度展示了他的作品與經典的聯繫。那麼這種另類的「用典」本身就是一種向「拘攣補衲」、「學術派」的展示。像他兩首著名的豔情詩〈戲贈麗人〉與〈詠舞〉：

> 麗姐與妖嫱，共拂可憐粧。同安鬟裏撥，異作額間黄。羅裠宜細簡，畫屧重高牆。含羞未上砌，微笑出長廊。取花争間鑷，攀枝念蕋香。但歌聊一曲，鳴絃未肯張。自矜心所愛，三十侍中郎。（蕭綱〈戲贈麗人〉）[41]

> 可憐稱二八，逐節似飛鴻。懸勝河陽伎，闇與淮南同。入行看履進，轉面望鬟空。腕動苕華玉，衫隨如意風。上客何須起，啼烏曲未終。（蕭綱〈詠舞詩〉）

這兩首詩共通點在於化用樂府收尾，但更積極來說我們不應該把蕭綱所引用的〈長安有狎斜行〉、〈烏夜啼〉視為單純用典。〈戲贈麗人〉中「麗人」的形象是一極雕飾且宛如靜止狀態的美女——即便她也含羞微笑、攀枝取花。評論家常拿蕭綱詩中的「倡家」、「蕩子」來指摘其作品的色情淫穢，當然，一方面敘事者從對麗人「調戲」與調戲伴隨而來的婉拒中，欲拒還迎建構了一套意淫的觀看方式，但筆者以為更重要的是蕭綱在這樣的「意淫」中，將〈陌上桑〉的羅敷，〈相逢行〉的小婦，

41 〔梁〕蕭綱，〈戲贈麗人〉，引自〔清〕吳兆宜箋注，《玉臺新詠箋注》（北京：中華書局，1956），頁290。由於本書聚焦談「豔情詩」，故引《玉臺新詠》作為版本，不用逯欽立之總集，特此說明，以下皆據此版本。

或〈烏夜啼〉的故事[42]翻轉而「再現」過了。這些樂府與六經自然有異，但它們是「有情（有慾）」的，接受此經典的作者、敘事者、以及宮體詩中的女主角，同樣也是有情的。不同於那填入沉穩謹重經典的作品，這是蕭綱豔情詩中的「輕」與「豔」，但這些「輕」卻情感直露的情節何以不能成為「經典」？蕭綱提示我們，會不會章甫翠履、華麗雕琢之裝扮，更適合於鄭衛之邦？[43]

這種透過藻飾言辭和對新典籍的引用，是蕭綱特殊的書寫模式，〈詠舞詩〉另有同題作，但王訓、劉遵、徐陵允其量用飛燕[44]等典故而已。蕭綱這種豔情題材的書寫，建立一脈與過去有所差異的經典之外，他的另外一項工程是將「言志」的「志」與「辭」結合起來，發展出極端的藻飾主義。

（二）極端的藻飾主義

從文學創作的角度來說，直抒「性情」的創作行為或許與華麗雕琢的「藻飾」主義有所衝突，但從蕭綱的許多主張來說，他顯然認為言辭的雕琢是必要的，藻飾出於自然、同時也反應自然，那麼透過堆砌與描摹所呈現的就是本質的「情」。如其〈答張纘謝示集書〉所說：

> 日月參辰，火龍黼黻。尚且著於玄象，章乎人事。而況文辭可止，詠歌可輟乎？……春庭落景，轉蕙承風。秋雨且晴，檐

---

42 逯欽立，《先秦漢魏晉南北朝詩》：「古辭，唐書樂志曰：『烏夜啼者，宋臨川王義慶所作也。元嘉十七年，徙彭城王義康於豫章，義慶時為江州。至鎮，相見而哭。文帝聞而怪之，徵還，慶大懼，伎妾夜聞烏夜啼聲，扣齋閤云：「明日應有赦」。其年更為南兗州刺史，因此作歌，故其和云：「夜夜望郎來，籠窗窗不開」。今所傳歌，似非義慶本旨』」，頁 1347。

43 這也是蕭綱〈與湘東王書〉的譬喻：「故玉徽金銑，反為拙目所嗤；巴人下里，更合郢中之聽……是以握瑜懷玉之士，瞻鄭邦而知退；章甫翠履之人，望閩鄉而歎息」，引自〔清〕嚴可均，《全上古三代秦漢三國六朝文》，頁 3011-2。

44 王訓詩「將持比飛燕，定當誰可憐」；徐陵詩「當由好留客，故作舞衣長」。

梧初下。浮雲生野，明月入樓。……胡霧連天，征旗拂日。時聞塢笛，遙聽塞笳。或鄉思悽然，或雄心憤薄。是以沈吟短翰，補綴庸音。寓目寫心，因事而作。（蕭綱〈答張纘謝示集書〉）[45]

這樣的敘述儼然讓我們聯想到鍾嶸〈詩品序〉的「物色之動，心亦搖焉」的相關論述，對鍾嶸來說創作者藉著「直尋」來理解物色世情，人接物而有感，對蕭綱來說「寓目寫心」是必要的；排除繁重典誥而探尋物色世情也是必要的，但更重要的是它們必須落實在藻飾的前提之下。蕭綱此論未必明確提出了這個主張，但他藉著字行間工整繁密的對偶與鋪寫，證明了這個理論。蕭綱的豔情詩以雕琢和堆砌將女性靜態化，但這正是蕭綱認為性情所詠的方式。[46]

此處以〈執筆戲書〉為例，從內容來說屬於豔情題材，徐陵將此詩選入《玉臺新詠》之外，自己也有同題之作。但從內容我們可以發現，本詩與典型的閨閣、女性作品如「夫壻恒相伴，莫誤是倡家」（〈詠內人晝眠詩〉）或「試將持出眾，定得可憐名」（〈美人晨妝〉）顯有不同，比起對女性客體的意淫或視淫，這首詩更重要的反而是詞彙本身的雕琢與工整的對偶。顯然，詩中辭藻的豔麗色澤超越了美女顏色：

舞女及燕姬，倡樓復蕩婦。参差大戾發，搖曳小垂手。釣竿蜀國彈，新城折楊柳。玉案西王桃，蠡杯石榴酒。甲乙羅帳異，辛壬房戶暉。夜夜有明月，時時憐更衣。（蕭綱〈執筆戲書〉）

我們若不把此詩當成描寫女性情色主題，就會發現這首詩很像當時流行

---

45 引自〔清〕嚴可均，《全上古三代秦漢三國六朝文》，頁 3010-2。

46 在蕭綱的理論體系中，「緣情」、「性情」、「情靈」等概念組成了複雜的問題，而顯示出情從主體往客體移動，緣情或許是更大的課題，但蕭綱的性情論和蕭繹「綺縠紛披，宮徵靡曼，唇吻遒會，情靈搖盪」，筆者看來很相似，這是一種立基於藻飾主義之上的性情抒發。

的遊戲作品，如〈郡縣名詩〉、〈藥名詩〉，只是對象換成各型態的佳人美女。第一句涵蓋了各種型態的娼婦蕩婦，第二聯寫美人舞姿，第三聯寫美人送別，第四聯寫美人席間案頭之器物，第五聯寫美人坊署，最後總括時時刻刻，寫出一女性類型作品的通則。儼然以女性為主題編纂的「美人類書」。[47] 這種進行歸納的豔情詩，固然可收入《玉臺新詠》，但它分明就是遊戲之作，寫佳人的各種型態，與意淫情色無關，若用以指稱蕭綱宮體的墮落，則無的放矢了。但我們還是能讀出蕭綱包裹於「遊戲性」之下的「抒情性」，明月是物色之景，是「夜夜」都發生的必然現象，但因物色而興發「憐」之情懷，這則是敘事者的主體所發動的情緒。即便是那麼千篇一律、有如類書堆垛的故事情節，但仍可見作者的憐愛未已、可見作者的情之所鍾。

對蕭綱來說，文辭的藻飾並不妨礙性情的吟詠，反之，唯有在它不斷堆砌建構的同時，溫暖真實[48] 的情感才能真正汩汩而流。一旦當眼前物色隳壞，雕琢言辭也隨之關閉，而情感流動受到阻礙、遲滯，留下迷惘感傷與悵然。這可以用蕭綱的「採蓮」詩賦來說明。他的〈四詠詩〉中的〈蓮舟買荷度〉和〈照流看落釵〉亦收入《玉臺新詠》：

> 望江南兮清且空，對荷花兮丹復紅。臥蓮葉而覆水，亂高房而出叢。楚王暇日之歡。麗人妖豔之質。……素腕舉，紅袖長，迴巧笑，墮明璫。荷稠刺密，亟牽衣而綰裳。人喧水濺，惜虧朱而壞妝。物色雖晚，徘徊未反。畏風多而榜危，驚舟移而花遠。（蕭綱〈採蓮賦〉）

> 採蓮前岸隈，舟子屢徘徊。荷披衣可識，風疎香不來。欲知船

---

47 此題材與書寫策略也造成了一些影響，像顧野王〈豔歌行〉：「齊倡趙女盡妖妍，珠簾玉砌併神仙」、「燕姬妍，趙女麗，出入王宮公主第」；庾信「虞姬小來事魏王，自有歌聲足繞樑」等句，恐怕其女性客體也皆非實指，其概念可謂是承繼蕭綱此作。

48 不若「反擬〈內則〉之篇」或「更摹〈酒誥〉之作」的創作方式。

度處，當看荷葉開。（蕭綱〈四詠詩〉之一〈蓮舟買荷度〉）

相隨照綠水，意欲重涼風。流搖粧影壞，釵落鬢花空。佳期在何許，徒傷心不同。（蕭綱〈四詠詩〉之二〈照流看落釵〉）

田曉菲解釋蕭綱〈採蓮賦〉說：「在曲水上行舟的仕女逐漸進入了一個富有魔力的世界……衣裳被牽挽，紅妝被水濺濕，肌膚被曝露。然而『壞妝』的『壞』字乃是佛經用語，特指物色世界虛幻不實而遭到毀滅」[49]，「壞妝」是很深刻且鮮明的形象與行動，這並不像張淑香所說「靜態化」，這可能和賦的敘述有關。蔡英俊說：「漢賦所以被認定為一種『類推』的藝術……『類』是指漢賦所描述對象事物在類型上所屬的特定範疇；『推』闡明漢賦在呈現對象事物所運用的『鋪排』和『推衍』連結方式」[50]，蕭綱以此類推原則，賦中沒有太多抒情性（將之挪到「採蓮歌」[51]中呈顯），但同樣的場景移植到了〈四詠詩〉，載體與敘述者角度的改變，讓作者較能投入自身情感——「吟詠性情」，所以他提出了詰問：「佳期在何許」，也用「徒傷」表達了情感。「徒傷」來自於內心的差異，而同時，物色的壞毀影響了作者的「辭」與「情」，這也就表示對蕭綱而言，「性情」與「言辭」是緊密結合在一起。

筆者以為這顯現出蕭綱的「藻飾主義」，而此主義即便放在追求唯美、追求綺麗的南朝，也是鮮少有作者能超越的。對於蕭綱而言，言辭的雕飾除了能表達情性，其本身呈現的美學更直接凌駕了美人的價值，他已經將真實的性情與慾望給「辭藻化」。至於徐陵的豔情詩與《玉臺新詠》的編纂，這進一步將這個想法經典化。

---

49 田曉菲，《烽火與流星》，頁 266。

50 蔡英俊，〈「詩」與「藝」：中西詩學議題析論〉，《中國古典詩論中「語言」與「意義」的論題——「意在言外」的用言方式與「含蓄」的美典》（臺北：台灣學生書局，2001），頁 49。

51 「採蓮歌」繫於賦末，詞曰「常聞蕖可愛，采擷欲為裙。葉滑不留綖，心忙無假薰。千春誰與樂，唯有妾隨君」，詩意顯然仿吳歌而來，淺顯語白，情感直露。

三、豔情詩的經典化：徐陵

（一）美人與美文的重疊

徐陵今傳的艷詩其實沒那麼多，而一般認為，徐陵主要重要的貢獻在於他編纂的《玉臺新詠》。而《玉臺新詠》除了前面提到，透過向歷史的蒐羅與「再定義豔詩邊界」，以「大其體」之外，《玉臺新詠》的序運用了非常特殊寫作方式，值得我們關注。

從構造、邏輯與書寫策略來看，〈玉臺新詠序〉都與一般選集的序文有很大的差異區別。徐陵設計了一個「傾國傾城，無對無雙」的「麗人」，全篇以「麗人」為敘述對象。也就是說，〈玉臺新詠序〉完全進入了一套類比隱喻的模式，而譬喻出的麗人形象，也有點像張淑香說的：具毀滅力量、帶有「危險知覺」[52]的「海倫」或「夏娃」；或神話人類學談的「維納斯」般的母神。[53]鄭毓瑜在談〈高唐賦〉的「旦為朝雲」、「寡人方今可以游乎」時提到：「（神女）可視作慾望在體內躍升或擴張的追尋體驗」、「顯露慾望並不只是針對神女單一對象而發，而是人身在整體世界中的極限推拓」。[54]如果這樣的話，徐陵採取的是反向的邏輯，他將慾望聚焦回「麗人」，只是這個「慾望」也包含了對於華麗辭藻的嚮往。

事實上，徐陵也用了神話原型的敘事視角建構此「麗人」。〈序〉先說此「麗人」其實早在真實歷史與文學歷史脈流中被廣泛吟詠、瞻仰、見證，甚至「意淫」過了：「千門萬戶，張衡之所曾賦。周王璧臺之上，漢帝金屋之中」。而從反覆堆垛拼貼的描述我們也發現這個「麗

---

52 張淑香，《抒情傳統的省思與探索》，頁 129。

53 葉舒憲，《高唐神女與維納斯：中西文化中的美與愛主題》（西安：陝西人民出版社，2005），頁 323-333。

54 鄭毓瑜，〈從病體到氣體——「體氣」與早期抒情說〉，收錄柯慶明、蕭馳編《中國抒情傳統的再發現》，頁 69。

人」同時轉喻了歷史中美人的形象，一方面徐陵藉著這樣的敘述整理了「情」（或「情慾」）的經典，另一方面他藉著「美人」的拼貼告訴我們：對於此「麗人」我們已經不用再多加著墨，她已經在含情脈脈的記敘與鋪衍中非常鮮明了：

> 其人五陵豪族，充選掖庭。四姓良家，馳名永巷……楚王宮裏，無不推其細腰。衛國佳人，俱言訝其纖手。閱詩敦禮，豈東鄰之自媒。婉約風流，異西施之被教。弟兄協律，生小學歌。少長河陽，由來能舞。琵琶新曲，無待石崇。箜篌雜引，非關曹植。傳鼓瑟於楊家，得吹簫於秦女。至若寵聞長樂，陳后知而不平。畫出天僊，閼氏覽而遙妒。（徐陵〈玉台新詠序〉）

〈玉台新詠序〉最值得重視的，是徐陵對「麗人」的「妙解文章」之詮釋。鄭毓瑜認為，若宮體詩志在建構一「合法的正名過程」[55]，那麼此〈序〉有一層意義即展演「富貴的階級象徵、權力形式」。[56]放入本章的豔情脈絡，這個美女的外表已經得到證明了，那麼她更大的魅力應當在於其自身的創作能力與文學美感：

> 妙解文章，尤工詩賦。琉璃硯匣，終日隨身。翡翠筆床，無時離手。清文滿篋，非惟芍藥之花。新製連篇，寧止蒲萄之樹。九日登高，時有緣情之作。萬年公主，非無累德之辭，其佳麗也如彼，其才情也如此。（徐陵〈玉台新詠序〉）

此段「緣情之作」說的是麗人性情之真；「累德」即損德敗德，「無非累德之辭」指的是麗人道德之善，而筆者以為若僅將〈序〉中的麗人當作

---

55 鄭毓瑜，〈由話語建構權論宮體詩的寫作意圖與社會成因〉，《漢學研究》卷 13 期 2（1995 年 2 月），頁 266。

56 鄭毓瑜，〈由話語建構權論宮體詩的寫作意圖與社會成因〉，頁 271。

典型宮體的抒情客體，這並不夠精確。徐陵建構了一套完整而全方面的連類譬喻[57]，繼承了蕭綱的意向性，告訴我們：「文章」與「言辭」才真正能凌駕歷史中的美人形象。因此，我們也可以說，〈序〉所意淫的對象應當是那「新篇」、「清文」之本身，是含情卻又雅正的文學作品本身。

近來學者談到《玉臺新詠》是為女性讀者而編纂的文集，因此於序描寫麗人形象[58]，然而筆者認為何妨認為徐陵是透過後設的角度，將「文章」、尤其是豔情題材，以具體化、形象化的方法呈現出來，讓「它」成為一個活靈活現、超越文本中各種美女形象的「麗人」，並對之寄託以「情慾」。但換句話說，這不就表示徐陵以及其背後象徵的蕭綱集團，對於文章辭藻的愛、熱情與慾望，已經超過了他們敘述的女體或旖旎形象本身。至少筆者認為：缺乏辭藻美感的作品，是無法激起那些作家們任何情慾、或造成（當時的）任何讀者的抒情感受才對。

（二）製作「經典」

如果照《大唐新語》的說法，《玉臺新詠》這部選集的編纂，在於「大其體」，無論此體是指豔情詩還是整個宮體，徐陵的目標就是要製作一部新的經典。而事實上他和蕭綱類似，同樣在對過去樂府的加工下了不少功夫，但和蕭綱的差別在於，第一，由於徐陵並沒有對應的文論作為文學主張，導致我們無法說他是否也有一套自己的「質／文」、「學術／文章」的界分；第二，徐陵與蕭綱有著幕僚主從的關係，因此我們

57　關於「引譬」、「連類」等等論述，並非本書論述主軸，請參酌鄭毓瑜，〈類與物——古典詩文的「物」背景〉（《清華學報》卷 41 期 1，2011 年 3 月）：「文學書寫中的「引喻」、「譬類」或「應感」，其實涵括於一個共識性的世界觀、宇宙觀，「時——事」、「物——我」之間必然存在於早經認可熟悉、同時更是時時處於「類應」（類固相召，氣同則合）以「穿通」的互聯狀態」，頁 18。

58　如沈玉成，〈宮體詩與玉臺新詠〉，《文學遺產》1988 年期 6，頁 63，以及張蕾，〈玉臺新詠研究述要〉，《河北師範大學學報》卷 27 期 2，2004，頁 74。

發現徐陵的「製作經典」基本上追尋蕭綱，並更進一步，蕭綱的作品成了他所製作經典的一部分。

我們舉徐陵兩首奉和蕭綱的豔詩，分別是他自選入《玉臺新詠》的〈走筆戲書應令〉和〈奉和詠舞詩〉：

> 此日乍殷勤，相嫌不如春。今宵花燭淚，非是夜迎人。舞席秋來卷，歌筵無數塵。曾經新代故，那惡故迎新。片月窺花簟，輕寒入錦巾。秋來應瘦盡，偏自著腰身。（徐陵〈走筆戲書應令〉）

> 十五屬平陽，因來入建章。主家能教舞，城中巧畫粧。低鬟向綺席，舉袖拂花黃。燭送空迴影，衫傳篋裏香。當由好留客，故作舞衣長。（徐陵〈奉和詠舞詩〉）

與蕭綱的〈執筆戲書〉的極端藻飾相比，徐陵的〈走筆戲書〉顯得直截淺近，語不甚深也不太雕琢，與蕭綱的原作有所區隔。而在《玉臺新詠》中徐陵自作之詩僅選四首[59]，此詩為第一首。誠如前述，蕭綱的〈執筆戲書〉猶如在整理文獻中的美女形象，宛如情慾類書，徐陵的〈玉臺新詠序〉似乎扮演同樣的功能。在徐陵〈走筆戲書〉的「戲」並非表現為蕭綱那般的高密度聯對與雕飾，而是像「此日乍殷勤」、「今宵花燭淚」或「曾經新代故」這一類反覆迴旋的互文情調上。蕭綱詩結尾的情緒發動在「時時憐更衣」的「憐」，而徐陵詩最末的「秋來應瘦盡」的「應」，既是推測，又是感傷，展現出作者的抒情性。

徐陵的〈詠舞應令〉也是經常被視為他最輕靡而墮落的詩，與蕭綱相比，這首應令共作呈現與原作迥異的面貌，如果蕭綱有向〈相逢行〉、〈長安有狹斜行〉等經典致敬的創作意圖，那麼徐陵詩中舞妓顯然又「去脈絡化」（decontextualization）。「她」的舞技猶如得到平陽公

59 不算其後所選的樂府，而事實上徐陵自選的樂府數量也很有限。

主、衛子夫調教[60]、學舞妝畫則有若趙飛燕[61]，但此舞妓卻不等同於典故脈絡中的任何一位美女，而從更宏觀的角度來看，這些歌舞昇平的故事，對去脈絡化的舞妓而言其實到處存在。那麼，典故鋪衍本身是沒有抒情性的，作者的情慾也是隔閡的，直到最後的「好留客」、「舞衣長」，作者的情感投射到了舞妓心理，如高友工所說：「物質與心理」合而為一。若照舊說認為宮體墮落淫邪，這自然不正確，但若其缺乏真實情感同樣也太過鳥瞰。只能說它們用了一種更隱微、更迂迴的方式，對情感進行再製。

徐陵另外還有一首使用樂府詩句但卻非樂府的詩〈中婦織流黃〉，也值得我們注意，它和陳叔寶的〈三婦豔〉大概有屬同樣一創作意向。如果說蕭綱建構「有情的經典」在於提出了一脈豔詩傳統，那麼徐陵顯然在此脈絡之中，繼續嘗試延長、拉寬並豐富「有情經典」的行列：

> 落花還井上，春機當戶前。帶衫行障口，覓釧枕檀邊。數鑷經無亂，新漿緯易牽。蜘蛛夜伴織，百舌曉驚眠。封用黎陽土，書因計吏船。欲知夫壻處，今督水衡錢。（徐陵〈中婦織流黃〉）

〈相逢行〉的「大婦織綺羅，中婦織流黃；小婦無所為，扶瑟上高堂」說的是三婦才能德行，透過縫織能力來渲染整座富貴門庭的氣象（婦女機織被「物化」，成為財產的證明）。但這種女性最細緻親暱的行為，成為其豔詩所發揮的特質。蕭綱也有〈詠中婦織流黃〉，但徐陵此詩黏附著「織機」的行動展開畫面。隨著織機晃動女體的搖晃、釵釧的擺盪，

---

60 相關事見〔東漢〕班固，《漢書・衛青列傳》：「（衛）青壯，為侯家騎，從平陽主。建元二年春，青姊子夫得入宮幸上。皇后，大長公主女也，無子，妒。大長公主聞衛子夫幸，有身，妒之，乃使人捕青。青時給事建章，未知名。大長公主執囚青，欲殺之」，頁 2472。

61 趙飛燕為陽阿公主家所訓練之舞妓，相關事見《漢書・孝成帝本紀》：「立皇后趙氏，本長安宮人，後屬陽阿公主，善歌舞，號曰飛燕。上微行陽阿公主家，見而說之，及女弟俱為婕妤，貴傾後宮」，頁 257。

這都是充滿情慾的觀看目光。蕭綱至少以「夫壻桓相伴」將意淫流程在最後消解，但徐陵筆下的思婦與其夫婿的現實距離，隨夫婿宦遊而遞增，「百舌曉驚眠」、「今督水衡錢」顯然影響了唐代閨怨詩的「啼時驚妾夢」、「悔教夫婿覓封侯」等閨怨詩意象。

許東海認為豔情詩作者對於《文選》的情賦作了辯證思索，一方面延續〈登徒子好色賦〉將女性描寫世俗化，另一方面卻突顯豔詩更直露而偏向遊戲與藝術的面向。[62] 但就筆者來看，即便豔情作者或許受情賦的影響，但徐陵製作經典的範圍並無包含辭賦。且他不僅是往上尋找經典，於當代製作經典，同時也為了接下來的詩盛世準備好了一批經典。然而與徐陵相比，真正將豔情題材的風格、模式與敘事，全方面貫徹於其他文體的作者，應該是陳叔寶。

四、泛豔情詩化：陳叔寶

（一）各種體類的泛豔情化

陳叔寶在東宮度過了十四年安逸的時光[63]，除了亡國之罪，陳叔寶最為詬病的是他的後宮生活。《陳書》載：「後主每引賓客對貴妃等遊宴，則使諸貴人及女學士與狎客共賦新詩，互相贈答，採其尤豔麗者以為曲詞，被以新聲，選宮女有容色者以千百數，令習而歌之」、「其曲有〈玉樹後庭花〉、〈臨春樂〉等，大指所歸，皆美張貴妃、孔貴嬪之容色

---

62 許東海，《風景・夢幻・困境：辭賦書寫新視界》，頁 140-141、146。

63 根據陳叔寶本傳，他於承聖二年（553）十一月生於江陵，隔年江陵陷落，父親陳頊「遷關右，留後主于穰城。天嘉三年（562），歸京師，立為安成王世子。天康元年（566），授寧遠將軍，置佐史。光大二年（568），為太子中庶子，尋遷侍中，餘如故。太建元年（569）正月甲午，立為皇太子」，〔唐〕姚思廉，《陳書・後主本紀》，頁 105。其浪漫性格讓他對軍事甚無警覺，「及聞隋軍臨江，後主曰：『王氣在此，齊兵三度來，周兵再度至，無不摧沒……』奏伎縱酒，作詩不輟」，〔唐〕李延壽，《南史・陳後主本紀》，頁 308。

也」。[64] 過去作家擬代閨語，而陳叔寶讓宮娥自作豔情詩，王瑤批評此乃墮落至極。[65] 但如果從另外一個角度來看，陳叔寶表現了一種「泛豔情化」的習性、價值觀、以至於日常生活型態。

我們從陳叔寶與其文學集團的幾個共詠詩題來看，可以看出這種趨勢，像〈立春日泛舟玄圃各賦一字六韻成篇〉、〈上巳玄圃宣猷嘉辰契酌各賦六韻以次成篇詩〉、〈獻歲立春風光具美泛舟玄圃各賦六韻〉、〈初伏七夕已覺為涼各賦四韻〉、〈七夕宴宣猷堂各賦一韻詠五物自足為十并牛女一首五韻物次第用得帳屏風案唾壺履〉等，就主題分大抵為詠節令、物色、遊覽、詠物，但這種以宮廷的活動、器物、節日為題的創作，一方面來自於陳叔寶宮廷生活的經驗貧瘠，二方面其實也讓他訓練了細膩而高密度的遊戲詠物創作力。這些詩多少都與遊戲有關，但他們其實用的是宮體的細膩觀看技巧，還參酌了豔詩的描摹，將宮廷生活最細膩最散嬾的片段，透過作品記載了下來。這當然是對詩以「載道」的顛頏，但倒未必是對「言志」的反調。如他的詠物詩、詠節令詩：

> 錦作明玳床，黼垂光粉壁。帶日芙蓉照，因吹芳芬拆。（陳叔寶〈詠帳〉）

> 明月照高臺，仙駕忽徘徊。雷徙聞車度，霞上見妝開。房移看動馬，斗轉望斟杯。靨色隨星去，髻影雜雲來。更覺今宵短，只遽日輪催。（陳叔寶〈七夕宴重詠牛女各為五韻〉）

> 秋初芰荷殿，寶帳芙蓉開。玉笛隨弦上，金鈿逐照回。釵光搖玳瑁，柱色輕玫瑰。笑靨人前斂，衣香動處來。……（陳叔寶〈七夕宴樂修殿各賦六韻〉）

從題材來看這「帳」雖然是詠物詩，但它同時也屬於閨房空間的裝飾

---

64 〔唐〕姚思廉，《陳書・張貴妃傳》，頁 132。
65 王瑤，《中古文學史論》，頁 103。

物，因此，在若隱若蔽之際，光影折射、香氣馥郁的「物」之背後，仍然有一慾望客體。如果說豔情詩是將女性物化，那反過來說，陳叔寶此處描寫的「物」也被情感化、親暱化而女性化了。而「七夕詠牛女」此一題材雖為詠節令，但牛女傳說與情愛相關，故以艷詩體制還說得通，然而如「鬢影雜雲來」等句，完全是將艷詩中對女性身體之描寫套用在對織女的勾勒；至於像「釵光搖玳瑁」等句，將宮殿、宮娥形象混而為一，笑靨衣香，全然是豔體詩格套。

前面我們談到蕭綱、徐陵有〈中婦織流黃〉，向他們心目中情感真摯的經典〈相逢行〉致敬，而陳叔寶變本加厲，作〈三婦豔〉十首，將〈相逢行〉中最香豔、最旖旎也最引人遐想的「三婦」作為主題。三個同處一室（並非是豆蔻少女而是已初經人事）的妯娌，她們的思念與情慾，成為了此系列詩的主要抒情對象。而若我們細讀此詩就可以發現「三婦」中最刻意經營、引人意淫嚮往者，乃是最年少的「小婦」：

> 大婦妬蛾眉，中婦逐春時。小婦最年少，相望卷羅幃。羅幃夜寒卷，相望人來遲。（陳叔寶〈三婦豔詞〉之四）

> 大婦愛恆偏，中婦意常堅。小婦獨嬌笑，新來華燭前。新來誠可惑，為許得新憐。（陳叔寶〈三婦豔詞〉之八）

> 大婦年十五，中婦當春戶。小婦正横陳，含嬌情未吐。所愁曉漏促，不恨燈銷炷。（陳叔寶〈三婦豔詞〉之十）

在陳叔寶的鋪陳下，三婦也無須織綺編紈，展現自己的女紅才華了。青春年華不是臨窗拋露，就是玉體橫陳、嬌情待吐。矢嶋美都子認為此處的閣樓中「小婦」形象轉化成了唐代閨怨詩的「少婦」[66]，而我們發現這一系列詩除了將慾望活生生地展演以外，詩語言本身就與蕭綱或徐陵

---

66 〔日〕矢嶋美都子，〈樓上の思婦——閨怨詩のモチーフの展開〉，《日本中國學會報》期 37，1985，頁 115-117。

有很大區別，文字淺俗直白，看得出擬作樂府的策略，但情境、意象與口吻卻又能言原作樂府之不能言。陳祚明評陳叔寶詩說到：「六朝體以清麗兼擅，故佳。麗而不清，則板；清而不麗，則俚」[67]，此詩大概如後者而得到俚俗的評論。

在陳叔寶領導的文學集團中，此題材頗為普遍，像張正見同題〈三婦艷詩〉最後兩句「上客何須起，為待絕纓時」，這是將《說苑》典故[68]以毫不遮掩的情色化邏輯覆寫而來。筆者以為聞一多某個程度確實掌握到了艷體詩歌的發展，到陳叔寶此時期，那些情色、猥狎、充滿意淫的觀看或主客慾望相互引誘的情節，再不避諱地於宮廷作家的作品世界裡再現。[69]但畢竟我們已脫離了以道德主義評判詩歌的時代，若平心而論就會發現：陳叔寶與其集團成員刻意在複寫情色，在展演情色，在擴衍情色。原本單純的三婦經營家業逞炫才華的敘事，成了乾材慾火，空牀難守的思婦（們）所建構之桃色世界。

錢鍾書談朱熹詩人和道學家的雙重性，稱之「出位之思」[70]，饒宗頤續此將風格體裁的跨界稱為「越位」[71]，那麼筆者以為陳叔寶可說是代表著豔情詩越位的作家，他運用他最擅長的女性與情色題材，與宮體的體物技巧，且擺脫了道德羈絆與經典之所以為經典的包袱，將情色透

---

67 〔清〕陳祚明，《采菽堂古詩選》（上海：上海古籍出版社，2008），頁 940。

68 〔東漢〕劉向，《說苑》：「楚莊王賜群臣酒，日暮酒酣，燈燭滅，乃有人引美人之衣者，美人援絕其冠纓，告王曰：「今者燭滅，有引妾衣者，妾援得其冠纓持之，趣火來上，視絕纓者。」王曰：「賜人酒，使醉失禮，奈何欲顯婦人之節而辱士乎？」乃命左右曰：「今日與寡人飲，不絕冠纓者不懽」，頁 169。

69 根據陳大道，《世紀末閱讀宮體之帝王詩人》書中的統計，包括〈三婦豔〉在內的 18 首樂府，陳叔寶都與其集團成員共作，約占其所有創作樂府詩中的百分之七十，頁 243-244。

70 錢鍾書，《談藝錄》（臺北：書林出版有限公司，1988），頁 87-88。

71 饒宗頤，〈詞與畫：論藝術的換位問題〉，《故宮季刊》卷 8 期 3，1974，頁 9。饒宗頤稱此形式的跨界為「換位」或「越位」：「換位不能改變詩詞或畫原來形式的歧異，實際上他們並沒有真正『換位』，只是『越位觀摩』，離位之後，仍然回到本位」。

過渲染擴張，這一方面將豔情詩帶往一個新的階段類型——即泛豔情詩的寫作型態；一方面更招致了日後北方史論家的道德主義批判。

（二）道德主義觀看下的結局

前文我們討論了蕭綱、徐陵對於艷詩傳統的貢獻，但豔情詩即便為唐代閨閣作了準備，卻同時得到墮落情色的汙名，筆者認為這與陳叔寶作為亡國之君密切相關。學者有嘗試從「唯美」或「頹廢」等風格來理解陳叔寶以及所創作的宮體作品[72]，推測宮體為受時代所影響的文學。當然，這種「頹廢」（decadence）美學可能也是一種「後見之明」，畢竟南朝傾覆或許即將到來，卻還尚未發生。成惕軒說的「南朝文士筆下出現，不是田園山水，就是醇酒美人，這種祥和安樂的幻景背後，實際上隱藏著一幢幢萎縮的靈魂」[73]，是典型的將時代背景與文學題材逕予連結得到的論述。

筆者並不認同將陳叔寶的時代等於「世紀末」、或比附為波特萊爾（Charles Pierre Baudelaire）式的「頹廢」美學[74]，更何況頹廢派有其城

---

72 談到六朝的唯美文學最早是胡適，他提到魏晉時期文學「為藝術而藝術」的特徵，因而論「文學自覺」；而陳大道，《世紀末閱讀宮體詩之帝王詩人：梁簡文帝、陳後主、隋煬帝》的第一章〈宮體詩與「唯美主義」運動〉，明顯將「宮體」與頹廢派連結在一起，頁 13-34。另外林文月也類似提到「頹廢」在詩歌美學中的位置（林文月，《讀中文系的人》〔臺北：洪範書局，1978〕，頁 157-158），然此與其論宮體詩未必有直接關係。

73 成惕軒，〈詩品與鍾嶸〉，《中央月刊》卷 3 期 11（1971 年 9 月），頁 164。

74 雖然筆者以為頹廢派未必能解釋「宮體」，但從近年來學者論及的「浪蕩子（the dandy）美學」，似乎更接近宮體題材的意義與本質——尤其是蕭綱、陳叔寶這種熱衷遊戲、寫作以娛樂目的的作家。傅柯論波特萊爾的康士坦丁．基（Constantin Guys）論時，提出波特萊爾的三個任務：「（1）現代性是當下的諧擬英雄化（cette ironique héroïsation du présent）；（2）現代主義者透過現實與自由實踐之間的艱難遊戲（jeu difficile entre la vérité du réel et l´exercice de la liberté）來轉化現實世界（il le transfigure）；（3）現代性迫使藝術家面對自我經營的課題（elle〔modernity〕l´astreint à la tâche de s´élaborer lui-même）」，此段引自彭小妍，《浪蕩子美學與跨文化現代性》（臺北：聯經出版社，2012），頁 30。透過遊戲轉化現實，進一步以抵

市文明與現代性背景。陳叔寶集團所感所見以及其所創作的、就是他們體知的真實生活——或許還包括遊戲成分，像林文月評 Anne Birrell 說的「娛樂性質」與「逞才鬥能」。[75] 依筆者看法，豔情詩並非因時代而誕生，而是符應中國文學傳統的一個階段。若認為豔情詩誕生於世紀末而導出「時代造就文學」，是一個極端說法；那麼，初唐史論家從道德主義觀察陳叔寶集團的豔情創作與亡國的關聯，則又是另一個「文學造就時代」的極端說法，更是一種文化神話。

從歷史來看，我們都知道南北朝長期分裂政局的結局，是由北方國家完成統一，而陳叔寶則是南朝的最後一個君主。在第五章探討邊塞詩起源時，我們提到田曉菲的說法，稱北方史學家的解釋權為「征服者的文學觀」[76]，而王文進也認為這是「南北文學交流的假性結構」[77]：「這些史家修史幾乎一致認為北朝文學應與南朝文學有相同比重，甚至隱然有北朝文學略優於南朝文學的暗示……又流露出南朝文學與亡國之音的聯想」。[78]

換一種說法，北方史學家如果要將原本質樸的北方文學位置拉昇，就必須提出其優點，而從道德主義來解釋南北文學似乎可以趨近這個目標。於是我們看到以下文獻中的論述被建構出來，或許不能說之帶有惡意，但至少是刻意地將這宮廷的艷詩與「亡國之音」聯繫在一起：

> 梁簡文之在東宮，亦好篇什，清辭巧製，止乎衽席之間；彫琢蔓藻，思極閨闈之內。後生好事，遞相放習，朝野紛紛，號為宮體。流宕不已，訖于喪亡。陳氏因之，未能全變。（《隋書・

抗真實世界（the Reality），這似乎較接近於梁陳作家的傾向。此處無以深論，故僅補注於此。

75 林文月，〈評 Anne Birrell, *New Songs from a Jade Terrace: An Anthology of Early Chinese Love Poetry*〉，《漢學研究》卷 1 期 1（1983 年 6 月），頁 319。

76 田曉菲，《烽火與流星》，頁 242。

77 王文進，《南朝山水與長城想像》，頁 302。

78 王文進，《南朝山水與長城想像》，頁 302。

經籍志》)[79]

> 梁自大同之後，雅道淪缺，漸乖典則，爭馳新巧。簡文、湘東，啟其淫放，徐陵、庾信，分路揚鑣。其意淺而繁，其文匿而彩，詞尚輕險，情多哀思。格以延陵之聽，蓋亦亡國之音乎？(《隋書・文學傳序》)[80]

但更理性的觀點提醒我們：「詞尚輕險」不過是文章之道，與生活經驗可以分割，那麼與國家興衰就更沒什麼關聯，而「情多哀思」則關聯著創作者對外在世界的感受。如果放進文學的抒情傳統之中，情慾的書寫是一種文學體類，不能像季札觀樂那一套、透過藝術活動論證國勢政局的道統？更進一步說，史學家這個說法，顯然別有目的。距離陳叔寶兩百年前，桓溫和袁宏也曾有如此對話。桓溫入洛遠眺，感慨道「遂使神州陸沈，百年丘墟，王夷甫諸人，不得不任其責」。[81] 袁宏在此關鍵時刻，率性回應了一句客觀且符合歷史現實的話：「運自有廢興，豈必諸人之過？」[82]

無奈的是，兩百年後陳叔寶以及其艷體詩，又被變成了亡國之音。認定玄學的談辯和文學的情思，會「連類」引發對國家興盛衰敗的隱喻，這恐怕是錯誤而出於後見之明。但經歷此論述的建構，豔情題材自此不僅是德行上的隳損，也是政治上的咎因，這讓豔情詩被視為比遊戲之作還墮落、還汙名的位置，直到二十世紀之前，都在漫長中國文學發展中難以翻身。

---

79 〔唐〕魏徵，《隋書・經籍志》，頁 1090。

80 〔唐〕魏徵，《隋書・文學傳》，頁 1730。

81 〔清〕余嘉錫箋疏，《世說新語箋疏・輕詆》，頁 834。

82 〔清〕余嘉錫箋疏，《世說新語箋疏・輕詆》，頁 834。

五、小結：豔情題材的經典化與後果

本章主要處理豔情題材，認為梁陳艷體詩的代表人物蕭綱、徐陵、陳叔寶分別代表三種類型，此處提出以下三點作為小結：

（一）筆者將蕭綱的豔情詩視為他雕飾主義的實踐。蕭綱不但認為文辭的雕飾與吟詠性情並不違背，而且他奉行的是一種極端的雕飾主義。而這套性情與雕飾並重的策略，實際實行就是他提倡「宮體」這樣的事實。在他的文論中，他認為當時「京師文體」，「儒鈍殊常」，過度引用謹重的經典，因此蕭綱積極地希望將「性情」與「言辭」合一，建立另外一套「有情的經典」，而這樣的主張實際表現於他的宮體詩、尤其是豔情詩之中，像〈執筆戲書〉這樣的作品，即便這是一首閨閣豔情之詩，但它更像是本書第一章所談的語言文字的拼貼遊戲之作，只是拼貼的對象從地名、藥名，一換而成了「舞女及燕姬，倡樓復蕩婦」的女性主體。這些女性不只是靜態化、更是去脈絡化，她們不是一個特定的女性，而是將女性閨情作為「物」以吟詠。即便研究者過去已經注意到宮體詩的「體物」技巧，但這樣的閨閣想像完全成了一種語文遊戲，成為另外一種豔情經典，與色情或淫邪反而關係沒那麼大。

（二）徐陵《玉臺新詠》呼應了蕭綱這樣的文學主張，而進一步透過這部選集來「製作經典」，他在《玉臺新詠》的序中，勾勒出了一位「能文」的麗人，美文與美女的形象與意象重疊在一起，或更進一步說，這樣的極端雕飾成了美女本身，或成為超越美女的存在。值得注意的是，徐陵替梁朝以前的豔情詩，製作了一套完整的歷史，而蕭綱甚至是徐陵自身的作品，也參與其中，更進一步地與之互文，這樣的互文不僅是像我們第三章談「物色題材」的互文，單純為了致敬與文本愉悅，如徐陵〈中婦織流黃〉這樣的詩，這首並非是樂府詩，但它標舉出了〈相逢行〉的三婦形象，〈相逢行〉這首算不太上是豔情、閨閣的詩歌，就因為這樣的標示，而進入了艷詩的傳統之中——重點在於：連這個傳統都可能是徐陵製作出來的。

（三）陳叔寶的艷詩比例較蕭綱、徐陵更高，而且根據筆者的看法，陳叔寶其他的詠物、遊覽、節令諸詩，也或多或少運用了細膩體物的視角、以及大量的閨閣意象，換言之，陳叔寶將不屬於艷詩題材的詠物、詠節令等詩，都進行了越位，這些其他題材的詩歌甚至都被「豔情詩化」了。而筆者認為從題材的發展來說，也因為陳叔寶這樣的「泛艷詩化」，加上他亡國之君的身分，導致爾後從道德主義觀看的歷史，得到了「艷詩亡國」這樣的後見之明。但說穿了這種後見之見純粹出於想像，是一種倒果為因的結論。詩歌的輕艷或雕飾，都只是一種藝術手法，不太可能與國家興衰有關，就和東晉時認為玄談亡國一樣缺乏根據，但因為陳叔寶的文學習性、加上他的身世際遇，艷詩也就成了亡國之音，而經過政治歷史的檢驗，造就了此題材詩長期以來的汙名化結果。

筆者認為就豔情詩而言，或許有意淫敗德的內容，卻未必有亡國的能耐；可能是藻飾遊戲的娛樂，卻不盡然與末世的頹廢感有關。至少對本章談的三位作者而言，艷詩都不是末世特有的產物，同時也沒有脫離中國文學的經典傳統。過去我們談中國文學言志或抒情傳統，多半從《詩》、《騷》、十九首談起，到阮籍、到陶謝，接著就跳到了盛唐。[83] 但事實上，豔情題材的作者也有意識地在製作傳統與經典，只是因為它的情色面向，加上閨閣擬代想像的遊戲性，以至於在漫長的中國文學傳

83 此處並非批評，然而「宮體」放在抒情傳統或文學發展的脈絡裡，多半僅談它的形式對唐詩影響，而不認為它屬於抒情傳統或有什麼經典性。如呂正惠，《抒情傳統與政治現實》（臺北：大安出版社，1989）中的〈中國文學形式與抒情傳統〉、〈「內斂」的生命型態與「孤絕」的生命境界〉兩文，聚焦談阮籍、陶淵明談到唐詩、宋詞（頁 167-186、215-220）；又如柯慶明，〈從現實反應到抒情表現——略論〈古詩十九首〉與中國詩歌的發展〉（《中國抒情傳統的再發現》，頁 247-270）、或蕭馳，〈論陶淵明藉田園開創的詩歌新美典〉（《玄智與詩興》，頁 271-330），或許銘全，《唐前詩歌中「抒情空間」形成之研究——從空間書寫到抒情空間》（臺北：國立臺灣大學中國文學研究所博士論文，2009）談謝靈運、謝朓（頁 64-137），筆者不是指學者排除豔情詩未談，而是討論到抒情、談文學傳統脈絡等問題時，往往不會特別注意到南朝作家對於艷詩傳統所作的建構。

統中被忽略。就像田曉菲說的——宮體詩對於中國文化系統而言宛如病體長出的「癰」，一種多餘而無以歸納的存在。[84] 若更退一步來說，整個南朝唯美與雕飾的文風，對於中國文學與文體而言，也就像是「癰」這樣的腫瘤、多餘的增生物。然而在閨閣的空間想像，豔情的擬代遊戲之外，豔情題材自有一套傳統，而歸納出豔情題材的三種類型，並發掘出創作者建構經典的企圖，即是本章對豔情題材的新論所在。

（本章原載於《成大中文學報》第 40 期，頁 1-32，題名〈論宮體詩與抒情傳統之關係——兼論梁陳宮體詩的三種類型〉，後經大幅修改）

84　田曉菲：《烽火與流星》，頁 129。此處田曉菲引徐摛對於癰的體賦，說明他這樣的風格就和癰本身一樣成了一種附庸和多餘（徐摛原文見《談藪》以及本書第二章開頭所引）。

結論
遊戲——逃逸於世界之中

在導言的部分，筆者就已經提過，當代遊戲理論認為：當遊戲進行時，運作的是另外一套秩序，而存在著不容破壞的規則。然而這種秩序與規則的運行，卻又不是「心遠地自偏」那樣的遁逃於天地之外，而是並行於這個世界之中。也因此，遊戲就是一種身處於世界的逃逸方式。這樣的題材大量出現於南朝文學——尤其是權力結構森嚴、門第制度井然的文學集團之中，自然有其原因。然而筆者並不在探討遊戲題材的形成，而嘗試從新的角度，針對南朝文學的幾類與遊戲相涉的題材，進行新的詮釋與思考。以下針對六個題材探討的範圍，進行概括性的總結。

在本書的第一部分，筆者特別聚焦於「語文遊戲」這一類的詩賦作品。如果說南朝文學集團的應制、同題共作，或多或少都帶有遊戲的性質，那麼「語文遊戲題材」可以說是一種純粹而「狹義」的遊戲題材。事實上，在筆者《相似與差異：論南朝文學集團書寫策略》書中，即以「狹義貴遊題材」來稱呼這種「數名」、「地名」的遊戲作品。然而在這樣的語文遊戲題材之中，我們又讀出了一些深刻的文化符號。首先，南朝文學集團的作家們不僅很擅長、強記詞彙，他們更大量地運用語言、文字拼貼的技術，像「建除」、「郡縣」、「書名」、「藥名」等作品，都是他們大量閱讀、記誦之後的產物。

另外在本章中，筆者特別關注陳暄〈應詔語賦〉這篇文章，除了它運用「自我指涉」之外，語言這個自清談以來的重要概念，得到了進一步的深化。陳暄在賦的結語，提到了語言經過正反辯證之後的「同一性」，而這種同一性無疑是對「言意之辯」的某種清整、或說是回應。換言之，這些語文遊戲的題材確實以遊戲為主，不以立意為宗，然而整個時代、思潮與氛圍仍然依附於作家之邏輯，而在這種湊泊、即席的文字遊戲之中，緊扣上了整個時代的意義。

在本書的第二部分，談到了「詠物」這一個在南朝數量頗為龐大的創作題材。本書並不是針對每一個詠物題材都進行分析，而是摘選了「詠梧桐」、「詠松」、「詠馬」（以及「詠舞馬」）、「詠蟬」、「詠禽鳥」、「詠燭」、「詠屏風」這七個題材來論述。第一，這七個題材涵蓋「植物」、「動物」、「器物」這三類；第二，這七個題材在南朝之前即有相關文獻，得以進行一文學發展、脈絡的考察。

關於各類詠物詩賦的文化符號、意象流變等等，在本書第二部分已經提過了，此處就不再贅述。而筆者以為這樣的考察更重要的是，過去進行的題材、主題研究多半偏向「量」的探討，包括實際的數量統計，或典故、表現手法的改變。而筆者真正希望能進入到的是針對「質」的探討。這其實是一個頗為弔詭的前提。一旦作家對一「物」進行吟詠，過去的典故、意象與隱喻必然出現，對作者進行滋潤或干擾。而在他化用了這些意象與典故之後，他的「詠物」作品自然就與歷代詠物的意象有所連結。但根據筆者的判讀——南朝的詠物有著很明確地「去寓言性」的傾向。也就是南朝以前的「詠物」必然回扣到現實世界人事的寓意上，然而南朝的詠物詩賦卻逐漸往對「物」的純粹刻畫著手。這是一個很有趣的現象，就像田曉菲對「詠燭」的解讀。「燭淚」是現實世界的「殘餘」[1]，而南朝作家又對於這種「殘餘」情有獨鍾。這當然和他們

1　筆者此處要附帶一題的是，「餘」或「殘餘」應當是西方理論、尤其是精神分析的產物。精神分析談的性驅力等等最主要就是根據慾望殘餘而來。田曉菲對於「餘」的論述應該是有理論化的基礎。

對現實世界的感受有所關聯。換言之，這種「非寓言」的傾向，反身來說，背後代表的就是更深沉的寓言所在了。

在本書的第三部分，從詠物延續下來，談到了物色賦。「物色」雖然可以廣義指涉外在世界的景物光影以及一切變化，但在《文選》的分類中，「物色賦」專門指的是「風」、「秋興」、「雪」、「月」等自然四時的變化與產生物。在這一章中聚焦於宋玉〈風賦〉、謝惠連〈雪賦〉以及謝莊〈月賦〉，並談南朝時期的擬作與其遊戲意義。

從結論來說，就宋玉〈風賦〉和擬作來看，〈風賦〉主題在於區分「大王雄風」與「庶人雌風」，而擬作者包括謝朓、沈約、王融、陶弘景等，則據此格體，進而區分「烈士英風」、「羽客仙風」等等，這種擬作當然有遊戲性，但它與原作有著明確延伸、呼應的「互文性」關係。另外謝惠連〈雪賦〉假托梁王、司馬相如、枚乘以「設辭問對」，亦是一種新奇的體式，其後出現了不少模擬之作，大多運用這樣的架構與策略，這一方面當然是受到〈雪賦〉的影響，有與之致敬的企圖；而同時這就是一種「互文性」的軌跡。是一種更廣義的「設辭問對」，這樣的書寫動機可能出於遊戲，但在進行「問對」的過程中，這樣的對話已不僅侷限於辭賦之中，更是遲到作家對先行經典的跨時空對話了。

本書的第四部分開始談南朝作家的空間書寫與想像，首先第四部分談的是南朝一類很特殊的「遊寺題材」。「遊寺」可以說是南朝時期宗教與文學融合下的新題材，作家在訪寺參拜路途中或視線中、同時進入外在世界的物色，並將兩者結合呈現。相較於佛理詩，它多了物色躍動的巧構；相較於山水詩，它則多了佛教義理的體悟。而遊寺題材之所以與義理有密切關係，在於支遁「即色遊玄」的觀點作為背景，「空不異色，色不異空」[2]，物色與佛理呈現深刻的辯證與相成。

而在探討遊寺詩的過程中，筆者發現南朝文學集團成員所共作、應制的遊寺詩，除了上述哲學理論之外，更有著雙重的權力架構——一

2　〈摩訶般若波羅蜜經〉，引《大正藏》冊 8，頁 223-1。

是佛教信仰帶來的宗教權力，二是文學集團階級的政治權力。在當代權力論述中，身體、視線都有權力位置有關，那麼在遊覽、登臨、遙望等身體行為，都受到權力涵蓋；其次，遊覽屬於遊戲行為的一部分，而遊寺、佛理詩又不僅是作家身體的遊戲，也包含了語言的拼貼、鑲嵌的遊戲。尤其是大量「事數」的運用，它帶來了一種整齊而對仗的「秩序」；其三，隨著遊寺的行程，在車駕、次序、作品共作的同時，我們發現宗教與政治雙重權力的運作，更發現到這兩重權力具備彼此相互強化的關係。而在這樣的推論中，「遊覽」、「遊戲」與「權力」這三層文化意涵，得以更緊密地聯繫在一起。「遊覽」進入一宗教神聖空間，空間本身即有權力意義；「遊戲」的核心在於遵守一種潛在的秩序，因此遊戲也有權力的意義；而「權力」本身又處於雙重的運作中，因此，在作家的遊寺詩中，可以看到超越的宗教權力以及現世的政治權力一齊運作、相輔相成的痕跡。這是過去論及南朝文學集團的遊寺題材共作時，較少探討的面向。

在本書的第五部分，談到了「邊塞」這個題材，而實際上論述時並非在分析南朝的邊塞詩，而是在探討南朝的邊塞詩起源。更準確來說，又不是劈空在探討邊塞詩的起源，而是針對現有的四種對於南朝邊塞詩起源的說法，進行歸納、評述，並且從中選擇筆者心目中最有可能的起源。在本章中，筆者探討了劉漢初的「以文為戲說」、閻采平的「樂府影響說」、王文進的「歷史想像說」、以及田曉菲的「文化他者說」這四種說法的論述形成、優勢以及難題所在。直接以結論來說，筆者較認同劉漢初的「以文為戲說」，也就是本書所說的「邊塞詩的遊戲起源論」。

最主要的證據有兩項，其一從鮑照最早的一首寫到邊塞題材的〈建除詩〉來說，它就是一首以遊戲、以拼貼為目的的作品。在本書首章就討論過了鮑照的〈建除詩〉，我們甚至可以說，在拼貼、鑲嵌詞彙的過程中，「邊塞詩」的詞語、意象，只是恰巧出現在南朝的文學遊戲之中。另一項證據在於南朝的共一百多首書寫關於邊塞題材、意象的作品，其中的二分之一以上集中在鮑照、吳均、蕭繹、張正見等作家，而這些作家除了邊塞主題之外，他們也特別熱衷於其他類的遊戲題材寫作。當然，本章最後採取了一個開放的、多元的結論，認為了王文進或田曉菲對於創作者集體意識與文化認同的探索，同樣很有可能是邊塞詩的起源之一。只是「文學遊戲」成為了一個更為顯著的起源而存在著。

至於本書最後的第六部分，則延續邊塞詩的概念，談到了「豔情題材」。閨閣「豔情」與邊塞空間在題材上非常接近，且可以說隨著梁代「宮體」的大為流行而發展起來。當然，閨閣豔情不能全然等於遊戲，但從空間想像的角度來說，想像閨閣與女性的情緒與神態，仍是一種扮裝的遊戲。過去南朝的豔情題材被視為輕豔、色情與墮落。而在實際討論中，筆者舉梁陳三個大量寫作豔情詩的作家——蕭綱、徐陵與陳叔寶。蕭綱非常熱衷於雕飾主義，而閨閣女性的描寫滿足這樣的想像，他也試圖希望創作出一脈「有情的經典」，徐陵更進一步將蕭綱的這些豔情作品納入經典脈絡之中，而陳叔寶則將艷體詩作為一種日常，生活化的態度與美學——將其他不屬於豔情題材的詩歌，都帶有豔情詩的描寫氣氛。

在本書中，筆者處理了南朝文學的幾個重要題材，這幾個題材有些已經被深入探討過了，有些過去則未必如此受到重視。然而筆者以過去未曾運用的方式處理這些題材，首先回歸它們原初的遊戲性，並深化遊戲的意義、作用與隱喻。進而立基於遊戲，探討於遊戲以外的多元文化意涵。比方說談語言賦的自我反身性，談遊戲的後設與權力架構，談物色的互文性，以及豔情的各種類型。這就是本書「新論」之由來。然後論述中筆者也同時進行反思，這樣的「新」確實帶有某些解構、或後現代的視角。後現代強調去中心，強調解構固著而穩定的知識。就像田曉菲在論陶淵明手抄本的「異文」時所說的：「人們總是自覺或不自覺地渴望穩定，文本的穩定，知識結構的穩定……但是穩定只是一種幻覺」。[3]然而反身性來說，根植後現代視角，難免就會太過於關注那些歧

3　田曉菲，《塵几錄：陶淵明與手抄本文化研究》(北京：中華書局，2007)，頁14。

異、流動與不穩定的縫隙，而有過度解讀的可能。筆者進行論述時，亦同時以此自我審視。

年鑑學派第三代學者 Jacques Le Goff 在〈心態史〉文中，曾經到文學著作與當時人們之心態情感有著密切的關係，然而個別的作者又未必代表群體的思維與意識：

> 文學、藝術方面的資料對心態史同樣重要，因為心態史感興趣的不是「客觀」現象，而是對這些現象的描述。……文學著作有助於我們瞭解某個時期的心態和情感，這是著作的長處，也是作品的短處，因為文學、藝術所使用的形式和選用的主題不一定就是群體意識這類形式與主題。（Jacques Le Goff〈心態史：一種模糊的歷史〉）[4]

然而若放進南朝文學的脈絡中，我們可以發現群體的意志與規則又凌駕於個體之上，文學品味與愛好透過文學集團運行，發展出為數頗多的同題共作，以及同僚之間或世代之間的題材仿擬。這種充滿限定與秩序的規則，自然與權力、與遊戲有關，但與整個時期的創作者心態有著更密切的關聯。過去大多已經注意到魏晉南北朝的動盪黑暗時代，所帶給作者的危懼與不穩定，然而以遊戲為主旨的書寫過程中，透顯出與物質、與想像、與傳統以及歷史相互指涉的深刻寓意，這也是本書所要探討的。

我們姑且不論南朝文學是否有一整體性趨勢，或能否全然歸結給動盪的巨大時代與纖細的微小心靈，但筆者希望回歸到南朝文學的本質與目的，回歸到「輕」的文學史脈絡。藉由當代思潮以及新視角的窺探之下，我們更明確地發現南朝文學在遊戲與遊戲之外的價值與意義，而這也是本書所努力的目標。

---

4 Le Goff 該文收錄於氏編、郝名瑋譯，《史學研究的新問題新方法新對象——法國新史學發展趨勢》（北京：社會科學文獻出版社，1988），頁 265-286。

參考書目

一、傳統文獻：

西漢・司馬遷，《史記》，北京：中華書局，1959。

東漢・班固，《漢書》，北京，中華書局，1959。

東漢・許慎，清・段玉裁注，《說文解字注》，臺北：藝文印書館，1986。

東漢・劉向，《說苑》，臺北：臺灣商務印書館，1977。

東漢・劉歆，《西京雜記》，臺北：臺灣商務印書館，1979。

劉宋・范曄，《後漢書》，北京：中華書局，1973。

劉宋・劉義慶著、梁・劉孝標注、余嘉錫箋注，《世說新語箋疏》，北京：中華書局，1983。

北齊・顏之推著、王利器集解，《顏氏家訓集解》，上海：上海古籍出版社，1980。

梁・沈約，《宋書》，北京：中華書局，1974。

梁・劉勰著、清・黃叔琳注，《文心雕龍注》，臺北：世界書局，1984。

梁・蕭子顯，《南齊書》，北京：中華書局，1972。

梁・蕭統、唐・李善注，《文選》，臺北：藝文印書館，2003。

梁・鍾嶸著，王叔岷箋注，《鍾嶸詩品箋證稿》，臺北：中研院文哲所，1992。

唐・孔穎達正義、清・阮元校勘，《十三經注疏：尚書》，臺北：藝文印書館，2003。

唐・孔穎達正義、清・阮元校勘，《十三經注疏：左傳》，臺北：藝文印書館，2003。

唐・孔穎達正義、清・阮元校勘，《十三經注疏：論語》，臺北：藝文印書館，2003。
唐・孔穎達正義、清・阮元校勘，《十三經注疏：禮記》，臺北：藝文印書館，2003。
唐・孔穎達正義、清・阮元校勘，《十三經注疏：禮儀》，臺北：藝文印書館，2003。
唐・令狐德棻，《周書》，北京：中華書局，1983。
唐・李百藥，《北齊書》，北京：中華書局，1974。
唐・李延壽，《北史》，北京：中華書局，1974。
唐・李延壽，《南史》，北京：中華書局，1975。
唐・房玄齡，《晉書》，北京：中華書局，1974。
唐・姚思廉，《梁書》，北京：中華書局，1973。
唐・姚思廉，《陳書》，北京：中華書局，1992。
唐・歐陽詢，《藝文類聚》，上海：上海古籍出版社，1999。
唐・魏徵，《隋書》，北京：中華書局，1973。
唐・釋道宣，《廣弘明集》，上海：上海商務印書館，1965。
宋・李昉，《太平御覽》，臺北：臺灣商務印書館，1975。
宋・李昉，《太平廣記》，北京：中華書局，1961。
宋・周應合，《景定建康志》，北京：中華書局，1990。
宋・洪邁，《容齋隨筆》，臺北：臺灣商務印書館，1968。
宋・郭茂倩，《樂府詩集》，臺北：里仁書局，1981。
明・沈德符，《萬曆野獲篇》，臺北：新興出版社，1983。
明・胡應麟，《詩藪》，臺北：廣文書局，1973。
明・徐師曾，《詩體明辯》，臺北：廣文書局，1972。
明・袁宏道，《袁中郎全集》，臺北：世界書局，1964。
明・顧炎武，《日知錄》，臺北：臺灣商務印書館，1965。
清・丁福保，《歷代詩話續編》，北京：中華書局，1983。
清・丁福保，《清詩話》，北京：中華書局，1963。
清・王先謙集解，《莊子集解》，北京：中華書局，1987。
清・永瑢、紀昀等編，《四庫總目總目提要》，上海：商務印書館，1933。
清・吳兆宜箋注，《玉臺新詠箋注》，北京：中華書局，1956。
清・李調元，《雨村賦話》，臺北：廣文書局，1971。

清・況周頤，《蕙風詞話》，上海：上海古籍出版社，2009。
清・俞琰，《歷代詠物詩選》，臺北：廣文書局，1979。
清・紀昀，《四庫全書珍本》，臺北：臺灣商務印書館，1930。
清・馬國翰，《玉函山房輯佚書》，上海：上海古籍出版社，1989。
清・許槤選，曹道衡箋注，《六朝文絜箋注》，上海：上海古籍出版社，1999。
清・董誥，《全唐文》，北京：中華書局，1983。
清・嚴可均，《全上古三代秦漢三國六朝文》，北京：中華書局，2001。
清・陳元龍，《御定歷代賦彙》，京都：中文出版社，1971。
清・陳祚明，《采菽堂古詩選》，上海：上海古籍出版社，2008。
清・逯欽立，《先秦漢魏南北朝詩》，臺北：木鐸出版社，1983。
清・章太炎，《國故論衡》，上海：上海古籍出版社，2003。

二、近人論著：

大藏經刊行會編，《大正新脩大藏經》，東京：大藏經刊行會，1924。
中國古典文學研究會編，《文心雕龍綜論》，臺北：台灣學生書局，1988。
王力堅，《六朝唯美詩學》，臺北：文津出版社，1997。
王文進，《南朝邊塞詩新論》，臺北：里仁書局，2000。
王文進，《南朝山水與長城想像》，臺北：里仁書局，2008。
王次澄，《南朝詩研究》，臺北：花木蘭出版社，2009。
王延蕙，《六朝詩歌中之佛教風貌研究》，臺北：中國文化大學中國文學系碩士論文，2000。
王冠編，《賦話廣聚》，北京：北京圖書館，2006。
王琳，《六朝辭賦史》，哈爾濱：黑龍江教育出版社，1998。
王楙，《野客叢書》，臺北：新文豐出版社，1984。
王運熙，《六朝樂府與民歌》，臺北：新文豐出版社，1982。
王運熙，《樂府詩述論》，上海：上海古籍出版社，1996。
王夢鷗，《古典文學論探索》，臺北：正中書局，1984。
王夢鷗，《傳統文學論衡》，臺北：東大圖書公司，1987。
王瑤，《中古文學史論》，臺北：長安出版社，1982。
王瑤，《中古文學史論》，北京：北京大學出版社，2008 再版。
王德威，《現代抒情傳統四論》，臺北：臺大出版中心，2011。

王德威，《跨世紀風華：當代小說 20 家》，臺北：麥田出版社，2002。
左東嶺，《王學與中晚明士人心態》，北京：人民文學出版社，2000。
田曉菲，《塵几錄：陶淵明與手抄本文化研究》，北京：中華書局，2007。
田曉菲，《烽火與流星：蕭梁王朝的文學與文化》，新竹：清大出版社，2009。
田曉菲，《烽火與流星：蕭梁王朝的文學與文化》，北京：中華書局，2010。
國立成功大學中文系編，《第三屆魏晉南北朝文學與思想論文集》，臺北：文史哲出版社，1991。
國立成功大學中國文學系，《第五屆魏晉南北朝文學與思想學術研討會論文集》，臺北：里仁書局，2004。
成惕軒：〈詩品與鍾嶸〉，《中央月刊》卷 3 期 11，1971 年 9 月，頁 160-164。
衣若芬編，《世變與創化——漢唐、唐宋轉換期之文藝現象》，臺北：中研究文哲所籌備處，2000。
朱天心，《擊壤歌：北一女三年記》，臺北：聯合文學，2001。
朱剛，《二十世紀西方文藝文化批評理論》，臺北：楊智文化，2001。
朱曉海：〈某些早期賦作與先秦諸子學關係證釋〉，《清華學報》卷 29 期 1，1999 年 3 月，頁 1-33。
朱曉海，《習賦椎輪記》，臺北：台灣學生書局，1999。
牟宗三，《才性與名理》，臺北：聯經出版社，2003。
牟宗三，《佛性與般若》，臺北：台灣學生書局，1997。
西北師範學院學報編輯部編，《唐代邊塞詩研究文選粹》，蘭州：甘肅出版社，1988。
何沛雄，《賦話六種》，香港：三聯書局，1982。
余嘉錫，《世說新語箋疏》，北京：中華書局，1983。
呂正惠，《抒情傳統與政治現實》，臺北：大安出版社，1989。
呂正惠編，《唐詩論文選集》，臺北：長安出版社，1985。
呂光華，《南朝貴遊文學集團研究》，臺北：國立政治大學中國文學研究所博士論文，1990。
呂紹理，《展示台灣：權力、空間與殖民統治的形象論述》，臺北：麥田出版社，2005。
沈凡玉，《六朝同題詩歌研究》，臺北：國立臺灣大學中國文學系博士論文，2011。

周明初，《晚明士人心態及文學個案》，北京：東方出版社，1997。

周滿江、吳全蘭，《玄思風流：清談名流與魏晉興亡》，濟南：濟南出版社，2002。

林文月：〈梁簡文帝與宮體詩〉，《純文學》卷1期1，1967年1月，頁90-100。

林文月，《讀中文系的人》，臺北：洪範書局，1978。

林文月：〈評 Anne Birrell, *New Songs from a Jade Terrace: An Anthology of Early Chinese Love Poetry*〉，《漢學研究》卷1期1，1983年6月，頁317-325。

林文月，《中古文學論叢》，臺北：大安出版社，1989。

林文月，《山水與古典》，臺北：台灣學生書局，1996。

林伯謙，《中國佛教文史探微》，臺北：秀威資訊，2005。

林麗真，《魏晉清談主題之研究》，臺北：花木蘭出版社，2008。

祁立峰，〈教育或遊戲：論蕭統文學集團同題共作詩賦的「互文性」〉，《彰師大國文學誌》期19，2009年12月，頁227-254。

祁立峰，《相似與差異：論南朝文學集團書寫策略》，臺北：政大出版社，2014。

柯慶明、蕭馳編，《中國抒情傳統的再發現》，臺北：臺大出版中心，2009。

黃亞卓，《漢魏六朝公讌詩研究》，上海：華東師範大學出版社，2007。

洪順隆，《六朝詩論》，臺北：文津出版社，1985。

洪順隆，《抒情與敘事》，臺北：黎明文化公司，1998。

洪順隆，《從隱逸到宮體》，臺北：文史哲出版社，1984。

香港中文大學中文系編，《魏晉南北朝文學論集》，臺北：文史哲出版社，1994。

唐翼明，《魏晉清談》，臺北：東大圖書公司，1992。

孫淑芳，〈風、秋、雪、月：昭明文選物色賦探析〉，《僑光技術學院通識學報》期2，2004，頁13-22。

孫德謙，《六朝麗指》，出版社不詳，1923。

袁宏、周天游校注，《後漢紀教注》，天津：古籍出版社，1987。

袁珂校注，《山海經校注》，上海：上海古籍出版社，1980。

馬積高，《賦史》，上海：上海古籍出版社，1987。
高友工，《中國美典與文學研究論集》，臺北：臺大出版中心，2004。
高秋鳳，《宋玉作品真偽考》，臺北：文津出版社，1999。
張伯偉，《禪與詩學》，杭州：浙江人民出版社，1992。
張京媛主編，《當代女性主義文學批評》，北京：北京大學出版社，1992。
張淑香，《抒情傳統的省思與探索》，臺北：大安出版社，1992。
曹道衡，《中古文學史論文集續編》，文津出版社，1994。
梅家玲，《漢魏六朝文學新論：擬代與贈答》，臺北：里仁書局，1997。
梅新林、崔小敬：〈由「游」而「記」的審美鎔鑄——中國游記文學發生論〉，《學術月刊》期 10，2000 年 10 月，頁 82-87。
許東海，《另一種鄉愁：山水田園詩賦與士人心靈圖景》，臺北：新文豐出版社，2004。
許東海，《風景・夢幻・困境：辭賦書寫新視界》，臺北：里仁書局，2008。
許結，《賦體文學的文化闡釋》，北京：中華書局，2005。
許銘全，《唐前詩歌中「抒情空間」形成之研究——從空間書寫到抒情空間》，臺北：國立臺灣大學中國文學研究所博士論文，2009。
郭乃禎：〈《文選》賦色類風秋雪三賦析論〉，《國文學報》期 38，2005，頁 58-100。
郭維森、許結，《中國辭賦發展史》，南京：江蘇教育出版社，1996。
陳大道，《世紀末閱讀宮體詩之帝王詩人》，臺北：雲龍出版社，2002。
陳世驤，《陳世驤文存》，臺北：志文出版社，1972。
陳昌明，《沉迷與超越：六朝文學之感官辯證》，臺北：里仁書局，2005。
陳建志，《流行力：台灣時尚文選》，臺北：聯合文學，2007。
陳寅恪，《金明館叢稿初編》，臺北：里仁書局，1981。
彭小妍，《浪蕩子美學與跨文化現代性》，臺北：聯經出版社，2012。
普慧，《南朝佛教與文學》，北京：中華書局，2002。
游志誠：〈中國古典文論中文類批評的方法〉，《中外文學》卷 20 期 7，1991 年 12 月，頁 81-103。
湯用彤，《漢魏兩晉南北朝佛教史》，北京：北京大學出版社，1997。
程建虎，《中古應制詩的雙重觀照》，北京：人民出版社，2010。
逯欽立，《先秦漢魏南北朝詩》，臺北：木鐸出版社，1983。

楊明、王運熙，《魏晉南北朝文學批評史》，上海：上海古籍出版社，1989。
楊儒賓，〈山水是怎麼發現的？玄化山水析論〉，《臺大中文學報》期 30，2009 年 6 月，頁 209-254。
萬繩楠，《魏晉南北朝文化史》，臺北：雲龍出版社，2002。
萬繩楠整理，《陳寅恪魏晉南北朝史講演錄》，臺北：雲龍出版社，1999。
葉舒憲，《高唐神女與維納斯：中西文化中的美與愛主題》，西安：陝西人民，2005。
葉舒獻、田大憲著，《中國古代神秘數字》，北京：社會科學文獻出版社，1998。
葛兆光，《中國思想史》，上海：復旦大學出版社，2002。
聞一多，《聞一多全集》，香港：遠東圖書公司，1968。
廖國棟，《魏晉詠物賦研究》，臺北：文史哲出版社，1990。
廖蔚卿，《漢魏六朝文學論集》，臺北：大安出版社，1997。
趙逵夫、湯斌，《歷代賦評注》，成都：巴蜀書社，2010。
劉大杰，《中國文學發展史》，臺北：華正書局，2001。
劉苑如，〈佛國因緣──《洛陽伽藍記》中佛寺園林的自然與文化再探〉，《臺灣宗教研究》卷 8 期 1，2009 年 8 月，頁 27-64。
劉苑如，〈廬山慧遠的兩個面向──從〈廬山略記〉、〈與遊石門詩序〉談起〉，《漢學研究》卷 24 期 1，2006 年 3 月，頁 71-106。
劉苑如編，《遊觀：作為身體記憶的中古文學與宗教》臺北：中研院文哲所，2009。
劉苑如編，《體現自然：意象與文化實踐》，臺北：中研院文哲所，2012
潭潔，《南朝佛學與文學：以竟陵「八友」為中心》，北京：宗教文化出版社，2009。
蔡英俊，《中國古典詩論中「語言」與「意義」的論題──「意在言外」的用言方式與「含蓄」的美典》，臺北：台灣學生書局，2001。
蔡瑜編，《迴向自然的詩學》，臺北：臺大出版中心，2012。
鄭毓瑜，〈由話語建構權論宮體詩的寫作意圖與社會成因〉，《漢學研究》卷 13 期 2，1995 年 12 月，頁 259-274。
鄭毓瑜，〈身體行動與地理種類──謝靈運〈山居賦〉與晉宋時期的「山川」、「山水」論述〉，《淡江中文學報》期 18，2008 年 6 月，頁 37-70。

鄭毓瑜：〈類與物——古典詩文的「物」背景〉，《清華學報》卷 41 期 1，2011 年 3 月，頁 3-37。
鄭毓瑜，《六朝情境美學》，臺北：里仁書局，1997。
鄭毓瑜，《文本風景：自我與空間的互相定義》，臺北：麥田出版社，2005。
魯迅，《古小說鉤沈》，香港：新藝出版社，1967。
蕭馳，《玄智與詩興》，臺北：聯經出版社，2011。
蕭馳，《佛法與詩境》，臺北：聯經出版社，2012。
錢鍾書，《談藝錄》，臺北：書林出版社，1988。
閻采平，〈梁陳邊塞樂府論〉，《文學遺產》1988 年期 6，頁 45-54。
閻采平，《齊梁詩歌研究》，北京：北京大學出版社，1994。
龍瑛宗，《龍瑛宗集》，臺北：前衛出版社，1991。
歸青，〈宮體詩界說辨〉，《華東師範大學學報》期 6，2000 年 6 月，頁 84-88。
歸青，《南朝宮體詩研究》，上海：上海古籍出版社，2006。
簡宗梧，〈賦與設辭對問關係之考察〉，《逢甲人文學報》期 11，2005，頁 20-25。
簡宗梧，〈賦體典律作品及其因子〉，《逢甲人文社會學報》期 6，2002，頁 1-28。
簡宗梧，〈賦的可變基因與其突變：兼論賦體蛻變之分期〉，《逢甲人文社會學報》期 12，2006 年 6 月，頁 1-26。
簡宗梧，《漢賦史論》，臺北：東大圖書公司，1993。
薩孟武，《中國社會政治史》，臺北：三民書局，1969。
顏尚文，〈梁武帝受菩薩戒已捨身同泰寺「皇帝菩薩地位的建立」〉《東方宗教研究》期 1，1990 年 3 月，頁 43-89。
顏尚文，《梁武帝》，臺北：東大圖書公司，1999。
顏尚文，《梁武帝「皇帝菩薩」理念的形成與政策的推展》，臺北：國立臺灣師範大學歷史研究所博士論文，1989。
顏崑陽，《六朝文學觀念論叢》，臺北：正中書局，1993。
顏崑陽，〈用詩，是一種社會文化行為方式—建構「中國詩用學」芻論〉，《淡江中文學報》期 18，2008 年 6 月，頁 279-302。
羅文玲，《南朝詩歌與佛教關係研究》，臺中：東海大學中國文學系碩士論文，1996。
饒宗頤，〈詞與畫：論藝術的換位問題〉，《故宮季刊》卷 8 期 3，1974 年，頁 9-15。
龔鵬程，《文學批評的視野》，臺北：大安出版社，1998。
（日）川和康三：〈詠蟬詩之嬗變〉，收錄《魏晉南北朝國際研討會論文集》，1998 年 12 月。
（日）矢嶋美都子：〈樓上の思婦——閨怨詩のモチーフの展開〉，《日本中國學會報》期 37，1985，頁 103-118。
（日）矢嶋美都子：〈豐作を言祝ぐ詩——「喜雨」詩から「喜雪」詩へ〉，《日本中國學會報》期 49，1997，頁 73-89。
（日）岡村繁，《漢魏六朝的思想與文學》，上海：上海古籍出版社，2002。
（日）堂薗淑子，〈何遜詩の風景——謝朓詩との比較〉，《中國文學報》冊 57，1998，頁 65-118。
（日）堂薗淑子，〈「石室」の詩をめぐって——謝靈運・鮑照山水詩の比較〉冊 72，2006，頁 1-24。
（日）斯波六郎，《六朝文學への思索》，東京：創文社，2002。
（日）福井佳夫，《六朝の遊戲文學》，東京：汲古書社，2007。
（日）興膳宏，〈艷詩の形成と沈約〉，《日本中國學會報》期 24，1972，頁 114-134。
（荷）Andrew Brook and Richard C. DeVidi (eds), *Self-reference and Self-awareness*, Philadelphia, PA: John Benjamins Publishing Co., 2001.
（瑞）索緒爾（Ferdinand de Saussure）著、高名凱譯，《普通語言學教程》，北京：商務印書館，1980。
（德）伽達默爾（Hans-Georg Gadamer）著，洪漢鼎譯，《真理與方法》，臺北：時報出版社，1993。
（義）卡爾維諾（Italo Calvino）著、吳潛誠譯，《給下一輪太平盛世的備忘錄》，臺北：時報出版社，1996。
（法）Jacques Le Goff 著、郝名瑋譯，《史學研究的新問題新方法新對象——法國新史學發展趨勢》，北京：社會科學文獻出版社，1988。
（荷）胡伊青加（Johan Huizinga）著，成窮譯，《人：遊戲者——對文化中遊戲因素的研究》，貴陽：貴州人民出版社，1998。

（美）Judith Butler, "Imitation and Gender Insubordination" in Diana Fuss (ed.), *Inside/Out: Lesbian Theories, Gay Theories*, New York: Routledge, 1991.

（法）Meyer Barash, *Man, Play, and Game*, Urbana: University of Illinois Press, 1961.

（瑞）Orvar Lofagren, *On Holiday: A History of Vacationing*, Berkeley and Los Angeles: University of California Press, 1999.

（法）渥厄（Patrica Waugh）著、錢競、劉雁濱譯，《後設小說：自我意識小說的理論與實踐》，臺北：駱駝出版社，1995。

（美）Paul W. Kroll and David R. Knechtges (eds.), *Studies in Early Medieval Chinese Literature and Cultural History: in Honor of Richard B. Mather and Donald Holzman*, Provo, Utah: T'ang Studies Society, 2003.

（美）Raymond M. Smullyan, *Diagonalization and self-reference*, New York: Oxford University Press, 1994.

（美）Stephen Owen, *The End of the Chinese 'Middle Ages': Essays in Mid-Tang Literary Culture*, Stanford: Stanford University Press, 1998.

（美）Stephen Owen，《初唐詩》，香港，三聯書局，2004。

（美）宇文所安（Stephen Owen）著、鄭學勤譯，《追憶：中國古典文學中的往事再現》，臺北：聯經出版社，2006。

（法）蒂費納・薩莫瓦約（Tiphaine Samovault）著、邵煒譯，《互文性研究》，天津：天津人民出版社，2006。

（德）Walter Benjamin, *Illuminations: Essays and Refletions*, ed. and intro, Hannah Arendt, trans by Harry Zohn, New York: Schocken Books, 1969.

（美）XiaoFei Tian, *Configuring the Feminine: Gender and Literary Transvestitism in the Southern Dynasties Poetry*, Harvard University Press, 1998.

（美）XiaoFei Tian, *Beacon Fire and Shooting Star: The Literary Culture of the Liang*, Harvard University Asia Center, 2007.

（美）Yifu Tuan, *Space and Place: The Perspective of Experience*, Minneapolis: University of Minnesota Press, 2001.

附錄：

東漢至南朝「語文遊戲題材」詩歌一覽表

朝代	作者	詩題	頁數 《先秦漢魏晉南北朝詩》	備註
東漢	孔融	〈離合作郡姓名字詩〉	196	
晉	傅玄	〈擬楚篇〉	566	*
晉	傅玄	〈擬四愁詩〉四首	573-574	
晉	傅玄	〈擬馬防詩〉	576	
晉	賈充	〈與妻李夫人聯句〉	587	
晉	謝道韞	〈擬嵇中散詠松詩〉	912	
		〈詠雪聯句〉	913	
晉	袁宏	〈擬古詩〉	921	
晉	苻朗	〈擬關龍逢行歌〉	931	
晉	陶淵明	〈擬古詩〉九首	1003	
		〈擬挽歌辭〉三首	1012	
		〈聯句〉	1013	
宋	王叔之	〈擬古詩〉	1129	
宋	謝晦	〈連句詩〉	1142	
宋	謝世基	〈連句詩〉	1142	
宋	謝靈運	〈擬魏太子鄴中集詩〉八首	1181	
宋	劉鑠	〈擬行行重行行詩〉	1214	
		〈擬明月何皎皎詩〉	1214	
		〈擬孟冬寒氣至詩〉	1215	

		〈擬青青河邊草詩〉	1215	
宋	荀昶	〈擬相逢狹路間〉	1217	
		〈擬青青河邊草〉	1218	
宋	顏測	〈七夕連句詩〉	1242	
		〈九日坐北湖聯句詩〉	1242-1243	
宋	劉義恭	〈擬古詩〉	1248	
		〈擬陸士衡詩〉	1249	
宋	謝莊	〈自潯陽至都集道里名為詩〉	1252	
宋	鮑照	〈擬行路難〉十八首	1274-1278	
		〈擬古詩〉八首	1295-1296	
		〈擬青青陵上柏詩〉	1298	
		〈學劉公幹體詩〉五首	1299	
		〈擬阮公夜中不能寐詩〉	1299	
		〈學陶彭澤體詩〉	1300	
		〈數名詩〉	1300	
		〈建除詩〉	1300	
		〈在荊州與張使君李居士聯句〉	1311	
		〈與謝尚書莊三連句〉	1312	
		〈月下登樓連句〉	1312	
		〈字謎〉三首	1312	
		〈擬古詩〉	1313	
宋	鮑令暉	〈擬青青河畔草詩〉	1313	
		〈擬客從遠方來詩〉	1313	
宋	王素	〈學阮步兵體詩〉	1317	
齊	蕭長懋	〈擬古詩〉	1381	
齊	王融	〈奉和竟陵王郡縣名詩〉	1397	
		〈藥名詩〉	1403	
		〈星名詩〉	1403	
		〈擬古詩〉二首	1404-1405	
齊	謝朓	〈阻雪連句遙贈和〉	1455	
梁	蕭衍	〈擬青青河畔草〉	1515	
		〈擬明月照高樓〉	1515	
		〈戲作詩〉	1535	

		〈戲題劉孺手板詩〉	1537	
		〈聯句詩〉	1538	
		〈清暑殿效柏梁體〉	1539	
		〈五字疊韻詩〉	1539	
梁	范雲	〈建除詩〉	1547	
		〈數名詩〉	1547	
		〈州名詩〉	1548	
		〈奉和齊竟陵王郡縣名詩〉	1548	
		〈擬古五雜組詩〉	1552	
		〈擬古〉	1552	
		〈擬古四色詩〉	1553	
梁	江淹	〈學魏文帝詩〉	1581	
		〈效阮公詩〉十五首	1581-1583	
		〈應謝主簿騷體〉	1590	
梁	盧羲	〈數名詩〉	1608	
		〈擬雨詩〉	1611	
梁	沈約	〈擬青青河畔草〉	1618	
		〈奉和竟陵王郡縣名詩〉	1643	
		〈奉和竟陵王藥名詩〉	1643	
		〈和陸慧曉百姓名詩〉	1644	
梁	范縝	〈擬招隱士〉	1678	
梁	何遜	〈擬輕薄篇〉	1679-1680	
		〈擬青青河畔草轉韻體為人作其人識節工歌詩〉	1693	
		〈學古詩〉三首	1693-1694	
		〈聊作百一體詩〉	1694	
		〈送褚都曹聯句詩〉	1708	
		〈送司馬□入五聯句詩〉	1708	
		〈擬古三首聯句〉	1710	
		〈往晉陵聯句〉	1710-1711	
		〈范廣州宅聯句〉	1711	
		〈相送聯句〉三首	1711	
		〈至大雷聯句〉	1712	

		〈賦詠聯句〉	1712	
		〈臨別聯句〉	1712	
		〈增新曲相對聯句〉	1712-1713	
		〈照水聯句〉	1713	
		〈折花聯句〉	1713	
		〈搖扇聯句〉	1713	
		〈正釵聯句〉	1714	
		〈答江革聯句不成〉	1714	
梁	江革	〈贈何記室聯句不成詩〉	1716	
梁	吳均	〈擬古〉四首	1723-1724	
梁	紀少瑜	〈擬吳均體應教詩〉	1778	
梁	蕭統	〈講席將畢賦三十韻詩依次用〉	1798	
		〈擬古詩〉	1800	
		〈擬古詩〉	1802	
梁	蕭雉	〈賦得翠石應令詩〉	1805	
梁	何思澄	〈擬古詩〉	1807	
梁	劉孝綽	〈夜聽妓賦得 烏夜啼〉	1824	
		〈賦得照棊燭詩刻五分成〉	1840	
		〈賦得遺所思詩〉	1841	
		〈擬古詩〉	1844	
		〈賦得始歸鴈詩〉	1844-1845	
梁	蕭推	〈賦得翠石應令詩〉	1857	
梁	張纘	〈大言應令詩〉	1861	
		〈細言應令詩〉	1861	
梁	殷鈞	〈大言應令詩〉	1862	
		〈細言應令詩〉	1862	
梁	劉孝威	〈擬古應教〉	1872-1873	
		〈奉和簡文帝太子應令詩〉	1875	
		〈侍宴賦得龍沙宵月明詩〉	1878	
		〈賦得曲澗詩〉	1881	
		〈賦得鳴𨋍應令詩〉	1882	**
		〈賦得香出衣詩〉	1884	

梁	徐摛	〈賦得簾塵詩〉	1892	
梁	蕭綱	〈擬沈隱侯夜夜曲〉	1916-1917	
		〈戲贈麗人詩〉	1939	
		〈執筆戲書詩〉	1940	
		〈戲作謝惠連體十三韻〉	1942	
		〈賦得隴坻鴈初飛詩〉	1950	
		〈藥名詩〉	1950	
		〈卦名詩〉	1950	
		〈擬落日窗中坐詩〉	1954	
		〈賦得橋詩〉	1958	
		〈賦得舞鶴詩〉	1960	
		〈和湘東王三韻詩〉二首	1963	
		〈賦得入堦雨詩〉	1965	
		〈賦得薔薇詩〉	1966	
		〈和會三教詩〉	1967	
		〈賦得白羽扇詩〉	1974	
		〈和湘東王後園迴文詩〉	1976	
		〈和湘東王古意詠燭詩〉	1977	
		〈擬古詩〉	1978	
		〈傷離新體詩〉	1979	
		〈曲水聯句詩〉	1980	
梁	庾肩吾	〈賦得有所思〉	1982	
		〈賦得橫吹曲長安道〉	1982	
		〈和衛尉新渝侯巡城口號詩〉	1987	
		〈賦得嵇叔夜詩〉	1988	
		〈奉和藥名詩〉	1995	
		〈賦得山詩〉	1998	
		〈暮遊山水應令賦得磧字詩〉	2000	
		〈賦得轉歌扇詩〉	2001	
		〈賦得池萍詩〉	2003-2004	
		〈八關齋夜賦四城門更作〉四首	2005	
梁	褚澐	〈賦得蟬詩〉	2023	

梁	蕭綸	〈和湘東王後園迴文詩〉	2029	
		〈戲湘東王詩〉	2030	
梁	蕭繹	〈宮殿名詩〉	2041	
		〈縣名詩〉	2041	
		〈姓名詩〉	2041	
		〈將軍名詩〉	2041	
		〈屋名詩〉	2042	
		〈車名詩〉	2042	
		〈船名詩〉	2042	
		〈歌曲名詩〉	2042-2043	
		〈藥名詩〉	2043	
		〈針穴名詩〉	2043	
		〈龜兆名詩〉	2043	
		〈獸名詩〉	2043	
		〈鳥名詩〉	2044	
		〈樹名詩〉	2044	
		〈草名詩〉	2044	
		〈相名詩〉	2044-2045	
		〈賦得涉江采芙蓉詩〉	2046	
		〈賦得蘭澤多芳草詩〉	2046	
		〈賦得竹詩〉	2047	
		〈戲作豔詩〉	2051	
		〈賦得蒲生我池中詩〉	2052	
		〈獄中連句〉	2056	
		〈賦得春荻詩〉	2057	
		〈賦得登山馬詩〉	2058	
		〈宴清言殿作柏梁體詩〉	2060	
梁	徐防	〈賦得觀濤詩〉	2068	
		〈賦得蝶依草應令詩〉	2068	
梁	劉孝先	〈賦得蝶依草應令詩〉	2068	
梁	王泰	〈賦得巫山高詩〉	2069	
梁	何子朗	〈學謝體詩〉	2077	
		〈和虞記室騫古意詩〉	2078	

梁	沈趍	〈賦得霧詩〉	2079	
梁	王臺卿	〈和簡文帝賽漢高祖廟詩〉	2088	
		〈山池應令詩〉	2089	
梁	朱超	〈賦得蕩子行未歸詩〉	2095	
梁	蕭督	〈建除詩〉	2105	
梁	沈君攸	〈賦得臨水詩〉	2111	
梁	王樞	〈徐尚書座賦得阿憐詩〉	2119	
梁	顧煊	〈賦得露詩〉	2120	
梁	劉令嫻	〈和婕妤怨詩〉	2130	
梁	沈滿願	〈戲蕭娘詩〉	2134	
陳	沈炯	〈建除詩〉	2446	
		〈六府詩〉	2446	
		〈八音詩〉	2446	
		〈六甲詩〉	2447	
		〈十二屬詩〉	2447	
		〈賦得邊馬有歸心詩〉	2448-2449	
		〈和蔡黃門口字詠絕句詩〉	2449	
陳	陰鏗	〈侍宴賦得夾池竹詩〉	2458-2459	
陳	周弘讓	〈賦得長笛吐清氣詩〉	2465	
陳	周弘直	〈賦得荊軻詩〉	2466	
陳	陸玠	〈賦得雜言詠栗詩〉	2466-2467	
陳	張正見	〈御幸樂遊苑侍宴詩〉	2485	
		〈別韋諒賦得江湖汎別舟詩〉	2490	
		〈星名從軍詩〉	2490	
		〈賦得韓信詩〉	2490-2491	
		〈賦得落落窮巷士詩〉	2491	
		〈賦得日中市朝滿詩〉	2491	
		〈賦得題新雲詩〉	2492	
		〈賦得白雲臨酒詩〉	2492	
		〈賦得雪映夜舟詩〉	2492-2493	
		〈和衡陽王秋夜詩〉	2494	
		〈賦得山卦名詩〉	2494	
		〈初春賦得池應教詩〉	2494-2495	

		〈賦得垂柳映斜谿詩〉	2495	
		〈賦得岸花臨水發詩〉	2495	
		〈賦得風生翠竹裏應教詩〉	2495	
		〈賦得山中翠竹詩〉	2495-2496	
		〈賦得梅林輕雨應教詩〉	2496	
		〈賦得威鳳棲梧詩〉	2496	
		〈賦得魚躍水花生詩〉	2497	
		〈賦得秋蟬喝柳應衡陽王教詩〉	2497	
		〈賦得佳期竟不歸詩〉	2498-2499	
		〈賦得堦前嫩竹〉	2499	
陳	陳叔寶	〈戲贈沈后〉	2521	
陳	徐陵	〈走筆戲書應令詩〉	2528	
陳	孔奐	〈賦得名都一何綺詩〉	2536	
陳	祖孫登	〈宮殿名登高臺詩〉	2543	
		〈賦得司馬相如詩〉	2544	
		〈賦得涉江採芙蓉詩〉	2545	
陳	劉刪	〈賦得蘇武詩〉	2546	
		〈賦得馬詩〉	2547	
		〈賦得獨鶴凌雲去詩〉	2548	
陳	蕭詮	〈賦得往往孤山映詩〉	2552	
		〈賦得夜猿啼詩〉	2553	
		〈賦得婀娜當軒織詩〉	2553	
陳	賀徹	〈賦得長笛吐清氣詩〉	2554	
		〈賦得為我彈鳴琴詩〉	2554	
陳	賀循	〈賦得夾池脩竹詩〉	2554-2555	
		〈賦得庭中有奇樹詩〉	2555	
陳	李爽	〈賦得芳樹詩〉	2555	
陳	何胥	〈賦得待詔金馬門詩〉	2557	
陳	陽縉	〈賦得荊軻詩〉	2558	
陳	蔡凝	〈賦得處處春雲生詩〉	2559-2560	
陳	阮卓	〈賦得詠風詩〉	2561	
		〈賦得蓮下游魚詩〉	2561-2562	

		〈賦得黃鵠一遠別詩〉	2562	
陳	江總	〈賦得一日成三賦應令詩〉	2586	
		〈賦得空閨怨詩〉	2590	
		〈賦得謁帝承明廬詩〉	2591	
		〈賦得攜手上河梁應詔詩〉	2591	
		〈賦得汎汎水中鳧詩〉	2591-2592	
		〈賦得三五明月滿詩〉	2592	
		〈侍宴賦得起坐彈鳴琴詩〉	2594	
陳	伏知道	〈賦得招隱〉	2603	
陳	徐湛	〈賦得班去趙姬升詩〉	2607	
陳	孔範	〈賦得白雲抱幽石詩〉	2610	

備註：* 模擬、擬古等詩得列入

** 以「賦得」為題等詩得列入